台湾战后
七十年

记述台湾
战后70年的历史真相

台湾／陈世昌 著

国际文化出版公司
·北京·

图书在版编目（CIP）数据

台湾战后七十年 / 陈世昌著．—北京：国际文化出版公司，2017.4（2026.4 重印）

ISBN 978-7-5125-0909-2

Ⅰ．①台… Ⅱ．①陈… Ⅲ．①台湾—地方史—现代 Ⅳ．① K295.8

中国版本图书馆 CIP 数据核字（2017）第 011468 号

著作权登记号　图字：01-2016-9647 号

台湾战后七十年

作　　者	台湾 / 陈世昌
责任编辑	潘建农
统筹监制	孙金山
美术编辑	丁錤熤
出版发行	国际文化出版公司
经　　销	国文润华文化传媒（北京）有限责任公司
印　　刷	北京恒艺博缘印务有限公司
开　　本	710 毫米 ×1000 毫米　16 开
	22.5 印张　265 千字
版　　次	2017 年 4 月第 1 版
	2026 年 4 月第 6 次印刷
书　　号	ISBN 978-7-5125-0909-2
定　　价	55.00 元

国际文化出版公司
北京市朝阳区东土城路乙 9 号　　邮编：100013
总编室：（010）64270995　　传真：（010）64270995
销售热线：（010）64271187
传真：（010）64271187-800
E-mail：icpc@95777.sina.net

目录
Contents

自序

政治归政治，历史归历史

台湾资源不丰，可是气候宜人，尤其战略地位重要。所以在历史上，西方列强和东方日本，先知先觉，先后觊觎台湾，占领台湾。有清一代，虽领有台湾212年，但无为而治，等到认识台湾的重要时，已挡不住日本军国主义的炮舰。直到1945年第二次世界大战结束，蒋介石在1949年解放战争惨败后，才看上台湾，退守台湾，统治台湾，写下了战后台湾史。

纵观史实，从1937年的七七事变起算，长达8年的中国全面抗日战争，起先是中、日两国的单打独斗。国军对日军打“正规战”，共产党领导的军队则对日军打“游击战”。到1941年，日本偷袭美国珍珠港后，美国加入第二次世界大战，就此开始了中、美共同抗日的新局面。1945年8月14日，美国仗其强大的国力打败日本，第二次世界大战结束后，美苏争霸的世局中，美国的对华政策是“扶蒋反共”，所以就把从日本夺回的台湾，在二战后立刻交给蒋介石接收和统治，从此开启了战后台湾史。

蒋介石接收台湾的时候，“解放战争”已经开打。经过3年多的决战，蒋介石一败涂地，落难台湾。那时候，他对台湾素不相识，为何看上台湾、退守台湾呢？一则因为台湾地处要冲，又有海峡天险，对大陆可攻可守；二则日本统治台湾50年，厚植台湾实力，可秣马厉兵，生聚教训。

因此，在1949年底，蒋介石就把他在南京仓促制定的“中华民国宪法”，张冠李戴，全盘移用台湾；又把他在大陆打败仗的全班人马，撤到台湾，使他成为台湾的首任和其后4任领导人。同时，在解放战争中赢得胜利的毛泽东，也抢在同年10月1日在北京正式建立中华人民共和国。双方隔着台湾海峡，对立对垒，形成今天的两岸局面。

可以说，今日的台湾问题，是第二次世界大战和解放战争所遗留的历史问题。因此，战后的台湾史，不仅是台湾岛内的经济、民生、教育、社会以及民主政治等各方面的演进史，其中更涵盖了两岸关系的激荡，也掺进了美国政策的左右。因此，战后的台湾史，比起先前的台湾史，更为错综复杂，也更为诡谲多变。

回顾战后台湾史，由农业社会走入工业社会，带动台湾经济繁荣，民生乐利，人口暴增3倍，改变整体社会结构和文化内容。尤其战后台湾因为教育发达，民智大开，到20世纪80年代，促使威权统治走向解除戒严，昔日的二二八事件、“万年国会”、白色恐怖，以及党禁、书禁等乱象都一扫而光，走入历史。到了今日，台湾同胞自力更生，开创出民主自由和政党轮替的新时代，在这段70年（1945—2015年）艰辛困顿的漫长岁月中，不知有多少不为人知的历史残留，埋没在荒烟蔓草中，正待发掘起出，警示世人，不可重蹈覆辙。

就整体史观来看，战后台湾70年历史，对台湾局势起着主导作用的三大人物是蒋介石、蒋经国以及李登辉，本书特别以这三位风云人物，论其成败得失，试做历史评价，就教于贤达先进，以匡不逮。

台湾400年史，以战后70年这一段最多姿多彩，也最引人注目，是当前台湾2300多万同胞休戚相关的一段历史，其中确有许多深值民众共知共觉的课题。例如，“联合国内之中国代表权问题”“台湾地位未定问题”“美国对两岸政策的始末”“台湾修宪变革问题”“台湾政党轮替的始末”以及“台湾前途何去何从”等。在这样的背景下，我决定鼓起勇气，深入研究台湾史。

《台湾战后七十年》手写原稿（黄庭祥摄）

我一生在4所专科学校和科技大学分别担任过教授、教务主任和校长等职务。如今回顾，人生如浮云，这些都是过眼云烟，只有为国家、社会留下历史记录、永留青史，可贵的人生才算不虚此行。由此缘故，我本着“见史不如知史，知史不如留史”的心境，将70多年来所见所闻、所触所感，下笔撰写成本书。

唐太宗说：“以史为鉴，可知兴替。”俗语也说：“前事不忘，后事之师。”历史是一面镜子，足可惩前毖后，避免重蹈覆辙。有鉴于此，本书的写法注重探求史实的来龙去脉，并分析史事的前因后果。务使读者详细见史并深入知史，作为立身处世的借鉴和参考，而对岛内统独史观争议和两岸史观争议的纷纷扰扰，本书的立场，既不湮没史实，也不扭曲史实。“政治归政治，历史归历史”，此为我的基本态度和写作方法，本书的问世，若能有助于读者了解战后台湾真正的历史真相，既不蒙蔽读者，也不误导读者，是所至望。

陈世昌谨志

2015年11月于台南府城　时年77岁

序章　第二次世界大战与台湾

第二次世界大战，亚洲战场由1937年日本发动“七七事变”全面侵华而开始；欧洲战场则由1939年9月1日德国侵略波兰而开始。那时，台湾是日本殖民地，日本在台湾实行“皇民化、工业化、南进基地化”的三大运动，把台湾拖入战争。在美国主导下，同盟国“反败为胜”。1943年底，中、美、英三国领袖开会发表《开罗宣言》，宣布战后台湾归还中国。1945年8月15日，日本投降，二战结束。

第二次世界大战初期，亚洲战场和欧洲战场原本是分开的。亚洲战场自1937年日本发动七七事变，全面侵略中国开始。当时中国仅宣布自卫抗战，不敢正式对日宣战。因为按照国际法，中、日正式宣战后，其他国家立刻成为中立国。中立国必须保持中立，不得援助交战国的任何一方。

直到1941年12月7日，日本舰队偷袭美国在太平洋的海军总基地珍珠港。隔日，美国正式对日本宣战，中国才跟着对日本宣战。到这时候，中、美共同抗日作战，美国可以光明正大地援助中国。中国战场成为太平洋战争的亚洲战场。

在欧洲战场方面，1939年9月1日，德军突然向东侵略波兰。两天后，英、法两国向德国宣战，开始了欧洲战争。

在欧战爆发前一个星期，苏联与德国签订《苏德互不侵犯条约》，另以密约瓜分波兰，所以苏联暂时按兵不动，由此，鼓励了德军向西边侵略。德军以机械化部队，配合飞机大炮，进攻中、西欧各中小国家，就连法国也招架不住，于1940年6月投降，从此中、西欧落入德国手中。

德国接着想要渡海攻英，但长达一年，英国皇家空军始终掌握着英伦海峡的制空权，德军望海兴叹，无能渡海登陆英国。希特勒眼看攻英无望，突然调军东向，于1941年6月转攻苏联，欧洲战场就此扩大，德国从此东西受敌。1941年12月，德、意两国正式向美国宣战，到这时候，亚洲战场和欧洲战场合流，汇成名实相符的第二次世界大战，是史上规模最大、死伤最为惨重的战争。

台湾人被日本拉进二战现场

自从1895年《马关条约》将台湾割让给日本以后，台湾成为日本最南端的领土。为对外战争，日本在发动七七事变全面侵华的前一年，也就是1936年9月，派出海军大将小林跻造担任台湾总督，恢复武官治台，积极进行发动侵略战争的准备工作。

小林跻造走马上任后，立刻提出“皇民化、工业化、南进基地化”作为统治台湾的三大运动。“皇民化运动”是为推动台湾人尊崇日本天皇、全面学习日语、改日式姓氏、改拜日本神社等，使台湾人在无形中成为日本人，可视为日本人奴役台湾人参加战争的准备工作。

“工业化运动”则在于发展台湾工业，从台湾把工业成品就近输入东南亚地区，发展南洋地区的农业，同时把南洋的资源输入台湾，发展台湾的工业。所以，就从日治初期日本所喊出的口号“工业日本，农业台湾”，摇身一变成“工业台湾，农业南洋”的角色。

“南进基地化”则是将台湾作为日本南向侵略的脚踏板和前进基地。位于日本最南端的台湾，常被比喻为一艘“永不沉没的航空母舰”，尤其日本在1941年12月发动太平洋战争的前后，台湾更成为日本的军队、装备、粮食、飞机、舰队等集结地，便利日本的南进侵略。也因此，高雄港的重要性水涨船高，成为当时大东亚共荣圈的物质运输中心。

现代的战争是一个总体战争（the total war）的时代。战争一爆发，全国的人力、物力以及军力，包括国防、政治、经济、财政、交通、社会、教育等力量都要总动员，一起投入战争、支援战争。因此，日本发动侵略战争以后，台湾也不例外，立即进入日本的战争体制，实施各种战时措施。包括征兵助战、经济管制、资金统制、铁器充公、封闭新闻、民防管制等，充分支援和配合日本侵略战争的需要。

日本又在不同时期，以不同方式征召台湾青年去当兵，助日作战。但日本人又怕和大陆人同宗同文的台湾士兵，在中国战场上倒戈相向，所以日本侵华期间，在战地里，不敢让台湾兵上前线作战，仅负责打杂工作，也就是“军中工人”的角色，称为“军夫”。

1941年12月7日，日本偷袭珍珠港，太平洋战争爆发。日本进占菲律宾、马来西亚等地区，要进行艰辛的热带丛林作战时，立刻想到利用台湾的原住民参加作战。因为台湾的原住民与南洋的民族同属南岛语系，不论在生活环境、语言习俗等方面，都较为相似。尤其，台湾原住民在1930年抗击日本侵略者的“雾社起义”中所展现的骁勇善战和英烈牺牲的精神，令日本人感佩不已，所以，1942年3月起，日本军方在台湾招募4000多个原住民青年，施以正规军事训练，组成“高砂义勇军”，派赴南洋地区协助日军作战。

而美国则凭其庞大的资源投入战争，使美国成为“民主国家的兵工厂”（arsenal of democracy）。

1943年开始，训练和装备完成的美国陆海军和强大舰队群，陆续投入欧、亚两大战场。在太平洋战场上，日军不但战区扩大，而且战线拉长，面临日兴月盛的美国强大舰队的凌厉反攻，日军招架不住，损兵折将，兵源后继无力。

因此到1944年12月，日本不得已在台湾实施正式征兵制，征兵助战，胁迫台湾役龄青年入伍当兵，统统运往南洋地区作战，不敢送到中国战场。那时候，共有30多万台湾兵被送到南洋战场，其中有3万多人战死沙场或葬身海底。

宣言和密约决定台湾命运

到了1943年底，日本在太平洋战场上已现战败端倪。于是，美国总统罗斯福（Franklin Roosevelt）、英国首相丘吉尔（Winston Churchill）以及中国的蒋介石三巨头，于1943年11月间，在埃及首都开罗召开高层会议，达成了对日本作战的共同方针。

日本在台湾实施军事训练

1944 年 12 月，日本在台湾实施正式征兵制，强迫参军助战，总计 30 多万台湾兵被送到南洋战场，3 万多人战死沙场或葬身海底。右为当时台湾中学生接受军事教育的情景；左为日军设置农民训练所紧急培训农民，以供应前线作战之需。（徐宗懋图文馆提供，后未标示者，出处皆同，不再重复标示）

在此以前，由于苏联早已预感到，德苏战争势在必打，力求避免同时对德日两面作战的危机。而日本也因已预谋偷袭珍珠港，力求避免对美苏两面作战的危机。日苏两国的战略思想不谋而合，因此于1941年4月13日签订《日苏互不侵犯条约》。因此，苏联的斯大林（Joseph Vissarionovich Stalin）没有参加开罗会议。

开罗会议结束后，为顾及三国领袖回程旅途的安全，迟至12月3日，始在三国首都同时宣布《开罗宣言》。宣言强调："三国此次战争之目的，在制裁日本之侵略。"更宣称："三国之宗旨，在使朝鲜恢复独立，在第一次世界大战开始后，日本在太平洋上侵略所夺得之一切岛屿，以及在使中国东北四省、台湾、澎湖等归还中国。"从此，《开罗宣言》便成为中国收复和统领台湾的唯一说辞和根据。今天，海峡两岸的国、共双方都异口同声，口径一致，声称根据《开罗宣言》"中国拥有台湾"。

当第二次世界大战将近尾声时，为商讨战后欧洲善后问题，并敦促苏联对日本参战的条件问题，1945年2月间，美国罗斯福总统、苏联领导人斯大林、英国丘吉尔首相三巨头，在黑海边的苏联领土雅尔塔召开高层会议。

罗斯福总统为了减少美军登陆日本时的伤亡，想早日结束对日战争，竟然接受斯大林参战的无理要求和条件。三国领袖签订《雅尔塔密约》，对外秘而不宣。根据密约的规定，罗斯福答应战后让外蒙古独立，库页岛南半部和千岛群岛归属苏联所有，以及恢复1905年《日俄和约》里，苏联被日本侵害的一切权益，包括中国东北的各项权益在内。交换条件是，斯大林答应在德国投降后3个月，对日宣战。

有关外蒙古独立和中国东北权益，应属中国的权限范围，他国无置喙余地，但在《雅尔塔密约》里，罗斯福总统竟答应斯大林，出面说服中国的蒋介石同意。不料，两个月后，罗斯福总统病逝，德国也在5月8日正式投降，6月中旬，继任的美国总统杜鲁门（Harry Truman）将《雅尔塔密约》内容，通知中国的蒋介石。

在国际法上，中国既未签订这个密约，并没有必须遵守这个密约的义务，可是形势比人强，基于现实情势的考虑，中国只能委曲求全，接受美国的劝告，派遣宋子文和蒋经国赴俄谈判，签订《中苏友好同盟条约》。中国和盘接受《雅尔塔密约》里苏联要求的条件，交换所得仅是《中苏友好同盟条约》30年的空壳子。

斯大林在《雅尔塔密约》里布下阴谋，并取得罗斯福和丘吉尔的同意，使得战后的中国，不但丧失辽阔美丽的外蒙古领土，更使得中国东北一度被苏军控制，中国的领土完整和主权独立，荡然无存。可以说，美、英、苏三强为圆自身利益，就借用《雅尔塔密约》共同出卖中国。

雅尔塔会议结束以后，苏联红军从东边向德国反攻，美、英联军则从西边向德国急进。东西夹攻，节节胜利，德军节节败退，德国终于在1945年5月8日正式投降。希特勒则在德国投降前一周，神秘地自杀身亡，欧洲战场息鼓收兵。

在亚洲战场方面，3月18日至6月22日，美军经过3个多月激战的惨重牺牲后，占领琉球，日本本土和台湾都被美军轰炸得满目疮痍，处处断垣残壁。为了尽速结束对日战争，美国总统杜鲁门、英国首相艾德礼和苏联部长会议主席斯大林三巨头，就在柏林西南郊的波茨坦举行高层会议，并于7月26日发表《波茨坦公告》。

由于《日苏互不侵犯条约》的存在，波茨坦宣言就以美、英、中三国领袖的名义发表，宣言再度警告日本："必须无条件投降，否则，将遭到完全毁灭，《开罗宣言》所开条件必将实施，日本之主权必将限于本州、北海道、九州、四国及同盟国所决定的其他小岛之内。"

《波茨坦公告》的内容，与《开罗宣言》大致相同，不同的是，斯大林没有参加开罗会议，却参加了波茨坦会议，表示《开罗宣言》的内容，得到苏联的认同和背书。对于《开罗宣言》的效力，具有补强的意义，进一步，也具有稳定战后亚洲和平秩序的作用。

第二次世界大战开罗会议

1943年11月间，美国总统罗斯福、英国首相丘吉尔以及中国的蒋介石，在埃及首都开罗召开会议，讨论对日本作战的共同方针，会后的《开罗宣言》成为中国收复和统领台湾的唯一说辞和根据。

两颗原子弹，日本投降

但日本军阀仍做困兽之斗，完全漠视《波茨坦公告》的严厉警告，准备背水一战。这时候，史上空前庞大的美国舰队群，已经驶近日本沿海，准备两栖登陆日本本土。

8月6日，美国第1颗原子弹投掷在日本第8大都市广岛，日本人死伤12万多人；8月9日，第2颗原子弹投掷在日本海军基地长崎，死伤人数更多。

面对原子弹史无前例的威猛和杀伤力，日本人瞠目结舌，惊惶万状。8月15日，裕仁天皇终于向全世界广播，低声下气地宣布日本无条件投降，规模空前的第二次世界大战，正式结束。

美国向日本投下两颗原子弹，开启了历史上的核武时代，人类将核武器使用于战争，这是破天荒第1次。原子弹是美国于1942年8月投下20亿美元巨资，进行“曼哈顿计划”（Manhattan Project），在新墨西哥州的大沙漠地带研发并试爆成功的。当初杜鲁门总统曾经顾虑多端，生怕使用原子弹可能违背人道，最后，在追求“速战速决”和“减少美军重大牺牲”的前提下，决定使用原子弹，当时美国只研发制造成功两颗原子弹，并无其他库存，日本情报不灵通，以为美国还有原子弹，在两颗原子弹攻击后立即举双手投降。

如前所述，在欧战前1个星期，苏联与德国签订《苏德互不侵犯条约》，但欧战正式爆发后，希特勒攻英无望，突然调军东向转攻苏联，国际哗然。一群外国记者访问希特勒，“阁下10个月前与斯大林签订《苏德互不侵犯条约》，墨水未干，为什么突然破坏条约去打苏联呢？”希特勒的答复很干脆：“条约是一张废纸。”条约是国际法最真实的主要内容，在国际上，世界各国办理外交和推动国际关系，皆以条约为准。可是，希特勒和斯大林却玩弄条约，作为他们为追求国家利益的利器，破坏了国际法的尊严。

Why？蒋介石在台湾高喊反共抗俄

1945年8月8日，美国在日本长崎投下第二颗原子弹。这一天，恰好是德国投降届满3个月，斯大林深知日本已经摇摇欲倒，就在这一天对日宣战。苏联对日宣战，实现了斯大林在《雅尔塔密约》的诺言，却违背《日苏互不侵犯条约》的规定，再度印证希特勒那句狂言：“条约是一张废纸。”

苏联对日宣战的次日，苏联红军就占领中国东北，甚至长驱直入朝鲜境内。苏联红军拿东北作为筹码，将东北移交给中国共产党领导的军队和政权，同时拒绝蒋介石的国民党军登陆东北，共产党的军队也因此得到发展，后来在解放战争中，打败国民党军，把蒋介石赶到台湾。

在日本宣布无条件投降前，美军付出牺牲生命的惨痛代价，才占领日本。而斯大林则单凭在《雅尔塔密约》布下阴谋，就使苏联不劳而获，轻易取得中国东北地区的主导权，并使外蒙古（地区）从中国“独立”出去，从而使中国的主权独立完全丧失。

因这段历史过程，蒋介石对于斯大林所领导的共产党恨之入骨，因此，在解放战争惨败、落难台湾以后，除了高喊“反攻大陆”，同时也高喊“反共抗俄”的口号。

蒋介石夫妇初次到台湾

1946 年 10 月 21 日，蒋介石夫妇首度造访台湾，在中山堂前接受民众的欢迎。此时的蒋介石万万没想到，在解放战争惨败后将会落难台湾，而且一待就是 26 年，再也回不去了。

第一章　日本人走了，国军来了

第二次世界大战一结束，根据同盟国约定，台湾战区的日军向蒋介石将军投降。蒋介石则派陈仪将军于 1945 年 10 月 25 日在台北受降。那时，陈仪以“台湾省行政公署长官”的头衔治理台湾，权大势大，形同台湾新总督。由于施政失当，使“接收”变成“劫收”，弊政丛生，种下 1947 年二二八事件的祸根。

从1945年8月15日，日本战败投降开始，到同年10月25日在台北市公会堂（今中山堂）举行“中国战区台湾省受降典礼”为止，这中间有70天的时间，日本驻台湾总督既无正式权力统治台湾，中国政府也未能及时赶到台湾设官立治，形成台湾政治的权力真空期。

70天的权力真空期

前段权力真空时期是8月15到10月5日，此阶段美军急忙从台湾救出美军战俘。这些战俘是太平洋战争时，日军俘虏了美军之后，大多数送到台湾的战俘营，集中囚禁。因此战争结束后，美军立刻派遣44名美国军官，陪同中国派出的两名上校，乘坐美国军机飞抵台北。他们的任务是赶快从台湾运出1300多位美军战俘，9月5日，这批美军战俘平安抵达基隆港，由美国军舰运离台湾，任务圆满成功。

9月10日，美国战略情报局又派遣一个5人组成的代表团，坐美国军机从昆明飞抵台北，观察动静，搜集情报。可见在战争结束后，远在中国西南的国民政府，因为胜利的匆促与出乎意料，国事如麻，慌乱无章，完全无力及时掌控台湾局势，而是由美军出面越俎代庖。

8月15日—10月5日，在台湾的日军也有少数年轻气盛的军官，不能接受战败的事实，暗中阴谋抗拒，准备背水一战。他们企图联合台湾地方人士，宣布“台湾独立”。当时台湾总督安藤利吉认为万万不可，立刻出面强力制止，此事才平息下来。

安藤不但制止少数军官的越轨行为，而且充分配合盟军的要求，协助维持台湾的社会秩序。那时候，台湾的地方领导人士也挺身而出，自动自发组织“治安维持会”，协助总督府，共同维持社会秩序。结果，疏散到乡下的城市居民，纷纷回到老家，重整家园；因轰炸所造成的残垣断壁和废物垃圾，也快速清理干净，保持环境卫生；水电恢复供应，交通回归正常，市场照常营业；各港口和机场也动用大批人力清理废物，重建航道跑道，恢复正常运作。总之，战争轰炸所造成的破坏很快得以修复。

大失台湾人心的国军

后段权力真空时期从10月5日到25日，台湾人对于即将回到祖国怀抱，欢欣鼓舞，期待从此可以摆脱殖民地统治的生活，过着自由幸福的安乐日子。因此，热烈欢迎国民政府派遣来台的接收官员和国军，这种兴高采烈回归祖国的场面，与五十年前日本接收台湾时，台湾人组织义勇军和游击队抗日，完全不可同日而语。

1945年10月5日，“台湾省行政长官公署”秘书长葛敬恩中将，率领47人的接收先头部队，和100人的美军顾问团，一起乘坐美军飞机，飞抵台北。从松山机场到总督府，欢迎的行列长达10多公里，沿途台湾人举臂欢呼、鼓掌相迎。

葛将军到台湾后，在首次公开演讲中，指示日本人要照常工作，宣布将于10月25日在台北举行正式受降典礼。不料，他在演讲中，突如其来说台湾是“次等领土”，台湾人是“二等国民”，台湾省位处“关外”，未接受中国文化的熏陶。此话一出，台湾同胞大为震惊，且义愤填膺、悔恨交加。

10月17日，原驻福建的林云俦的70军12000多人，分乘30多艘美国军舰，驶入基隆港，即日进入台北。当时，台湾人唱出一首“欢迎国军歌”，歌词如下：“今日庆升平，仰首青天白日青，哈哈！到处欢迎。哈哈！到处歌声。600万人同快乐，箪食壶浆表欢迎。”欢迎国军的歌声，溢于言表。

不料，国军抵台后，台湾人看到的竟然是头戴斗笠、脚穿草鞋，服装脏破，有的背大锅、挑米篓，队伍散漫，步履蹒跚。这种残兵败将的模样，令台湾人摇头叹气，大失人心。大家都说这样的国军哪能打败日军呢？事后才知道，在中国大陆，这些兵大都是被抓去从军的，根本没有受过正规的军事训练。那时候，比较精锐的部队都留在中国大陆打内战，可是也打不过共产党领导的军队，甚至很多都是集体投降，不堪一战。

我小学念的是紧邻台南赤嵌楼的成功小学。那时，学校将东半部的校舍腾出，借给国军充当临时军营，我清楚地记得教室里的阿兵哥嘈杂声浪有如菜市场，毫无安宁的时刻。有一次，全校师生正在大操场举行升旗典礼，播放国旗歌时，大家肃立，目视国旗冉冉上升时，东侧教室二楼走廊上，竟然有位犯规士兵被吊起来打得嗷嗷苦叫，大家目瞪口呆。军队不尊敬国旗，竟输给小学生。

陈仪成为台湾“新总督”

自从1943年12月《开罗宣言》宣布台湾归还中国后，在太平洋战争中，美军打败日军的形势日益明显，重庆的国民政府立刻展开准备接收台湾的工作。

首先是1944年4月17日，在重庆成立“台湾调查委员会”由陈仪担任主任委员，调查和了解台湾的各种情形，不久，又在重庆成立“台湾行政干部训练班”，培训人才，准备接收台湾。

1945年8月29日日本正式投降两周后，蒋介石特任陈仪为“台湾省行政长官”，接着又任命陈仪兼任台湾省警备总司令，战后国民

1945 年中国战区台湾省受降典礼

1945 年 8 月 15 日，日本战败投降，同年 10 月 25 日在台北市公会堂（今中山堂）举行台湾地区受降典礼，门口搭起庆祝牌楼，台湾同胞涌集于受降典礼会场外欢呼庆祝。

政府统治台湾的重责大任确定由陈仪一肩担起。当时，台湾接受日本殖民统治长达半个世纪，一夕之间要改朝换代，任务艰巨，任重道远。奉命来台统治者，若非有能够旋转乾坤之长才，是不能成事的，此一人选之重要性，不言而喻。

由于蒋介石和陈仪两人是浙江同乡，又在日本念同一所军校，具有同乡同校之谊。陈仪曾勾结上海地下组织，在蒋总司令北伐途中，协助其顺利进占上海，建立了两人深厚的革命情谊。1934年，陈仪出任福建省主席长达8年。上任次年，他代表中国到台湾，参加日本治台40周年的"始政40年纪念博览会"，可以说，他是当时中国高官里的"台湾通"。

基于上述背景，加上陈仪的军政资历完整。担任过兵工署长、军政部次长、省主席、行政院秘书长等军政要职，因此深得蒋主席的器重和信任，便任命他主政战后台湾。

国民政府认为台湾接受日本统治长达50年之久，尤其是大战末期，日本在台湾全面推动"皇民化运动"，台湾人已经日本化，情形特殊。因此，台湾与大陆其他各省不同。大陆各省可设置省政府和省主席，唯独台湾不可。国民政府在台湾不设省政府，改设"台湾省行政长官公署"，以利在台湾进行统治。

1945年9月20日，也就是蒋主席特任陈仪为"台湾省行政长官"之后3周，重庆国民政府正式公布"台湾省行政长官公署组织条例"。依该条例规定，"台湾省行政长官"综理台湾全省政务，可以指挥监督在台湾省的"中央"机关，又可在职权范围内，发布署令和制定单行法规。

最严重的是，“行政长官”兼台湾省警备总司令，这样一来，陈仪就独揽台湾的行政、立法、司法以及军政大权，这完全是日本殖民统治台湾的总督制复活，只不过是把“总督”的名称，改为“行政长官”，换汤不换药。所以，那时候台湾民间都以“新总督”来戏称陈仪。

台湾同胞在饱受日本殖民统治50年之后，万万没想到，紧接着又要遭受国民党的严厉统治。前门拒狼，后门进虎，台湾人的命运何其坎坷、处境何其悲惨。

劫收日产，20亿美元战利品运往大陆

陈仪到任后，各地方首长、企业首长、学校校长，清一色由外省人包办。可是因为语言障碍，无法直接统治地方基层，所以“台湾省行政长官公署”迅即于1945年12月公布“台湾省各级民意机关成立方案”。依此，全省各地成立村里民大会、县市参议会，最后于1946年5月1日成立台湾省参议会，作为临时性地方自治组织。

县市参议员和省参议员中，有很多人能够尽忠职守，揭发时弊。最有名的案例是省参议员王添灯和林日高举发台糖公司由日本财产所接收的15万吨白糖，被行政长官公署以洗钱的方式，辗转流落上海出售，售款则汇入孔、宋四大家族账户，致使台湾白糖缺货，造成糖价上涨。

王添灯又举发专卖局局长任维钧，私吞鸦片70公斤，私运香港

变卖，贪污不法。他的勇敢举动和忠良表现，经过新闻界的忠实报道，台湾人给予掌声，可是8个月后爆发的二二八事件，却为他惹来杀身之祸。其他很多勇于质询、举发不法的省县市参议员，或忠实报道的报社老板和记者，也都在二二八事件的浩劫中，成为被残害的地下冤魂。

世界大战快结束的时候，日军在台湾储存有足供20万驻台日军食用两年的军粮，还有更多准备运往南洋战场支援前线日军的食粮、军需品及军火弹药等，价值在20亿美元以上。显然这是光复台湾的最大战利品，当时，陈仪喊出“爱国”和“为国军反共保台而输粮”的美丽而动听的口号，把这些战利品运送到大陆去支援国共内战。那时候，在码头和仓库的工人夜以继日，把这些物资装船外运，很多人相信这些物资在运往大陆途中，曾经“绕道而行”，被中饱私囊。

1946年时，驻台国军始终维持3万左右的兵力。军纪败坏，造成民怨，尤其陈仪政府官员的贪污恶行，早已是台湾人茶余饭后的指责话题。陈仪不知悔悟，突然于2月间发布命令，预定于9月间开始在台湾征兵，台湾青年将被征调到祖国大陆。

此令一出，立刻引发台湾人的愤怒吼声，陈仪大惊失色。台湾人力斥陈仪在台湾违法征兵，因为战后中、日两国尚未签订和约，陈仪应将在台湾的3万国军调到大陆去打内战，才是名正言顺。台湾人愿意自组“台湾自治军”保卫台湾，不劳国军好心保卫台湾。

因为反对的声浪振振有词、句句有理，震撼全台。陈仪知难而退，在台湾的征兵计划胎死腹中，直到1951年“立法院”通过“兵役法”，并经公布实施后，台湾省政府才在同年7月依法发布接收台湾以来的首次征兵令，共有15000人应征入伍服役。

在日据末期，为达成台湾“工业化及南进基地化”的政策目标，日本人在台湾大力发展工业，支援战争需要。这些工业可分成三类：一、属于总督府的公营产业；二、属于日本企业家的私营产业；三、日台合资的私营产业。

日本战败投降后，上述三类产业全部被视为“敌产”，由“台湾省行政长官公署”于1946年1月设立“日产处理委员会”，负责处理接收事宜。上述第三类的日台合资私营产业，如台资占半数以上股份者，可以出售，由台资取回其应得款项；然后，剩余款项加上第一类及第二类的所有公私产业，一律接收归公。接收日产的总值约高达旧台币110亿元。规模和金额之庞大，成为中国接收台湾的另一个重大战利品，这些战利品全部收归国有，转化为国营或省营企业两大类：

1.国营企业：包括石油、电力、铝业、糖业、肥料、碱业、盐业、机械等大产业。

2.省营企业：包括银行、人寿保险、产业保险、烟酒专卖局、樟脑局、交通、水泥、纸业、农林、公矿等产业。

在接收过程中，接收人员见钱眼开，贪污舞弊的恶行恶状，时有所闻，使“接收”变成“劫收”，与战后国民政府在沦陷区“劫收”日产的情形一模一样。中国记者唐贤龙在南京出版的《台湾事变内幕记》一书里，曾有一段描述：

> 自从国内的很多人员开始接管以后，便抢的抢，偷的偷，卖的卖，转移的转移，走私的走私，把在国内“劫收”时的那一套毛病通通都搬到台湾，使台湾人非常看不起，以致很多贵重的东西大都丧失……台湾在日本统治时代，本来确已进入“路不拾遗，夜不闭户”的法治境界，但自“劫收”官光顾台湾以后，台湾便仿佛一池澄清的秋水，忽然让无数个巨大的石子，给扰乱得混沌不堪。①

米荒，日本军民加速撤离

1895年的《马关条约》规定，台湾、澎湖割让给日本，同时又规定：“割地内人民，在两年之内，任便迁居。逾期不迁，视为日本臣民。”条约没有强迫台湾人民必须遣送回中国大陆，台湾人民可以自由选择保留当中国国民或改为日本国民。

可是，1945年中国光复台湾后，中、日之间迟未签订和约，所以在台湾的日本军民没有选择的余地，必须全部遣送返回日本。

那时候在台湾，有日军16万6千人和日侨32万2千人，总共近49万人。要把他们遣送回国是一大工程。

除了台湾，在中国战场和南洋战场必须遣送回国的日军和日侨，数量更是惊人，高达数百万。那时日本在美军惨烈轰炸之后满

---

① 引自陈芳明编著《台湾战后史资料选》，第50页。

目疮痍、生产停顿、失业严重，又即将面临严冬酷寒，顿时要涌进数百万的海外日军、日侨，百姓无以为生是意料之中的事。麦克阿瑟虽然打败日本，但想到日本人此时的苦境，又恐其破釜沉舟，背水一战，便下令遣送工作不急于一时，应做周全准备，从容不迫，稳定进行。

在台湾地区的遣送工作，当时的台湾总督安藤利吉曾事先与中国和美军代表签订协约，约法三章，中国必须维持日军、日侨遣送回国以前的粮食供应无虞。可是不久，日本人就发现陈仪政府早已搜刮台湾的公私粮产，运到中国大陆去支援内战，台湾岛内发生严重米荒，物价飞涨。

日本人慌张之余，日军代表马上向美军联络组告急，说中国人不讲信用，没有遵守“在日军遣送完毕以前，保持足够的粮食”的约定。美军深恐万一日军断粮，被逼上梁山，后果不堪设想，立刻急电东京的麦帅总部，建议加速遣送的日程，最后终于在1946年3月底以前，把最后一批日军遣送回日本。至于日本侨民则比日军延后一个月全部撤离台湾。

安藤总督完成移交重任后变战犯

安藤利吉是日本派驻台湾的末代总督，他出身于日本陆军大学，1944年晋升陆军上将。该年年底被任命为第19任台湾总督，兼

末代总督安藤利吉签署受降书

日本派驻台湾的安藤利吉，在日本战败后的“政治真空期”，他协助完成移交后，以日本战犯身份被捕。1946 年 4 月 19 日，尚未受审前，他在上海狱中服毒自尽，时年 62 岁。图为安藤利吉在受降书上签名的情景。

日本第10方面军①司令。他履任时，日军在各战场上的败局已定。他在台湾厉行经济统治，并且实施征兵制，支援战争，日本战败投降后，他代表日军参加台湾地区的受降典礼。

在日本宣布投降，中国尚未正式接收台湾以前的“政治真空时期”，他一方面制止少数日本少壮军官企图抗拒投降的越轨行动，另一方面又能全力配合盟军的要求，暂时协助维持台湾的社会秩序。

台湾正式接收后，又密切配合陈仪政府的要求，将台湾各级政府及公务财产，清清楚楚地完整移交，最后，又尽到50万日本军民遣送回国的责任。

完后，他以日本战犯的名义被捕。1946年4月19日，在未被审判之前，他在上海狱中服毒自尽，时年62岁。

---

① 1944年由台湾军改编而成，负责防卫冲绳、台湾、澎湖。

第二章　二二八大震撼

1947 年的二二八事件是台湾史上的最大悲剧。国民政府派遣陈仪将军接收台湾后，军纪败坏，歧视台民，民生困苦，终于引爆二二八事件。由台民打杀外省人的暴动阶段，演变成大陆增援国军残杀台民的镇压阶段，最后以清乡收场，造成众多的死难冤魂。不久，蒋介石改派文官魏道明为台湾省主席，改善省政而善后。

1947年（民国36年）2月27日傍晚时分，台北市专卖局的缉私员和警察因为取缔一名贩卖“私烟”维持生活的寡妇林江迈，而开枪射死一名围观的无辜民众陈文溪，引发公愤。次日，台北全市哗然，罢工、罢市、罢课、民众到处游行示威，反对陈仪政府的暴政，愤怒之火迅速蔓延台湾全岛，史称二二八事件，这是台湾史上规模最大、杀戮最惨烈的一次民变。远因近因都有。

查私烟小事引发大民变

远因

陈仪滥权，缺乏制衡力量：近代西洋政治学家孟德斯鸠有句名言：“有权者必滥权，防止之道，在以权制权。”陈仪一人独揽台湾的军政大权，中央政府又在中国大陆穷于应付解放战争，无力顾及台湾局势。陈仪的权力之大，毫无节制，亦无制衡力量，演变至滥权施政。加之他从大陆带来一大批贪官污吏，把台湾社会打乱得天翻地覆，民怨沸腾。此情此景，一遇火种，立刻可以成为燎原之势，不可收拾。

加上经济萧条，民生困苦，导致取缔烟贩的芝麻小事于1947年引爆成民变大事件。所谓“冰冻三尺，非一日之寒”，二二八事件绝不是突发事件。

近因

二二八事件爆发之前，关于台湾岛内的贪污腐败、军纪败坏、特权横行、歧视台胞、经济垄断、失业严重、治安恶化等现象，当时台北的报刊，以及上海、南京、北京、天津、香港等地各报刊的驻台记者，都有具体翔实报道。兹综合各方资料，大约有下列因素：

军纪败坏：接收国军，素质落后，军纪败坏。台湾人常看到国军偷了脚踏车，因为不会骑车，干脆背在背后，到处求售脱手。又常看到国军坐车不买票，越过栅栏跳进火车站月台，再从车窗爬进火车厢，所以那时的国军被民间戏称为“贼仔兵”，看到素质落后、漫无军纪的国军，台湾同胞莫不摇头，不敢相信。

那时民间几乎没有汽车，战后市区道路也没有拓宽，百姓走路自由自在，没有顾忌。接收国军到了之后，军营里的十轮大卡车经常驶入市区，司机又无驾照，只是开车逛街好玩，百姓对车辆也没有警觉，因此，军车在市区横冲直撞、压死百姓后扬长而去的事故时有所闻。后来百姓纷纷投诉，听说“行政长官公署”获报事例过多后，下令禁止军车驶入市区，此乱象才告平息。

官员贪污腐败：陈仪政府从日本手中接收110亿旧台币的庞大日产，在接收过程中，贪污舞弊、中饱私囊的例子层出不穷，使得“接收”变质为“劫收”[①]。例如，那时日本人在台湾留下45家新式糖厂，竟然让从未见过糖厂的外省人来接收，并担任这些糖厂的厂长。

我内人的姑丈林深贤先生是台南县麻豆镇的望族，年长我30岁左右，他在世时，曾说出一件糖厂接收趣闻：“1945年，麻豆的总爷糖厂是座新式糖厂，颇具规模。陈仪派一位外省厂长来接收，这位对糖厂经营完全外行的厂长到任后，看到财产名册上有‘金锤25支’（中文的铁锤，日文为金锤）的时候，以为是‘黄金的锤子’，就嘱咐工友把它们送到厂长宿舍来，等送到后，发现不是黄金，而是铁锤，当场痛骂工友一顿。笑话就此传开。”

用人浮滥不当：台湾接收后，政府机关、企业主管和学校校长等高层职位，清一色由外省人包办，唯一例外的是小学校长用台湾人。因为外省人不懂台语，无法领导全部讲台语的小学师生，可以说，外省人基本取代了日据时期日本人在台湾的地位。最不可思议的是，高层职位，台湾人无份；台湾人只能担任低层职位，且不能同工同酬，同一职位同一工作，外省人的薪水竟是台湾人的两倍。省籍歧视严重到极点，所以，那时台湾人仇视大陆官，轻侮地称外

---

① 关于大小贪污的实例，详载于1947年南京中国新闻社出版部，唐贤龙《台湾事变内幕记》一书。

省人为“阿山”。

不但如此，原先台湾总督府只有1万8千多位行政人员，陈仪政府在“牵亲引戚”的陋习下，膨胀到4万3千多人，用人浮滥至极。

经济严重恶化：陈仪来台后，把日军储存在台湾的庞大粮食和战略物资，运到大陆去支援内战，造成台湾的“米荒”。又在台湾实施专卖制度，设置“专卖局”，将樟脑、火柴、烟酒、盐、糖、炭等民生物质，全部纳入政府专卖，使得大批民间企业破产，工厂停工，失业严重，民不聊生。此外，又设“贸易局”独占全台农工产品的产销和进出口，以利官商勾结，使得台湾经济恶化，雪上加霜。甚至，中国大陆的通货膨胀，很快波及台湾，台湾也通货膨胀，经济陷入绝境，人民无米为炊，大家都靠着吃番薯度日。

小时候我家住在台南市民族路，位于赤嵌楼斜对面，家对面即是台南市知名的“石精臼零食市场”。那时因为米荒，家家户户都靠着吃番薯签干度日，将番薯做成薯条晒干后存放，三餐拿来煮成汤品，久而久之，大家都吃厌了。那时市场里每天都有阿兵哥挑着大竹篓装“锅底饭皮”（锅巴）来贩卖，大家争相抢买阿兵哥吃剩的饭皮，视如珍物，可见当时民生有多么困苦。

人间地狱16天

战后，台湾同胞目睹这一大批新来的贪官污吏的不法行径和恶行恶状，街头巷尾普遍流行着一句谚语：“狗走了，猪来了。”

狗是指日本人，猪是指外省人。

二二八事件发生的前后，台湾岛内也流行着一首民谣，形容当时的台湾："轰炸惊天动地，光复欢天喜地，接收花天酒地，政治黑天暗地，人民呼天唤地。"足见台湾人对于接收后的失望痛苦，一遇火种，便可如火山爆发，一发不可收拾。

1947年2月28日一大早，由台北市延平北路圆环和万华龙山寺一带的民众带动，上街敲锣打鼓，游行示威，发动全市罢工、罢市、罢课，群众立刻一呼百应，群起而攻之。愤怒的群众冲入警察局、派出所，把局里面的一切物品抛到街上，放火烧掉；下午，群众更冲到"行政长官公署"请愿，遭公署卫兵开枪射杀，就改向新公园（今二二八和平纪念公园）聚集，在公园内召开"民众大会"，占领公园内的广播电台，向全岛人民播送事件的经过，号召大家勇敢起来反抗暴政，至此，这个星星之火立刻成为燎原之势，演变为全岛性的排斥和打杀"阿山"（外省人）的事件。

当天下午3时左右，陈仪宣布台北戒严。漫无纪律的军警射杀了许多无辜的路人，更加激怒了群众。台湾人以牙还牙，在街上看到"阿山"，便以石头或木棍打杀；又把外省人商店里的一切物品，扔到街上烧掉，但绝不私吞，只求泄愤，动乱通过广播和电话，迅速蔓延到全岛各地，而以基隆、台北、新竹、台中、嘉义、高雄等地最为惨烈，台湾顿成恐怖世界。

事变当天，我在台南就读小学二年级，近午时分，学校突然广播说市区发生动乱，为学生安全，全体老师立刻辅导全校学生离开学校，快跑回家。只见学校前门、后门全部打开，门口及十字路口都有老师站岗指挥。当我奔跑回家时，清楚地记得街上毫无人影，空空荡荡，道路两旁店门紧闭，气氛诡异。事后几天，陆续听说某某地方某某街上，有“阿山”被打得头破血流，跪地求饶。

几天后，听说政府宣布戒严，街上到处可见军警荷枪站岗，且时有军车巡逻，市区一片寂静。打杀“阿山”之传闻也就销声匿迹了，但军队以机关枪射死百姓的传闻陆续传出。

在动乱中，3月2日下午，由官民代表共同组织“二二八事件处理委员会”，在台北市中山堂开会，商讨如何平息动乱，恢复秩序，还给台湾同胞应有的权益和损失。处理委员会于3月7日达成协议，向陈仪提出“42项目改革方案”，包括“台湾行政长官公署”应改为“台湾省政府”，人民有言论、出版、集会自由，撤除警备总司令部，禁止带有政治性质的逮捕、拘禁，征兵限于守台、不参加内战，枪决缉烟凶手，解除国军武装，废除专卖局和贸易局，起用台湾人担任公职，实施县市长民选等。这些改革的要求，正是反映二二八事件的起因，如果实现，就从根本上推翻了国民政府在台湾的腐败统治，自然不可能为陈仪接受并采纳。

陈仪滥杀，众多台籍精英遇难

陈仪表面虚与委蛇，暗地里却急电南京，请求救兵。那时在南京的蒋介石心里有数，立刻警觉到台湾对未来处境的重要性，他不假思索，从上海派国军第21师，急赴台湾协助镇压。

3月8日下午，来自中国大陆的镇压部队分别由基隆港和高雄港登陆台湾，进行血腥大屠杀。直到3月13日，持续近一星期，死难人数迄今无从查考。

当时台湾的地方代表和精英分子，因为参加各地的“处理委员会”，协助政府平息动乱，应有功于国家社会；台湾岛内的报社老板和新闻记者尽忠职守，揭发时弊，报道真相，有利于政府据以进行改革，促进政治进步。可是，这些功臣良民都中了陈仪的缓兵之计，当国军镇压部队到达后，不分青红皂白，几乎都被捉去枪杀，这种没有天理、没有公道的滥杀，形成台湾人才的断层，是台湾史上的最大惨剧和最重损失。

被杀害的台湾精英分子，不胜枚举。已故成大机械系吴启岳教授长我约20岁，他曾告诉我，台南市名律师汤德章当时也是台南市“参议员”，参加“二二八事件处理委员会台南分会”活动而被捕，侦讯完毕之后戴上刑具，以军车押送游街示众后，再押往台南市中心的民生绿园圆环执行枪决，那时吴教授全程跟随，目睹实况。

1987年“解严”后，1992年解除“黑名单”，海外“台独”联盟主席张灿鍙返台参加地方选举，当选台南市市长。在市长任内，为彰显二二八历史价值，将民生绿园圆环改名为“汤德章纪念公园”。

另外，1977年我担任南台工专教务主任期间，在曾任台南市市长、增补选的“立委”辛文炳（同时是南台工专校长）的热心引荐下，前往拜访蔡丁赞先生。蔡丁赞是台南市牙医师，也是台南市

陈澄波

陈澄波为二二八事变遇害的台籍精英之一，图中是他在自家卧室的留影。（此为陈澄波长子陈重光面赠作者）

汤德章纪念公园

台南律师汤德章因参加“二二八事件善后处理委员会台南分会”活动遭当局逮捕，后于台南市中心的民生绿园圆环执行枪决，原址现已改名为“汤德章纪念公园”。（作者提供）

二二八事变

1947 年二二八事件爆发当天，愤怒群众拥到台北市专卖局，纵火焚烧存货，许多民众遭到滥捕滥杀。

参议会参议员，曾因参加“二二八事件处理委员会台南市分会”活动被捕，经侦讯后无罪释回。拜访蔡先生时，他已80多岁，由于当时仍是戒严时期，蔡先生听到我们想请他口述二二八历史，支吾其词，噤若寒蝉，可见他对二二八仍余悸犹存。

2000年前后，我自嘉义吴凤工专校长退休，前任校长丁国华先生获知我正在写台湾史，热心联络后，带我去拜访二二八受难的画家陈澄波长子陈重光先生。陈澄波自东京帝国大学美术系毕业，二二八事件时，因参加“二二八事件处理委员会嘉义分会”的活动而被捕，经侦讯后解送嘉义火车站前执行枪决，遗体由家属领回。

那时陈重光已80多岁了，他收集很多二二八事件的资料，自行置办一个小圆书橱柜，慨然赠送我两张照片，一张是陈澄波在自家画室中作画的照片，另一张是陈澄波遗体存放家中的照片，他也当面应允我将照片放进所写的台湾史书中。

白崇禧的善后

二二八事件发生后，经过10天的暴动，接着6天的镇压，总共16天的动乱，到3月14日，台湾警备总司令部宣布全省已告平定，即日起展开肃奸工作，也就是清乡工作，警备总部假借“户口调查”的名义，大肆逮捕所谓“异议分子”，进行秋后算账。被捕人士广及全省各地的领导人士，纷纷被送进监狱，或远送火烧岛（绿岛）去受无期徒刑，大多数有去无回，下落不明。

为了处理善后，3月17日，南京政府派国防部部长白崇禧为“宣抚使”前来台湾宣慰，蒋经国随行，但两天后蒋经国因有要事，先行返回南京。白部长则接见驻台官员、向地方人士垂询意见，以了解实情，并花5天时间到全省各地走马看花。

3月27日，白部长向国内外进行历时4分30秒的广播，在广播中强调：此次事变的远因，是台湾同胞受日人恶性教育的遗毒而造成，近因则是潜伏于岛内的共产党人造谣惑众所引发。这个广播漠视事实，对于陈仪败政、官员贪污舞弊和国军乱纪屠杀台胞的行为略而不提，更把事变责任推给共产党和日本人。

不过，在白崇禧的演说词里，也对事件爆发前后，台湾社会各界对政府所提出的许多改革意见，经过深思熟虑后，纳入他对中央政府的建议。白崇禧到台湾宣慰共半个月，于4月2日飞返南京复命，4月7日在“中枢纪念周”报告台湾二二八事变的起因和善后措施。

在报告中，他除了重申事变起于日本教育遗毒和共产党分子的造谣，另外加进了胜利后台湾的经济衰落、民生困苦、失业严重和用人严重省籍歧视、本省和外省同工不同酬，以及贸易局、专卖局之设置剥夺人民生计等问题，算是一项能够真正反映民意的建设性报告演说。[①]

白崇禧对此事变所提出的建设性报告与建议，后来形成国民政府对二二八事件的善后处理原则。那时候，国民政府在大陆与共产

---

① 此段白崇禧关于二二八事件之调查报告，分别取自1947年3月28日及4月9日之《新生报》，此外亦参考1989年“行政院”新闻局《二二八事件》项目报告，以及2005年“教育部”发布之“普通高级中学必修科目‘历史’课程暂行纲要”。

党领导的军队作战，已经预感到大局不乐观，蒋介石心里有数，最坏打算是步郑成功之后尘，退守台湾。蒋介石极度关心台湾的善后和安定，所以，接受了白崇禧的几许建议，后来付诸实施的改进事项包括：

改善统治制度：将“台湾省公署”改制为“台湾省政府”，派遣文官魏道明为首位省主席，摆脱国民政府对台湾统治之独裁政体。

调整台湾地方人事：台湾省政府委员及各厅处长酌增台湾人名额，台湾省各厅处局增设副主管，台籍公务员和外省籍公务员的待遇须同工同酬，消除台湾人愤愤不平的歧视待遇。

缩小公营事业范围：将“公卖局”缩编为“烟酒公卖局”。至于公卖局原本经营的樟脑、火柴等开放民营。撤销“贸易局”，改为供应物资的机构，允许煤矿民营，以增加就业，改善民生。

分配公有土地给自耕农：将占全省可耕地70%的公有土地分配给自耕农，以裕民生而救失业台胞。这也是陈诚担任台湾省主席后，全面实施公地放领的渊源。

上述各项措施都是针对二二八事件前，为台湾人普遍诟病和指责的政治败象所做的补救措施。“二二八事件处理委员会”所提出的42项改革方案，当局虽然没有全部采纳，但已重点式地接受了局部意见，例如，改善统治体制、不歧视台湾人、增加台湾人的就业机会、公地分配给自耕农、改善民生等，展现了国民政府治台的改善诚意，对于平息众怒，抚平创痛，自然有所助益。

白崇禧来台处理二二八善后

1947 年爆发二二八事件，为了处理善后，南京政府特派当时的国防部长白崇禧为“宣抚使”来台湾进行宣慰。

“台独”运动从此发芽

国民政府接收台湾的时候，不设省政府，而改设“行政长官公署”，进行独裁式统治，治台政策从一开始就走向失败的道路。当年日本据台之初，台湾人不愿接受“异族”统治，而大兴抗日义师，日本帝国议会因而通过“六三法”，授权台湾总督一人独揽军政大权，进行殖民统治台湾。

国民政府接收台湾后，台湾同胞本来兴高采烈，欢欣鼓舞，热烈庆祝回归祖国怀抱。可惜祖国竟把台湾同胞视作“异族”，完全抄袭日本统治的恶法，导致台湾接收后仅一年半，立刻爆发震撼中外的二二八事件，实肇因于失败的治台政策。

综观二二八事件的整个演变过程，可以划分为3个阶段：

1.暴动阶段：事件发生后，前10天是台湾人用石头和木棍打杀外省人。

2.镇压阶段：从3月8日增援国军登陆台湾，到3月13日为止，6天内国军用枪屠杀台湾人。

3.清乡阶段：3月14日以后，政府展开肃奸工作，以连坐法及县民密报大批逮捕异议分子。

整体而言，二二八事件所产生的后遗症包括：

制造省籍对立问题：由于陈仪清一色引用外省人做官，歧视台湾人，引发台湾人对外省人的不满和歧视。在二二八事件中，台湾人棍打外省人，大陆国军扫射屠杀台湾人，以及往后的清乡工作，都在造成台湾人和外省人之间的省籍对立问题。

伤害台湾民主政治：台湾的精英和知识分子在二二八事件中被消灭殆尽，形成人才断层。加以二二八事件后，由于政府的防范和压制措施，台湾人对于政治莫不视为畏途。直到20多年后，台湾的新生一代兴起，才大力推动民主政党政治运动。

引发“台湾独立”运动：在国军的无情屠杀和陈仪的肃奸清乡下，幸免于难的台湾异议分子，例如廖文毅兄弟等，知道大难即将临头，纷纷逃亡海外。在海外各地结合当地的台湾人和留学生势力，推动“台湾独立”运动，二二八事件是“台独”运动的发端。

Why？陈仪被枪决

二二八事件刚结束不久，美国驻华大使司徒雷登（Leighton Stuart）在愤怒之下，亲向蒋介石面交一份“有关台湾局势的备忘录”，严重抗议国军在二二八事件中对台湾人民的屠杀暴行。那时候，国共内战正紧张，蒋介石急需美国的军经援助，为了对美国的抗议做出友善回应，蒋介石当机立断，接受白崇禧的建议，在4月22日免职陈仪，并把“台湾省行政长官公署”改组为“台湾省政府”。任命战时旅居美国且与美国有良好关系的魏道明为首任台湾省主席。“台湾省行政长官公署”的废除，象征国民政府的独裁统治暂时告一段落。

陈仪被免职召回南京后，先屈就中央政府的顾问，不久后东山再起，改任浙江省主席。那时候，共产党领导的军队攻势凌厉，挥军南下，逼近浙江，蒋介石为保卫故乡，就起用陈仪担负重任。不料，1949年2月，正当战争危急万分，陈仪被部属汤恩伯将军揭发即将投共的阴谋，因而被捕、解送台北，于6月中旬以“叛乱罪”执行枪决，尸体由几名士兵抬到台北县五股乡下，草草埋葬，可以说，多行不义必自毙。

魏道明的亡羊补牢

魏道明于1947年5月16日就任首任台湾省主席。他在一年半的任期内，原则上，就白崇禧对台湾善后处理所提的建议，在他的职权范围内予以实施，所采取的改善措施，主要如下：

补救省籍歧视问题：台湾省政府14位省府委员中，任用7位台籍委员，占其半数。

结束戒严压制统治：宣布解除戒严，结束清乡。停止新闻、书刊及邮电检查，恢复正常社会秩序。

增加台民谋生机会：“专卖局”改为“烟酒公卖局”。除烟酒维持公卖，其他如樟脑、火柴、木炭等开放民营。

改善官商勾结弊病：裁撤“贸易局”，改设“物质调节委员会”。

开放商业自由贸易：鼓励买卖自由，解除文具、书籍和印刷品的管制。

允许民营企业经营：解除煤炭内销管制，允许民营煤矿。

保证民食不虞匮乏：颁布“低粮价制度”，由政府规定每户人家的标准粮。粮商必须在标准内供应，否则一律查办。

抚恤受难公教人员：对二二八事件受难的公教人员进行抚恤，但受难平民则不予补偿。

总之，魏道明已经针对陈仪治台的许多败政对症下药、亡羊补牢。虽然未能尽如人意，但已尽其在我，对于台湾人就业增加、生活改善、经济繁荣，以及社会安定都有助益。

为历史疗痕止痛

二二八事件是台湾现代史上的一大浩劫和最大悲剧。事件发生后不到两年，国民政府退守台湾，为了巩固台湾作为“反攻大陆”的基地，在长期“戒严”体制之下，政府将二二八列为禁忌，不准触及追究。民间对于国军以枪屠杀台湾人的惨剧，噤若寒蝉，不敢碰及此一禁忌，只把仇恨怨怼闷积在心中，戒急用忍。

一直到事件发生后40年，1987年解除“戒严”，也就是蒋经国在世的最后一年，反对党人士才打破禁忌，公开呼吁政府必须平反二二八。在“事过境迁”的时空转变下，政府已经开始领悟到：如不及时化解此一历史伤痕，进一步疗伤止痛，将为台湾的未来埋下不可预知的后果。于是，为使二二八事件得到平反，政府陆续采取具体补救措施：

政府公布研究报告：1992年，“行政院”公布由赖泽涵等学者共同研究撰写的“二二八事件研究报告”，首度由官方就此事件提出较为客观公平的翔实报告，为历史伤口的疗伤止痛，揭开序幕。

兴建二二八纪念碑：1995年2月28日，二二八纪念碑在台北市新公园落成。李登辉亲临致辞指出，他以“元首”身份承担“政府”对二二八所犯的过错，并致深切的歉意。在台北市之前，嘉义市在1989年即建造完成全台第一座二二八纪念碑，但当年设计者却因设计纪念碑而被捕入狱。目前全台共有22座二二八纪念碑。

受难者的补偿：同年3月23日，“立法院”快马加鞭通过“二二八事件处理及补偿条例”，4月7日公布实施。该条例规定受难者补偿金额最高为新台币600万元，同时规定每年2月28日为和平纪念日，全省放假一天。

兴建二二八纪念馆：受难者家属争取多年的二二八纪念馆，在台北市政府全力推动下，于1997年2月28日，也就是二二八事件50周年纪念日，正式落成。

二二八纪念碑文定稿：1995年2月28日在台北市所建二二八纪念碑落成时，“有碑无文”是一大遗憾。碑文内容既要求真，又要兼顾社会现实环境，敏感难定。可是在受难者家属和纪念基金会的共同努力下，用字遣词，反复思索，终于赶在二二八事件50周年纪念的1月底定稿。使得这个不幸的历史事件正式获得平反，也使国人大致了解事件的真相。碑文全文抄录如下：

> 1945年日本战败投降，消息传来，万民欢腾，庆幸脱离不公不义之殖民统治。讵料台湾行政长官陈仪，肩负接收治台重任，却不谙民情，施政偏颇，歧视台民，加以官

台北市二二八纪念碑

1995 年 2 月 28 日，二二八纪念碑在李登辉任内于台北市新公园落成。隔年 2 月 28 日，于陈水扁任内正式揭碑，同时将新公园更名为“二二八和平纪念公园”。再隔年，前方的圆形碑文则于二二八事件50周年纪念日，亦即 1997 年 1 月定稿，同年 2 月 28 日，公园内的“二二八纪念馆”落成。（陈珮真摄）

纪败坏，产销失调，物价飞涨，失业严重，民众不满情绪濒于沸点。

1947年2月27日，专卖局人员于台北市延平北路查缉私烟，打伤女贩，误杀路人，激起民愤。次日，台北群众游行示威，前往长官公署请求惩凶，不意竟遭枪击，死伤数人，由是点燃全面抗争怒火。为解决争端与消除积怨，各地士绅组成事件处理委员会，居中协调，并提出政治改革要求。

不料陈仪颟顸刚愎，一面协商，一面以士绅为奸匪叛徒，径向南京请兵。国民政府主席蒋中正闻报即派兵来台。3月8日，21师在师长刘雨卿指挥下登陆基隆。10日，全台戒严。警备总司令部参谋长柯远芬、基隆要塞司令史宏熹、高雄要塞司令彭孟缉及宪兵团长张慕陶等人，在镇压清乡时，株连无辜，数月之间，死伤、失踪者数以万计，其中以基隆、台北、嘉义、高雄最为惨重，事称二二八事件。

斯后近半世纪，台湾长期戒严，朝野噤若寒蝉，莫敢触及此一禁忌。然冤屈郁积，终须宣泄，省籍猜忌与统独争议，尤属隐忧。1987年解严后，各界深感沉疴不治，安和难期，乃有二二八事件之调查研究，国家元首之致歉，受难者与其家属之补偿，以及纪念碑之建立。疗愈社会巨创，有赖全民共尽心力。勒石镌文，旨在告慰亡者在天之灵，平抚受难者及其家属悲愤之情，并警示国人，引为殷鉴。自今而后，无分你我，凝为一体，互助以爱，相待以诚，化仇恨于无形，肇和平于永恒。天佑宝岛，万古长青。

财团法人二二八事件纪念基金会谨立

第三章　国民党落难台湾

1948 年后，国军在国共内战中节节败退，国民政府摇摇欲坠，蒋介石不得不谋求退路。1949 年，大陆解放前夕，陈诚临危受命，出任台湾省主席。他上任后不久，下令台、澎地区戒严，稳住台湾政局，使台湾免受大陆危局波及；同时立刻实施三大新政，一为新台币的发行，二为土地改革，三为扶持民营企业，三项新政皆相当成功，使台湾转危为安，奠定繁荣基础。蒋介石退守台湾后，立即可以顺利治台，陈诚应居首功。

1917年底，列宁所领导的苏俄共产革命成功，建立了世界上第一个共产国家，随即成立“共产国际”，积极向世界各国推展共产主义。1921年7月23日—31日期间，中共在上海举行“第一次全国代表大会”，出席代表仅有12人，代表全国7个地区及57位党员，毛泽东、何叔衡代表长沙小组出席会议；大会选举陈独秀为中央局书记，中国共产党（以下简称“中共”）正式诞生。

由于中共成立的时候人单力薄，很难迅速发展，“共产国际”于是派人到中国，找孙中山进行“国共合作”，想要利用国民党扶助中共的成长，终于促成孙中山“联俄容共”的晚年政策。交换条件是：孙中山答应中共党员以个人身份参加国民党，苏俄则答应军事和经济援助孙中山创办黄埔军校，使孙中山可以练兵以完成国家统一，形成第一次国共合作。

蒋介石和毛泽东的江山争夺战

1925年3月12日，孙中山在北京病逝，此时蒋介石领导黄埔军，两次东征，统一南方。隔年7月，蒋介石从广州誓师北伐，一路克敌制胜，收复华南和华中。可是苏俄顾问鲍罗廷拥立汪精卫在武汉成立中央政府，蒋介石也在南京成立中央政府，形成宁汉分裂。1927年4月，蒋介石在上海下令“清共”，残杀清除中共党员，3个月后，汪精卫也在武汉宣布“分共”，对中共党员大开杀戒，国民党正式结束“容共”，毛泽东、朱德、周恩来等人幸免于难，从此国共两党全面破裂，兵戎相见，没完没了。

毛泽东在湖南“秋收起义”失败后，便和朱德在江西井冈山建立红军的第一个基地，作为中共长期发展的总基地，其他中共党员则分别在全国各个边区和山区统领一方，成立“苏维埃”（农民代表大会）政府。到1930年，全国共有15个苏维埃区。

这一年，蒋介石打赢“中原大战”，消灭旧军阀势力后，回过头来开始剿共，前4次，连战连败，武器落到共产党领导的军队手中；直到第5次，蒋介石御驾亲征，出动百万大军，飞机200架，激战1年，共产党领导的军队不支，突围而出，开始长途突围的迂回行军，经由中国西南逃向西北，经过11个省，终于在1935年10月，落脚陕西，此即中共史上引以为豪的“二万五千里长征”。

蒋介石眼看共产党领导的军队在陕西落地生根，急调张学良的东北军和杨虎城的西北军到陕西，进行第6次剿共内战，打算一举灭共。张学良反而在强大的内外压力下，在西安力谏蒋介石“停止内战，一致抗日”，但没有结果。1936年12月12日，张学良及杨虎城劫持蒋介石，进行兵谏，史称“西安事变”。

西安事变发生后，宋美龄、宋子文、周恩来等人飞抵西安谈判，周恩来则带着苏联斯大林的命令，以苏联释放蒋经国回到中国作为谈判筹码，与蒋介石进行谈判，经过13天，蒋介石口头答应“停止内战，一致抗日”，12月25日，西安事变落幕。结果是中共因此转危为安，得到喘息的机会，得以伺机再起；蒋经国则从苏联被释放回国，改变了他的人生。

西安事变结束后，日本生怕坐失侵华机会，半年后，发动七七事变，展开全面侵华战争，“第二次国共合作”于是形成，共同抗日。

蒋、毛王见王，表面合作，暗地备战

1945年日本战败投降两周后，毛泽东应邀飞抵重庆，举行历史性的“蒋毛会谈”。蒋介石和毛泽东“王见王，面对面”，共商战后的国家大计和统一问题，表面上，共同签署国共《双十协定》，宣布国共长期合作，召开政治协商会议，共同建设一个独立、自由、富强的新中国；实际上，解放区问题、军队归属等具体重大问题并未解决，双方各自磨刀霍霍，准备迎战。

1946年6月，国民政府命令共产党领导的军队退出在华北和东北的新占领区，中共拒绝后，点燃了解放战争的战火。决战之初，国军总兵力为430万，共产党领导的军队只有120万人，双方实力相当悬殊。内战一开始，蒋介石采取“全面进攻，速战速决”的战略，攻城略地；共产党领导的军队则“以退为进”，引诱国军深入，使国军战线拉长，补给困难。蒋介石只得改变战略，由“全面进攻”改变为“重点进攻”，国军重蹈日本侵华失败的覆辙。

1947年7月，共产党领导的军队渡过黄河，占领中原地区，10月喊出“打倒蒋介石，解放全中国”的口号，并正式颁布实施“中国土地法大纲”，掀起土地改革的高潮，鼓励广大的新生农民踊跃从军，保家卫产。

1948年的前半年，国军连战连败，共产党领导的军队同时收复延安，士气大振；后半年，共产党领导的军队全面进攻，展开国、共决战的三大战役：辽沈战役、淮海战役以及平津战役。短短140天里，国军折损150万兵力，占当时总兵力4成左右，从此大势已去，共产党领导的军队则从集体投降的国军处接收大批美式武器，又有大批新生农民支援前线，势力大振，国、共实力的对比形势，全盘反转。

1949年1月21日，在“倒蒋”强大压力下，蒋介石宣布下野，由李宗仁“代行职权”（非继承）。李宗仁妄想与中共和谈，以促成国、共隔长江而治，不但和谈失败，国民党的和谈代表团张治中等人竟然直接投共，不回南京。3个月后，毛泽东和朱德立刻发布“向全国进军”的命令，共产党领导的军队号称百万雄师，兵分三路从长江的东、西和中间，同时渡过长江天险，向国军展开快攻，如秋风扫落叶，短短8个月，共产党领导的军队席卷整个中国大陆，把国军赶出大陆，蒋介石知道大势已去，无力回天，12中旬，怅然飞抵台北，从此，在他有生之年，未再返回大陆。

西安事变导致蒋介石“剿共”和灭共功亏一篑，所以蒋介石对张学良恨之入骨，终身囚禁他；中共则拜西安事变之赐，起死回生，因此，西安事变20周年时，周恩来歌颂张学良是中国的“爱国将军、千古功臣”。

Why？蒋介石在大陆一败涂地

美国观点：领袖不能应变；军队丧失斗志；政府不为人民所支持

1949年8月，美国在解放战争胜败已定时，公开发表《对华政策外交白皮书》，详述1944至1949年美国“扶蒋反共”政策的失败经过。

当时，国民党认为国军战败的主因是美援的不足和迟到，白皮书则反驳说：“国军战败的主因在于领袖不能应变；军队丧失斗志；政府不为人民所支持。”

对于国民党抱怨美援不足的问题，那时被派到重庆调停解放战争的美国特使马歇尔将军，极度失望和愤怒地说：“国民党怪我们援助不够多，假使援助够了，现在恐怕需要再派美军去夺回我们先前援助你们的那些武器呢？请问全面配备着美援武器的国军在东北为何全军覆没，美援武器全被共产党领导的军队接收？然后共产党领导的军队用此国军集体投降的美援武器，不多久就将傅作义防守绥远的国军击溃了。这能说我们援助不够吗？”

当时，美国驻华军事代表魏德迈将军也颇为惊讶，他感慨地说：国共内战的最后胜利，应是决定在中国大部分人心的倾向。日本投降后，宋子文任“行政院”院长，他派到各地的接收人员，任意以汉奸罪名加在地方富人身上，以便勒索。因此刺激人心太深，我那时在京沪一带，到处都听到中国朋友说：“收复了失地，丧失了人心。”

毛泽东观点：西安事变是转折点

日本投降两周后，在重庆举行空前绝后的蒋毛会议。有一次，毛泽东在下榻处（蒋介石侍从室主任张治中的家里），邀请民社党领袖蒋匀田晤谈，毛泽东告诉蒋匀田，他曾当面向蒋介石坦率说：“现在打，我实在打不过你，但我可以用对日敌的办法对你，你占点线，我占面，以乡村包围城市。你看交军队给个人能解决问题吗？老实说，当我们经过2万5千里长征的苦斗，甫抵延安的时候，人只有1万多，枪只有8000余。你如再派一师的兵力追击，则我（毛）当时的处境，诚难设想。所幸，你派张学良、杨虎城率兵围攻，可以说你给我们很大帮助。因此演变，才逼成对日抗战，才有今日的胜利。”[①]毛泽东这席话，道尽西安事变是国共胜败的关键。

蒋匀田观点：国军败局起自东北

民社党领袖蒋匀田是在重庆举行国共政治协商会议的联络秘

① 引自蒋匀田著《中国近代史转折点》，第3页。香港友联出版社，1976年版。

书，对国、共双方的了解最深刻。他说：日本投降后不久，苏联提出要求，由中、苏共同开发东北所有的煤矿和铁矿，苏联由苏军驻东北总司令马林诺夫斯基出面交涉，国民政府则派张公权和蒋经国为代表到东北去谈判。有初步结果后，1946年2月，张、蒋返回重庆，请示蒋主席经准许后，即将赶回东北签约之前，陈立夫竟暗中指挥国民党重庆党部动员7000多位学生，举行反共反苏示威游行，阻止张、蒋飞返东北的签约之行，破坏了和苏联的关系。

得不到东北经济利益的苏联即刻转向支持中共，把在东北所接收的日军武器装备全部交给中共，中共就此在东北迅速壮大。

陈立夫观点：无知导致失败

战前和战后，国民党党权掌控在CC派（Central Club）手中，陈立夫是CC派领袖，他是大陆沦陷的关键人物，因而成为蒋介石在台湾进行国民党改造运动的整肃对象。1950年被蒋介石流放到美国定居，1963年陈立夫返台奔丧后，返美途中路过东京，答复新闻记者时说："失败所以如此快速，乃源于无知。"完全吐露他的真实心声。

抗战时期，他掌握党权，在党内作威作福，自尊自大，可是中共深居西北边陲延安，休养生息，茁壮长大，势力和实力都超越国民党，他竟然不知。他讲出如此心里话，十足表现后悔无穷、追悔莫及。

蒋介石主观看法：外交无援、经济崩溃、军队贪污

从蒋介石许多讲话和文告中，检讨战败原因，结果都是别人的错，归纳如下：

外交方面：中共的胜利主要是依靠苏联帮助，先控制了东北，美国则暗中与苏联签订《雅尔塔密约》，拿中国东北讨好苏联，往后，又在1948年春天全面停止对南京国民政府的军经援助。

经济方面：长期抗战元气未复，加上宋子文擅自动用中央银行改革币制的基金。这三点造成经济全面崩溃。

军事方面：一则美国参加军事调处，每逢国军有进展，就压迫停火，挫伤国军士气，共产党领导的军队则趁机从容整补，导致国军最后崩溃。二则国军内部贪污腐化，真是光怪陆离，令人不能相信。

教育方面：进步的舆论、学生的运动，瓦解了国民党的统治，尤其是大学里充斥了共产主义的国际思想和自由主义的个人思想，所以，他撤退来台后，把高中以上学校纳入组织，更严格控制各类出版物。

政治方面：国民党有三大病症：一是三民主义信仰的动摇，二是对革命领导中心的忠诚动摇，三是纪律废弛，组织解体。蒋介石指出："国民党的失败是因为实行民主宪政，结果给了共产党分化的机会，渗透的空间。"此种错误观念，颠倒因果，使他后来在台湾以"实施民主宪政"为名，实际上则进行威权统治。

战败逃难，蒋、毛大不同

国共内战其实是一部蒋介石和毛泽东两人争夺江山的沧桑史。蒋介石比毛泽东早6年出生，享年89岁，忌日为4月5日；毛泽东比蒋介石晚一年逝世，享年84岁，忌日为9月9日。由于两人条件、个性、思想皆不同，战法也相异，所以整个国共内战过程中诡谲多变，互有胜负，最后由毛泽东夺得天下，原因很多，但从不计一城一地得失的方式也可以看出毛泽东胜出的端倪。

毛泽东轻装撤退，重演长征传奇

先看毛泽东战败如何突围。第二次世界大战结束后，国、共双方展开为期4年（1946至1949年）的决战。起初一年，蒋介石的兵力是毛泽东的4倍，所以国军能够先发制人。国军陆空并进，攻下“中共首都”延安，毛泽东战败撤向陕北。

毛泽东撤退前夕不甘示弱地誓言：“解放军打仗，不在一城一地的得失。少则一年，多则两年，延安仍要归到人民手中。”向北撤退的途中，毛泽东化名为“李得胜”，随行人员只有周恩来、江青、两位中央委员和侍卫人员共30人，行李简单，主要是带走收音机和无线电机各一部。收音机用来收听前线状况，无线电机则用来统一指挥前线作战。

当时毛泽东在陕北转战约一年，重演十几年前“二万五千里长

抗战胜利下的解放战争暗云

1945 年日本投降后，国、共表面上合作，私下却各自磨刀霍霍。右为 1945 年 8 月重庆庆祝抗战胜利的牌坊；左为 1947 年共产党在东北野战军进行“诉苦”思想训练，经由控诉遭地主和国民党的压榨迫害，激发野战军的斗志。

蒋介石最后沈阳之行

1948 年 10 月 15 日，蒋介石夫妇赴沈阳为国民党部队打气，当时沈阳城外尽是共产党的天下，两人只能强颜欢笑。隔天，锦州失守，10 万国民党精锐被歼，国、共形势逆转，蒋介石每况愈下，再也打不赢毛泽东。

征”的故事，一行人骑在马上，走在僻远的山径小路，神出鬼没，日出而息，日落而行，夜宿山村窟洞，以躲避国军的陆空猛追。

一年后的1947年8月，毛泽东用无线电机所指挥的“沙家店战役”，一举歼灭国军，成为共产党领导的军队“反败为胜”的关键战役。从此共产党领导的军队屡战屡胜，同时配合《土地法大纲》的全面实施，动员广大的新生民兵“保家卫国”，汇成军民合作的伟大力量。共产党领导的军队不但收复延安，而且在短短3年时间内打败国军，席卷整个中国大陆。

蒋介石戒慎恐惧，落难台湾

再看蒋介石战败逃难的方法。由于西安事变的惨痛教训，令蒋介石余悸犹存，他在内战惨败最后落难台湾的过程中，戒慎恐惧、步步为营，丝毫不敢大意。首先任命陈诚为台湾省主席，蒋经国为台湾省党部主委，作为后撤之准备，实际上是由陈诚镇守台湾，蒋经国则追随左右，传达密令或执行机要任务。1949年初，蒋介石在“倒蒋”的压力下，宣布引退，但仍暗中紧握党权，带着一大批侍卫驻浙江奉化故乡，天天召见党国政要，指挥国政。

1949年春天，美国眼看国共内战局面已经明朗化，蒋介石败局已定，无法再战。为了不让台湾落入共产党之手，美国计划拥立陈诚在台湾“自立”，并派密使到台北与陈诚接洽，但被陈诚拒绝，蒋介石由情报获知此事，从此也对陈诚心存警惕。

到5月间，蒋介石为战败逃难做准备，首次到台湾了解情况，以预留后路。但他不敢直飞台北，而是秘密坐中美号专机飞抵澎湖马公，观察台湾动静。第4天，陈诚到马公去看蒋介石，经过深思熟虑，再过5天后，蒋介石专机先飞抵冈山，转到高雄寿山，因为此时高雄还不是陈诚的地盘。

当时驻守高雄的孙立人和彭孟缉前往迎接，蒋介石问他俩说："我在此地，安全吗？"孙立人回答说："由我们保护，一切安全。"有了安全感，几天后，蒋介石北上，改下榻于草山宾馆，并把草山改名为"阳明山"，以除去"落草为寇"的忌讳，并表示他尊崇明代大儒王阳明的心志。

到台湾安排好退路之后，蒋介石又坐专机飞返大陆。在广州、重庆、成都之间飞来飞去，指挥作战，做"最后的奋斗"。此时的蒋介石不但无力回天，而且身临危境，中共地下组织密谋捉蒋，在重庆、成都都功败垂成。重庆沦陷当天，蒋介石机警及时逃出，他的"中美号"专机由两架驱逐机护航，随机载送一批党政要员，由重庆飞到成都，住进成都的黄埔军校"黄埔楼"作为行馆。1949年12月初，云南省主席卢汉和西康省主席刘文辉相继宣布投向中共，蒋介石已经无路可退，眼见大势已去，终于决定搭专机飞往台北，他的专机先在南京上空绕一圈，然后含泪告别故乡溪口，如李后主所作名句："无限江山，别时容易见时难。"他从此终生打不回大陆。

蒋介石是典型的贵族式逃难，他拥有一架现代化专机，既快捷又易飞达战地指挥作战；毛泽东则是典型的草莽式逃难，靠骑马躲到深山，利用收音机和无线电机指挥前线作战，论安全、论效率都远胜过专机，既省本又多利。这可算是蒋、毛决战胜负的关键因素之一，也相当耐人寻味。

决定迁台，布局人事、抢运黄金和国宝

国军自1948年在三大战役兵败如山倒，国民政府摇摇欲坠，蒋介石不得不谋求退路，他安排史地学者出身的张其昀组成小组，进行研究分析后，决定退守台湾。主要看中台湾海峡天险，隔开台湾与中国大陆。那时候，中共全靠陆军席卷大陆，尚无强大的海、空军，无法渡海攻台。郑成功打下台湾，赶走荷兰人的时候，清朝也没有强大的海军，无法渡海攻台；等到23年后，康熙帝训练完水师，乘着郑氏政权内乱不稳的良机，才一举渡海攻下台湾。

此时的台湾社会相对稳定，经济也较为繁荣，如能在台湾秣马厉兵，生聚教训，可作为将来反攻复国的基地。

迁台方案底定后，蒋介石立即展开几项迁台的准备工作：

人事布局：1948年底，分别任命亲信陈诚和儿子蒋经国出任“台湾省主席”及国民党台湾省党部主委，以确保台湾这个最后基地的安全。又任命精忠将领汤恩伯为京、沪、杭警备总司令，以固守上海这个财库宝地。

抢运国宝：由杭立武负责将故宫博物院的国宝赶运到台湾避难。蒋介石重视国宝的意义，表示“传承中国正统”，远胜于国宝本身之价值。其实1931年九一八事变后，为躲避日军的轰炸破坏，

蒋介石便开始有计划地抢运故宫博物院的国宝，装成1万3千多箱由北京运出后，迂回经过中国西南地区，送至重庆避难，抗战胜利后，再运回南京。最后，大陆快要沦陷之前，又将国宝改运到台湾。

抢运黄金：蒋介石派遣三大要员分工将上海中国银行所存巨额黄金、银圆、美元等，抢到台湾。

由中央银行总裁俞鸿钧负责公文处理，蒋经国协调军方实施上海戒严，宋子文协调海关总署派舰运送。1948年12月1日深夜，上海外滩全面戒严，雇用挑夫，如蚂蚁雄兵般将一担担黄金从中国银行大楼搬出，送上黄埔江岸的海关缉私船“海星号”，此为第一批，全数运到台湾。紧接着又有第二批和第三批黄金，通过海运、空运运出。后来又有两批黄金运回台湾，共约450万两，黄金的动支使用，全由“国防部”财务署长吴嵩庆一人直接听命于蒋介石，不经由“行政院财政部”，吴嵩庆形同蒋介石的账房先生。这一大批黄金运到台湾有好几项用途：一、以80万两黄金作为发行新台币的准备金，稳定当时面临经济恐慌的台湾经济。二、维持撤退到台湾的80万国军之军需，以及面临共产党领导的军队渡海攻台的应战准备。三、支应从大陆撤退来台的100万公教人员和难民的生活所需。

据估算，这批黄金用于上述三大用途，只能支撑两年时间，不过“天无绝人之路”，1950年朝鲜战争爆发，美国为了保卫西太平洋防线，不但派遣第七舰队“保卫台湾”，而且从1951年起，经济援助台湾，及时化解了财政拮据和经济困境。美援的“及时雨”下了15年，总金额达15亿美元，化解了台湾的重重危机，稳定经济民生，也巩固国民政府在台湾的统治基础。

陈诚三大新政振兴台湾

陈诚在1948年底就任台湾省主席的时候，中国大陆的战局已经恶化到无可挽救的地步。兵荒马乱，人心惶惶，几十万大陆难民有如过江之鲫，蜂拥逃入台湾，共产党员也浑水摸鱼，夹杂其间，乘机潜入台湾。

为了控制局面，保持台湾安定，陈诚采取许多“防火墙”措施，严格规定大陆各省人民必须凭“入台证”才准入境。尤其军队撤退到台湾，也必须缴械清点才能上岸，这些措施雷厉风行，才使得大陆崩溃前的混乱局面，没有蔓延全台，保障台湾处于安定。

台湾曾在1947年二二八事件发生当天，陈仪发布戒严，但同年5月16日魏道明就职首任台湾省主席后，即宣布解除台湾戒严。到了1949年5月20日，陈诚眼见共产党领导的军队在4月渡过长江天险挥军南进，即便台湾还算安定，为求万全、未雨绸缪，于是颁布“台湾戒严令”，从此这个戒严令持续执行38年，直到1987年7月，蒋经国宣布解除戒严，台湾因此创下戒严时期最长的世界纪录。

根据1949年1月国民政府在南京所修正颁布戒严法的内容，戒严期间的禁止事项主要有5项：

1.政府得禁止集会、结社及游行、请愿，并取缔言论、讲学及出版刊物之自由。

2.得限制或禁止有碍治安之人民宗教活动。

3.得禁止罢市、罢工、罢课及罢业等。

4.得检查邮信、电报及出入境之车辆、船舶、飞机等之旅客。

5.得检查私有枪炮军火及其他危险物品。

陈诚主政台湾之初，大陆战局恶化，蒋介石宣布引退，李宗仁代理，却借口养病，于1949年12月5日流亡美国华盛顿，两天后，蒋介石宣布国民政府迁移台湾，并以台北为“临时首都”。

此时，大陆的国军只剩下困守成都的胡宗南30万人马，以及在四川南部的宋希濂的几万军队，但12月19日，宋军被歼灭、宋希濂被捕；隔年3月，共产党领导的军队又解决了胡宗南的大军，胡宗南飞逃台湾，从此，中共控制整个中国大陆，台湾则成为蒋介石的反攻和反共基地。

1950年3月1日，在逃亡到台湾的“中央民意代表们”的敦促和劝导下，蒋介石在台湾宣布“复行视事”，继续行使领导人职权。东山再起的第一天，他就亲笔“手令”三通，把统治台湾的军政、财政、情报三大任务，交给蒋经国、俞鸿钧和彭孟缉三位功臣，稳住治台的第一步：派蒋经国负责主持军中政工重建，迅速恢复“国防部”总政治部；派俞鸿钧负责设计台湾财政、经济秩序，成立“财经联席会议”，由俞鸿钧为召集人；派彭孟缉为“台湾情报工作委员会”主任，负责协调指挥各情报单位在台之工作。

陈诚人如其名，忠诚可靠，对蒋介石忠心不贰，可惜在战场上一直是个常败将军。在江西剿共，大败而回；在东北和共产党领导的军队交兵，也是个战败祸首，是东北沦陷的罪魁祸首。然而蒋介石信任他，将退守台湾的重责大任交付给他，他出任台湾省主席后，不但将大陆军民撤退到台湾的混乱局面稳定下来，而且在台湾推动下列三大新政，为台湾的经济发展奠定基础。

旧台币改革为新台币

日本统治台湾以后的1899年，创立“台湾银行株式会社”，发行“台湾银行券”，台湾地区开始有单独的货币。日本发动侵略战争以后，台湾必须支援前线作战，物资缺乏，物价上涨，只得增加货币发行量，到战争末期，因遭受轰炸，工厂严重被破坏，导致通货膨胀，货币发行量无限制增加。

日本战败投降后，“台湾银行券”依然在台湾岛内继续流通使用，以稳定过渡时期的金融秩序，安定社会。国民政府接收台湾后，“台湾省行政长官公署”才正式成立“台湾银行”，于1946年5月20日发行旧台币，使台湾与大陆形成了两种货币制度，旧台币对大陆法币的比价是1比20。从此，中国出现了“一国两币”的现象。

解放战争日益扩大期间，台湾物资源源输往大陆，支援内战，造成台湾的物资缺乏和通货膨胀。尤其此时大陆的经济崩溃，立即波及台湾，使通货膨胀雪上加霜，旧台币的币值一落千丈，发行面额也跟着节节升高，从发行之初最大面额钞票是10元钞，到1948年12月，竟然发行到1万元大钞，发行量也由起初的53亿元，到1949年6月暴增为5270亿元，增加近100倍。

旧台币急速贬值，大陆逃难军民又蜂拥入台，严重冲击台湾的财政和经济，陈诚当机立断，于1949年6月中旬宣布“台湾省币制改革方案”，发行新台币，收回旧台币。要点如下：

以旧台币4万元兑换新台币1元。

新台币5元折合1美元。

提拨80万两黄金作为新台币发行的准备金。

新台币发行量最高限额为2亿元。

为了稳定人民对于新台币价值的信心，台湾银行开办“存入新台币可无息换领黄金”的业务，使人民感觉而且相信“新台币即黄金，黄金即新台币”，大大增强了新台币的地位，稳定币值。此后，随着经济渐渐稳定，台湾的经济重建工作也跟着顺利展开。陈诚所实施的币制改革，立竿见影。

土地改革

陈诚和蒋经国都曾在江西“剿共”时期，颁布土地改革方案，可惜均不了了之。到台湾以后，陈诚实施土地改革反而一举成功。理由很简单，在大陆时期，国民党的高官和将领多和封建地主有瓜葛牵连，甚至本人就是大地主。到了台湾，人地生疏，国民党和地主们两不相关，改革自己困难，改革别人容易。因此，在台湾实施土地改革，得心应手，成果辉煌，陈诚的土地改革内容包括：

三七五减租：1949年4月公布“台湾省私有公地租用办法”，自同年第一期作物开始实施“三七五减租”。把地主从佃农征收的地租，由原来总收成的50%，降低为不得超过37.5%，减轻了农民的负担，农民生活大大改善。

公地放领：1951年6月公布“台湾省放领公用地扶植自耕农实施办法”规定将政府及公营企业的土地放领给佃农。放领条件是放领价格为该地主要作物年收量的2.5倍，以10年分期偿还。7年后共计放领公地7万2千甲，仅占公地总面积的4成左右，从日本接收过来的台糖公司、台湾农林、台湾凤梨公司等大型企业，依然保留大批土地，并未放领出去。

耕者有其田：1953年1月底公布“实施耕者有其田条例”，要点为地主保留水田3甲、旱田6甲，超出保留限度的土地，由政府征收再放领给自耕农；征收价格为该农地主要作物年收量的2.5倍；对地主的地价补偿；7成用实物债券分10年偿还，另3成则用公营的四大公司（台泥、台纸、工矿、农林）的股票一次付清；佃农以缴付实物的方式，分10年偿还土地代金。实际上，四大公司股票的票面价值，在发放之前，已经被政府动手脚给予高估，而且，在发放之后，有些地主没有信心，立刻抛售股票求取现金，致使股价惨跌，这些地主遭到两面损失。结果，政府顺水推舟，架空了原来拥有地方实力的地主阶级，另有些大地主财力雄厚，不卖股票，成为四大公司的大股东，例如鹿港大地主辜振甫就成为台泥董事长。另一方面，佃农则摇身一变成为自耕农，对政府的向心力大大增加。

扶植民营企业

实施耕者有其田的同时，省政府又颁布了“公营事业转移民营条例”。以台泥、台纸、工矿、农林业四大公司的股票，作为偿付地价的债券，使地主把卖地收入转向发展工业，为台湾私人资本的发展奠定基础。同时，为了扶植民营资本的发展，自1950年起，陆续采取了许多保护措施：

实施严格的进口管制，奢侈品一律禁止进口。

削弱外商竞争力，保护本省市场。

进口原料或设备者，汇价较低；进口成品者，汇价较高，以促进省内工业发展。

对民营企业扩大再生产和更新设备，作为各种减免税赋的优惠待遇。

鼓励民营企业与外商技术合作，对此类外商给予报酬。

陈诚1950年3月升任“行政院院长”，直到1965年3月病逝为止。这17年期间，陈诚的三大新政推动顺利，圆满成功，使他在台湾的声望和地位仅次于蒋介石。币制改革的成功，稳定了台湾的金融秩序，逃过了通货膨胀的金融危机；土地改革的成功，提高了农民的生活水平，促进农业快速发展；扶植民营企业的成功，则使台湾人民就业率大增，民生获得改善，中产阶级开始崛起，有利于台湾经济的稳定和发展。凡此种种，可说是陈诚主政台湾的“辉煌政绩”。

总之，第二次世界大战后的台湾，从民生困窘的风雨飘摇中，逐渐走向民生安定的繁荣社会局面，陈诚的“三大政绩”，功不可没。

陈诚与蒋介石

陈诚自 1949 年起，历任台湾省主席、“行政院院长”等要职，主政台湾共 17 年，对台湾战后的经济和社会稳定初期贡献良多。

蒋介石、陈诚、蒋经国，关系错综复杂的君臣父子

蒋介石、陈诚与蒋经国3人是统治台湾的3位核心人物。蒋介石自1950年起，君临台湾共26年，直到1975年以89岁高龄在台病逝。

陈诚自1949年起，以台湾省主席和“行政院院长”等要职，主政台湾共17年，位高权重，1965年在台病逝时是69岁。蒋经国则从1972年担任“行政院院长”而开始“蒋经国时代”，1978年起担任台湾地区领导人，直到1988年病逝为止，统治台湾共16年，病逝时79岁。

两蒋是父子关系，不过在现代史上，关系不寻常。小蒋在少年时期就被送往俄国留学，在俄国参加共产党，后因老蒋在中国反共清共，使小蒋在俄国变成人质。西安事变落幕后，小蒋才得以回归故国。往后，蒋介石从大陆到台湾都刻意培植蒋经国，以达成他封建观念“帝王传子”的目的。

蒋介石和陈诚则是君臣关系，蒋介石比陈诚大10岁，两人除了是浙江同乡，也同是保定军校毕业生，在黄埔军校时期又有校长和教官情谊，一起参加东征和北伐，关系始终水乳交融。陈诚忠于蒋介石，蒋介石则激赏并信任陈诚，陈诚在台湾稳定大局、安定社会，使得蒋介石落难台湾的时候，立刻顺利治台，因此，陈诚在台湾军政各界的势力，无人能出其右。

蒋经国则比陈诚小13岁，又由于蒋经国的出道和早期阅历都远远比不上陈诚，自然而然敬重陈诚。不过到了台湾，蒋介石刻意培植蒋经国接班，安排蒋经国掌控情报单位和军中政工系统，那时候陈诚在台湾的军中势力如日中天，又不认同军中政工制度，和蒋经

国渐渐产生龃龉。蒋经国所领导的军中政工和“青年反共救国团”的经费，常遭到陈诚删减，使他备感受挫和痛心。

论行事风格和执政方法，陈诚虽然始终采取“拥蒋”的立场，可是他对“自由分子”的态度，显然和蒋介石有所差异。胡适知道陈诚在台湾势大力大，也知道他比起蒋介石，更具自由思想，所以每当雷震和《自由中国》月刊受到迫害的时候，陈诚有几次接受胡适的请托，出面转圜，胡适竟然也公开称赞陈诚“有做领袖的智慧”。

1960年3月，国民大会通过修改“临时条款”，蒋介石第三次蝉联，彻底封死了陈诚迈向大位之路，但陈诚依然蝉联“行政院院长”，照样掌控军政大权，只是日理万机，积劳成疾，1965年因肝癌病逝台北，自然解决了未来由陈诚或蒋经国接班的棘手问题。

陈诚病逝之前两个月，蒋经国已经升任“国防部部长”，彻底掌控台湾兵权。蒋经国在台湾所施展的开明政治，开创出举世闻名的经济奇迹，也开拓未来台湾发展民主政治的康庄大道，他的“政绩”甚至超越蒋介石和陈诚。

第四章　蒋介石，想要反攻，却回不了大陆

南京古名金陵，1946 年蒋介石在南京制定“中华民国宪法”，在大陆担任总统仅仅 8 个月的时间，就因国共内战惨败而落难台湾。从 1949 年开始，蒋介石统治台湾长达 26 年。在台湾改造国民党，实施一党专政，进行威权统治。1958 年的八二三炮战，幸赖美国的全力协防才稳住大局。可是终其一生，无力“反攻大陆”，金陵梦碎。

蒋介石落难台湾以后，痛定思痛，检讨大陆失败的原因，然后要对症下药，彻底改进，以巩固他在台湾的领导权威，不再重蹈覆辙，将台湾经营成“反攻大陆”的基地。

如前所述，蒋介石认为内战的失败，党、政、军都有责任，尤其在战争时期，国民党是“以党领政”和“以党治军”。党权的腐败造成政治的腐败，也造成军队的腐败，总之，内战的失败，“党的腐败”是罪魁祸首，所以蒋介石在台湾优先进行党的改造运动。

党、政、军一手抓，巩固大权

1949年1月，蒋介石宣布下野的前夕，召见亲信，情绪激动，愤怒地说：“共产党没有打败我，打败我的是自家的国民党。”然后指着陈立夫说，“就是你们这帮人。”那时候，党权掌握在陈果夫和陈立夫两兄弟为主的CC派，因此有“蒋家天下陈家党”的口语流传。蒋介石把大陆失败的责任归咎于CC派，极其自然。

在大陆时期，双陈兄弟权大势大，既掌握党务，又控制财政大权。他们利用权位，大量培植党羽，掌握大多数省党部，并进一步利用党部的势力，包办国大代表、立法委员和监察委员的选举，从而成为国会内的掌门人。同时，陈果夫又担任中央财务委员会主委、中央合作金库理事长、中央农民银行董事长等要职，掌控财政大权。1945年5月，国民党“六大”召开，CC派囊括将近半数的中央委员席次，功高震主，更让蒋介石忧心的是，他想安排蒋经国接管党务系统，CC派则坚守阵地，无意相让。于是到台湾以后，以下三个背景促成蒋介石下定决心剪除CC派：

1.在大陆时期处处与蒋介石作对为难的桂系人马已烟消云散，不再有势力。其他派系不成气候，不足为患，要整顿党务，没有后顾之忧。

2.美国对CC派非常不满。1948年冬，美国总统大选时，陈立夫“押错宝”携带巨款赴美为杜威助选，结果杜鲁门当选，使杜鲁门对华不友善，如果除掉陈立夫，有助于改善中美关系。

3.陈诚与陈立夫水火不容。陈诚掌“行政院”，陈立夫控“立法院”，为保持两院和谐，促进内部团结，蒋介石自然袒护治台有功的陈诚，除掉有过的陈立夫。

当时台湾在朝鲜战争爆发后有美军协防，局势稳定，蒋介石因势利导，先于1950年7月免去陈果夫“中央财政委员会”的主委职务，裁撤“中央合作金库”，“中央农民银行”则保留名义，只设保管处，一夕间，除掉CC派的财政势力。隔年8月，蒋介石资助陈立夫5万美元，让他以参加道德重整会议的名义，举家移民美国，到新泽西开设养鸡场，同年8月25日，陈果夫在台北病逝。CC派瓦解后，所进行的国民党改造内容如下：

设立“中央改造委员会”：由蒋介石钦定陈诚、蒋经国等16名中央改造委员，进行党的改造工作，又指定张其昀为中改会秘书长，负责筹划改造工作。

改造国民党为“一元领导的集权政党”：从政党员不论是政府官员或民意代表，完全听命于蒋介石的领导，为贯彻这个制度，“阳明山革命实践研究院”就变成培养国民党高级干部的党校。

大举吸收新党员：国民党派出几万名党员，分头渗入台湾各地的工会、农会、渔会、商会、妇女和青年等各种团体，大量吸收党员，以农工民众和青年知识分子作为党的社会基础。

整顿党营事业：国民党的党营事业很多，包括“中央日报”“中华日报”“正中书局”“中国广播公司”“中央电影公司”等，全部纳入“中央财政委员会”指挥管理，由俞鸿钧担任主委。整顿事项包括：将挂名不管事的董监事免职；实施会计人员互调制度；建立人事考核制度等，并将这些整顿措施推广到所有“国营、省营、军营”等各类官营企业实施。

蒋介石又认为“在大陆时期，国军内部贪污腐化，真是光怪陆离，令人不能相信”。政治方面，“国民党的失败是实行民主宪政，结果给予共产党分化的机会，渗透的空间”。为了彻底改进这些失败的原因，蒋介石统治台湾，以“实施民主宪政”为名，实际上则进行“威权统治”，也就是“极权政治”的化名。

在台湾进行威权统治的结果，蒋介石一人包揽党、政、军三方面的大权，“天下统于一尊”。独揽党权，造成“蒋家政治蒋家党”；独揽政权，造成“蒋家王朝蒋家臣”；独揽军权，造成“蒋家天下蒋家军”。

表一　秘书、翻译转任文臣名单

姓名	担任文臣之职称
黄少谷	“行政院”副院长、“外交部部长”“司法院院长”“国安会”秘书长
俞国华	“中央银行”总裁、“行政院院长”
沈昌焕	“外交部”部长、“国安会”秘书长、“总统府”秘书长
周宏涛	“行政院”主计长、政务委员
张其昀	“教育部”部长
曹圣芬	“中央日报”董事长
秦孝仪	“故宫博物院”院长
楚崧秋	“中华电视公司”董事长
周应龙	“行政院”办公室主任
沈剑虹	新闻局长、驻澳“大使”、“外交部”次长、驻美“大使”
沈怡	“外交部”次长、驻哥伦比亚“大使”
钱复	新闻局长、驻美代表、“外交部”部长
夏功权	驻美“总领事”
胡　圻	驻新加坡代表

蒋家政治蒋家党

国民党改造运动的内容，经蒋介石批准后，1952年，国民党在台北召开第七次党代表大会（以下简称“七大”）。中心议题有二：一是修改党章，将改造内容列入党章内；二是选举新的中央领导阶层。经过精心安排，国民党新选出的中央领导阶层有中央委员、中央监察委员、中央评议委员，皆是蒋家体系和少数陈诚的人马，原来掌控党权的CC派班底，几乎全军覆没。

在“以党领政”的党国体制下，国民党中央换血成功。中央委员的人数也由大陆召开“六大”时期的460人，浓缩为在台湾召开“七大”时期的32人。人数大大减少，有利于蒋介石的“一元集权领导”，以免人多音杂，往后，中央常委的人选也都由蒋介石钦定，顺利通过，蒋介石在台湾的“威权统治”初步建立，形成了“蒋家政治蒋家党”的局面。

蒋家王朝蒋家臣

威权统治的体制建立以后，蒋介石为了改正过去“识人不明”所产生的不良后遗症，往后，政府重要的文臣武将，大多数改由他身边的秘书、翻译或侍卫长出任（见表一）。换句话说，要经过他随身长期观察，认为安全可靠后，才可外放为文武要职，统一听命于最高领袖，此种政治可以说是“蒋家王朝蒋家臣”。

表二　侍卫长转任武将名单

姓名	担任武将之职称
马纪壮	海军总司令、联勤总司令、“国防部”副部长
于豪章	陆军总司令
宋长志	海军总司令、“国防部”部长
郝柏村	陆军总司令、参谋总长、“国防部”部长
郑　坚	海军总司令
张　鼎	“总政战部”主任
唐　纵	警政署长
周菊村	同上
孔令晟	同上
王永树	“国安局”局长
孙立人	陆军总司令、“总统府”参军长
赵志华	装甲兵团副司令
汪希苓	“国防部”情报局长
俞济时、皮宗敢	中将官阶

蒋家天下蒋家军

在大陆时期，因为幅员广大，旧军阀势力各拥山头，军区将领拥兵自重、不听调度的事情经常发生。蒋介石吸取教训，在台湾复职以后，便模仿美国军制，重新整顿军队，实施“将官定期轮调制度”。原则上每两年一换，而且强迫实施届龄退休制度。唯有三军统帅一人不必轮调，也不必退役，永远是三军统帅。这样一来，过去实力雄厚的军阀，如阎锡山、白崇禧、胡宗南、何应钦等人，都逐渐从军中退役，退隐山林。

蒋介石又模仿苏联，以党介入军中政治。1950年在“国防部”内创设“总政治作战部”，由蒋经国担任主任；同年7月，蒋经国在北投创办“政工干校”，培养军中的政治作战军官，完全掌控军中政治。

两蒋治军后，昔日大将一个个隐退，大多改由侍卫长出身的将官轮流出任军中要职（见表二），蒋经国又主持军中政务，形成地地道道的“蒋家天下蒋家军”。

白色恐怖的前因后果

白色恐怖（white　terror）一词，是指独裁统治者为了巩固权位、排除政敌而胡乱捉人、捕杀异己，造成社会不安、人人自危的恐怖局面。最早的历史案例是1815年，法国拿破仑企图东山再起失败后，许多响应拿破仑的自由主义分子，立刻遭到法国极权政府的全面捕杀，社会充满恐怖状态，人人自危。

重伤蒋介石的四大中共地下党员案

国、共长期内战，共产党在军事上以游击战著称，在政治上则以情报战见长，最后中共以寡胜众。在实例上，国、共决战时期，曾发生所谓的“四大中共地下党员案”，充分说明连蒋介石身边人或亲信，全被中共地下党员包围，成为蒋介石失去大陆的主因之一。

侯少将案：侯少将是蒋介石的侍从参谋。1948年9月辽沈战役展开前夕，蒋介石飞抵北平，召见东北“剿共总司令”卫立煌，令他由沈阳撤军，路过锦州，先解救锦州被围的国军，然后一并撤退。可是，卫将军报告：沈阳到锦州路途遥远，中间又有河川阻隔，交通也已中断，无法携带重装备，而且共产党领导的军队早有埋伏，不能中计，应另调生力军去解锦州之围。

本来蒋介石已答应卫将军的请求，不料，一旁的侯少将插嘴说：“先生原来所定用兵计划，重点在解救锦州，不宜临时改变，以免让敌人有占领锦州要地的机会。”于是蒋介石又改变主意说：“仍照原定计划进行。”结果，卫将军领兵从沈阳撤退，还没到锦州，沿途即遭到埋伏的共产党领导的军队袭击，无数美援武器全被共产党领导的军队收缴。等到大陆沦陷后，这位侯少将竟然公开在北京现身，声明他就是中共地下党员，为中共立下军功。

傅作义案：傅作义是华北“剿共总司令”，总部设在北京。他指挥下的60多万国军则部署在北京、天津、张家口的三角地带。1948年12月，中共展开“平津战役”的时候，先攻下张家口，歼灭国军5万4千多人，接着打下天津，又歼灭国军13万多人。最后，毛泽东以事先布下的“暗棋”，通过傅作义的长女傅冬菊的情报，对傅作义的一举一动都了如指掌。到最后关头，傅作义恍然大悟，才知道自己女儿竟是中共地下党员，在女儿的亲情说服下，傅将军终于决定投共，28万国军退出北京，接受收编，共产党领导的军队则不花一兵一卒即进入北京。

张治中案：张治中是蒋介石的亲信爱将，也是毛泽东和周恩来的多年好友，国、共双边关系左右逢源，是个不可多得的人才。1945年9月间，蒋、毛重庆会谈时，蒋介石派侍从室主任张治中将军飞往延安，陪同毛泽东到重庆。在重庆会谈期间，毛泽东安心住在张治中家里，蒋、毛两人都对张治中深信不疑。

国共内战末期，蒋介石引退，李宗仁代理蒋介石派遣以张治中为首的5人代表团到北京和中共和谈。代表团在北京机场下机时无人接机，颇受冷遇，直到晚宴后，周恩来约见张治中，碰面第一句话就责问：“你为什么在离开南京前，要两次到溪口去见蒋介石？”

国、共北京和谈破裂后，共产党领导的军队百万雄师即刻渡过长江天险，周恩来力劝张治中代表团留下，以利中共进行国际宣传。张治中犹豫不决，担心在南京的家属安全，周恩来急命中共地下组织处理。

很快，原本是接张治中等人回南京的专机，突然变成了送他们家属去北京的专机。家属到了之后，张治中代表团立刻投共，留在北京，不回南京，消息一出，震撼中外。

陈布雷案：陈布雷是蒋介石的机要秘书，追随蒋介石长达22年，一向忠心耿耿。蒋介石的大多数文稿和文告皆出自他的手笔。面对解放战争的败局，他曾向蒋介石建议，不如和共产党和谈，才有利大局，遭蒋介石痛斥，并声言“和谈即投降”。陈布雷育有六男两女，长女陈秀是中共地下党员，次女陈琏及其夫袁永熙均是中共党员，陈布雷本人却被蒙在鼓里，事情揭发后，陈布雷无颜面对江东父老，羞愤自尽。

从四大中共地下党员案可看出蒋介石的一举一动或调兵遣将，都在毛泽东的掌握之中，因此蒋介石退守台湾以后，谈到中共地下党员，如谈虎色变，他决心彻底肃清中共地下党员（蒋介石称为“中共地下党员”），以确保台湾这块基地，也逼出他在台湾进行的“白色恐怖”统治。

违宪进行“白色恐怖”统治

中共建国以后，毛泽东在庆功宴上，公开表扬情报战的大功臣郭汝瑰[①]将军。郭汝瑰正是蒋介石身边的红人，担任“国防部”第三厅厅长，长期卧底成功，消息一出，蒋介石大惊失色。为彻底清除军中“中共地下党员”，永除后患，大开杀戒，一举枪毙了当时随

① 共产党人郭汝瑰是蒋介石身边的“红人”，陈诚的“十三太保”之一，两度出任国民党国防部作战厅长，授陆军中将衔。解放战争开始后，他将国民党的核心军事机密源源不断地提供给中共，为解放战争的胜利作出了卓越贡献。

军来台的50多位将领，震撼中外。随后又立刻将整肃对象扩大到潜伏于民间的中共地下党员和叛乱分子，当时，蒋介石一声令下，“台湾省保安司令”彭孟缉遵命行事，负责执行检肃“中共地下党员”和排除异己的任务，台湾的“白色恐怖”从此开始。

国军撤退来台9年后的1958年，“台湾省保安司令部”正式改制，扩大并更名为“台湾警备总司令部”（以下简称“警总”），这一组织严密、责任专属的机构，负责执行“白色恐怖”的统治任务，担任警备总司令的都是蒋介石钦点的军事将领，依序为黄杰、陈大庆、刘玉章、尹俊、郑为文、汪敬煦和陈守山等人。

因为要肃清“中共地下党员”，蒋介石就在南京和台北，以“戒严统治”和“戡乱体制”为基础，颁布许多法令，作为实施“白色恐怖”统治的依据。其中主要3项法令是：

1.戒严法，1949年5月，由台湾省主席陈诚公布。

2.惩治叛乱条例，1949年5月，在南京由立法院通过。

3.检肃“中共地下党员”条例，1950年6月，在台湾由“立法院”通过。

第1项“戒严法”，限制人民的言论、出版、集会、结社、游行、罢工、罢市、罢课等自由权利，公然违背“中华民国宪法”所规定保障人民各项自由权利的许多条款。又根据第2项及第3项法令，由警总所逮捕的嫌疑犯，径送军法处理，公然违背“宪法”第9条“人民除现役军人外，不受军事审判”之规定。再依“宪法”第171条“法律与‘宪法’抵触者无效”之规定，上述各项法律既然都抵触“宪法”，应属无效。

可是，在“恐共”的政府政策之下，“政治胜过‘宪法’”，违宪的政治法律依然照样执行不误，而且大张旗鼓，到处抓人，直接送军法处理，不经司法审判程序。在这种情形下，“白色恐怖”的统治阴影，笼罩全台湾。

警总根据上述各项法令雷厉风行，负责执行“白色恐怖”的极权政治。那时候，街头巷尾到处悬挂着“检举中共地下党员，人人有责”的红色布条，机关学校也到处部署着“监视言行，秘密偷报”的情报人员，顿使台湾变成“白色恐怖”的世界。

情报人员侦察上报的对象，除中共地下党员之外，也包括异议分子和“台独”分子。实际执行的时候，中共地下党员深藏不露，不易破获，反倒是“台独”和异议分子往往公开表态，不畏监视，成为代罪羔羊，或被一网成擒。也因此，在台湾进行的“白色恐怖”，肃清中共地下党员的效果比较有限，反而是清除“台独”或异议分子方面，成果丰硕。

为了达成任务，情报单位“宁可错杀一千，也不放过一人”，那时候在“恐共”的阴影下，人人自危。而且，被错抓或误杀的冤案不知凡几，台湾成为典型的“白色恐怖”政治，据说至少有4千多人遭到枪决，8千多人被捕下狱，但确实数字可能永远无法水落石出，正如二二八事件真正受难的人数永远石沉大海一样。

戒严38年后，蒋经国于1987年7月正式宣布台湾、澎湖地区解除戒严，1991年5月1日，李登辉依法宣布终止“动员戡乱时期”，并废止“宪法临时条款”,5月中旬，“立法院”通过“废止惩治叛乱条例”。1992年7月底，警总被裁撤走入历史，“白色恐怖”时期正式落幕。

20 世纪 50 年代的“白色恐怖”

蒋介石曾遭中共地下党员重伤，逼出他在台湾的“白色恐怖”统治。在“恐共”政策之下，无论中共地下党员、异议分子或“台独”分子，往往不经司法程序，直接送军法处理。上为 1950 年 6 月 10 日当时有名的中共地下党员“吴石案”，吴石（低首写遗嘱者）、朱谌之等人于聆听死刑判决后，随即五花大绑押赴刑场。

同年 7 月 11 日台电“刘晋钰案”，刘晋钰（左）与严惠先被宣判死刑后，被强灌烧酒，准备绑赴执行枪决。

举着民主大旗实施威权统治

前后两蒋，威权统治台湾将近40年，比蒋介石纵横于中国大陆的25年（1924至1949年）还长。大陆那么大，蒋介石南征北讨，最后却落得江山沦落，退守台湾；台湾这般小，两蒋互相配合，真正实行民主宪政，开创太平盛世，应该易如反掌。

戒严时期十大政治案件

两蒋寝食难安，不敢掉以轻心，因此，名为推行民主宪政，实则进行威权统治，不容台湾岛内有反对或反抗的声音和动作。但人为万物之灵，不甘平白受压制或威迫是人类天性。因此，台湾反对和反抗威权统治所造成的政治案件或政治冤狱，层出不穷。兹举出十大政治案件：

吴国桢事件：吴国桢是国民党的自由派分子，美国普林斯顿大学毕业。回中国后，历任汉口市市长、重庆市市长、外交部次长、上海市市长等要职，享有“民主先生”的美誉。1949年12月接替陈诚，出任“台湾省主席”。

吴国桢担任上海市市长时，即反对蒋经国的“经济管制”，就任“台湾省主席”以后，又在财政经费上抵制蒋经国所主持的“救国团”，双方关系恶化。1953年4月，吴国桢辞去“台湾省主席”一职，5月即拂袖离台赴美，同年底，利用王世杰被免去“总统府秘书长”职务的机会，吴国桢在美国发表文章，痛批国民党的弊政，尤其是蒋经国的特务统治，最后蒋介石则将吴国桢撤职查办，并开除他的中国国民党党籍。

孙立人事件：孙立人原籍安徽，赴美留学，获得普渡大学工程学士后，又转入弗吉尼亚军校就读，回国后历任师长、军长、司令等要职，是一位抗日名将。战后奉命到台湾负责训练“新军”，1949年出任“台湾防卫司令”，隔年，升任“陆军总司令”。

孙立人治军严明，战功显赫，为美国政府所赏识。1949年5月，麦克阿瑟将军在事先获得蒋介石同意后，曾派专机将孙立人接到东京，告诉他美国愿意支持孙负责保台的责任，“要钱给钱，要枪给枪”，孙立人则表示必须在蒋介石的领导下，始愿挑此重任。

可是在台湾，孙立人反对蒋经国在军中实施的政工制度，对蒋介石高喊的“反攻大陆”也不以为然，终于1954年被明升暗降，调任为“总统府参军长”。次年因为旧部属的中共地下党员案件而被解职，幽禁在台中市长达33年，直到1988年李登辉继任后才解禁，重获自由，但两年后即病逝。

孙立人被软禁后，美国政府对台湾当局的做法非常不满，立刻将驻台“美军顾问团”[①]团长蔡斯（William Chase）将军调职，顾问团的人数也由1955年的2300多人，逐年裁减到1964年只剩不到850人。可见孙立人事件对台、美关系的冲击力之大。

雷震事件：雷震是浙江省长兴县人，早年留学日本，毕业于京

① 美军顾问团：美军在1951年至1978年间，对台湾的军事援助，是驻台美军部队，首任团长（1951至1955年）是蔡斯少将。

孙立人将军纪念馆

陆军总司令孙立人因反对蒋经国所领导的军中政工制度，1955年被蒋介石幽禁于台中市自宅，严密监控33年。1988年李登辉继任后，他恢复自由。1990年病逝，其家属将自宅辟为“孙立人将军纪念馆”，供民众参观。（作者提供）

雷震事件

1950年，《自由中国》创办人雷震被提交军法审判。图为雷震妻子宋英与辩护律师梁肃戎讨论案情。

都帝国大学，回中国后，担任过国共政治协商会秘书长、国民大会副秘书长、行政院政务委员等要职。到台湾后，担任总统府国策顾问，后来自动脱离国民党。1949年11月，雷震创办《自由中国》月刊，由胡适任发行人，雷震任社长。杂志内容直言不讳，揭发时政弊端。例如，反对党化教育、反对救国团、更反对蒋介石连任第三届，提出“反攻无望论”、主张“两个中国”等，都犯了蒋家大忌，可是，有胡适撑腰，美国做后盾，国民党暂时忍耐。

1960年，雷震等人暗中结合从地方选举中崛起的台籍精英，加上大陆籍的民主反共人士积极合组“中国民主党”，期使台湾出现一个坚强有力的反对党，落实民主政治。同年9月1日，《自由中国》的社论宣布“中国民主党”成立。3天后，雷震以“知匪不报”和“为匪宣传”的罪名被提交军法审判，坐牢10年。《自由中国》从此停刊。1971年雷震服刑期满出狱，7年后在台北病逝，享年82岁。

苏东启案：苏东启是云林县北港镇的望族，曾经担任3届云林县“议员”，早年曾赴大陆加入国民党，雷震案发生的时候，他不顾一切声援雷震。1961年9月，因为图谋武装推翻蒋政权，追求“台湾独立”，事机泄露而被捕下狱，株连300多人，苏东启坐牢15年才被释放。他的太太苏洪月娇在1977年省“议员”选举中，以受难者“家属”要求平反，作为竞选诉求，结果高票当选，而且连任5届省“议员”，素有“云林妈祖婆”的美誉。

在威权统治时期，苏洪月娇首开政治受难者家属代夫出征的先例，以选票重新检验政治案件。往后，他的女儿苏治芬接棒，出马竞选云林县县县长也连选连任，国民党威权政治下的黑牢，成全了苏家两代为云林地区的政治世家，雄霸一方。

廖文毅“台独”事件：廖文毅是云林县西螺人，曾考进南京金陵大学机械系，是先后留学美国密西根大学、俄亥俄州立大学的工学博士。1935年应聘任教于浙江大学，5年后回到台湾。战后，廖文毅和廖文奎两兄弟创办《前锋》杂志，揭发时弊，因而得罪当道。二二八事件后，在台湾警总的清乡活动中，被列入通缉名单，两兄弟逃到香港，后来转往日本，1955年2月，廖文毅在东京成立“台湾共和国临时政府”，自任大统领，并且创办《台湾民报》，鼓吹“台独”思想。在台湾岛内的石锡勋、郭国基、杨金虎、李源栈等共200多人，因为涉嫌支援廖文毅在东京的“台独”运动，于1962年被捕。1965年，国民政府通过地下组织向廖文毅招抚成功，他突然在该年5月放弃“台独”运动，回到台湾，担任曾文水库兴建之副总工程师，政府更将他在西螺的房地产发还给他，此事在当时震惊全台。

彭明敏事件：1964年9月，台大教授彭明敏和他的学生谢聪敏、魏廷朝3人，共同起草“台湾人民自救宣言”。宣言指出：在国际上，“一个中国和一个台湾”，早已经是铁的事实，“反攻大陆”绝不可能，主张台湾人民应面对现实，建设民主繁荣的新社会。并公开呼吁：蒋介石领导的政权欠缺民意基础，台湾人民应以自由民主产生新政府取而代之。

此项宣言是“一中一台”论调的开始，但宣言将要发行的时候，3人就遭到警总逮捕，经过军法审判，以叛乱罪名判刑。彭明敏是知名的国际法学家，在国际压力下，1965年11月获蒋介石特赦出狱，但24小时监视，1970年1月，彭明敏经美国传教士唐培礼（Milo

Thornberry）暗助庇护，逃离台湾，经由瑞典逃往美国。

台湾基督教长老教会的“国是声明”：1971年10月25日，台湾地区驻联合国的政府代表被赶出联合国，台湾的生存和前途面临严重考验。12月16日，台湾基督教长老教会适时发表“国是声明”，反对中共并吞台湾，台湾前途应由台湾人民自决。从此，长老教会成为“台湾独立”运动的一大根据地。

同年底，成功大学的学生组织“成大革命党”遭检举，许多学生被捕入狱。到1979年8月，长老教会又发表“人权宣言”，除重申台湾人民自决，更进一步主张“建立台湾为新而独立的国家”，教会总干事高俊明后来于同年底的“美丽岛事件”中，因为藏匿施明德而被捕下狱，经由军法审判，判刑7年。高俊明被捕后，该教会在台湾各地拥有的16万多教徒，举行禁食祷告，以示抗议。

大学杂志事件：《大学杂志》创刊于1968年，由一批优秀的知识分子所组成，社务委员多达57人。创刊之初平平庸庸，后来因为蒋经国在救国团的一次演讲中，鼓励青年人多讲、多说、多发表意见，该杂志受到鼓励，渐渐演变成政治性杂志，倡导“革新保台”，主张全面改选中央民意代表。

1972年12月，社务委员台大哲学系教师陈鼓应在台大举办的座谈会上，放言高论，指责台湾内政的种种弊端。两个多月后，陈鼓应、王晓波等进步教师被捕，又被释放，不久，台大校方就奉命解聘陈鼓应等14位教师。后来陈鼓应前往北京讲学，另有些社务委员张俊宏、许信良就以党外人士身份竞选省“议员”或县市长；施启扬、李钟桂、关中、孙震等人则因《大学杂志》的机缘而大展长才，被国民党收罗成为国民党的“青年才俊”。

中坜事件：1977年11月9日，台湾同时举办5项地方公职人员选举，盛况空前。时任“立法委员”的黄信介和康宁祥奔走各地，促成党外人士大团结。选举结果，党外人士拿下4个县市长的宝座、21席“省议员”和6席台北“市议员”，成果丰硕，是党外人士在选举上的大突破。

在此次选举中，桃园县县长的选举最引人注目，国民党候选人欧宪瑜和党外候选人许信良竞选激烈空前。投票当天，国民党在中坜市某投票所的作票行为被党外人士当场逮到，立刻引爆1万多名民众的怒火，到处推翻警车，包围并放火烧毁警察局，形势混乱不可收拾。大批镇压的军警也仅采取围堵守势，不敢动武，以防事态扩大，最后许信良高票当选县长，事件自然平息下来。

中坜事件发生后，政府封锁新闻很成功，使事件未扩大，直到一年过后，事过境迁，政府才正式补发新闻，说明事件经过。

美丽岛事件：1978年12月16日，美国卡特总统宣布美国定于隔年1月1日起与中共建交，同时与台湾断交。蒋经国立刻动用“动员戡乱时期临时条款”所赋予的“紧急处分权”，宣布暂停翌日即将举行投票的“增额中央民意代表竞选活动”。党外人士顿失参政机会，因而激化了政治抗争活动。1979年8月，黄信介、许信良、张俊宏、施明德、林义雄等人创办《美丽岛》月刊，创刊号立刻风行全岛，畅销十万多本。并于同年12月10日的“世界人权日”，向政府申请在高雄市公园举办人权纪念大会，未获核准而照常举行。当参加群众在市区道路上游行时，游行民众和各地调来的大批军警爆发大规模的流血冲突，称为“美丽岛事件”或“高雄事件”。

3天后，警方不动声色，趁着拂晓时分，一举逮捕黄信介等14名党外领导人，下令《美丽岛》月刊停刊，被捕者有8人遭军法审判，其中黄信介被处14年徒刑；另有33人交付司法审判。

朝鲜战争救了国民党

蒋介石宣布退守台湾后，美国总统杜鲁门便在1950年1月5日正式发表声明说：“美国无意占领台湾，也不介入台湾岛上的军事。”台湾显然已经陷入孤立无援的绝境。到2月间，毛泽东亲率代表团访问莫斯科，并与斯大林签订《中苏友好同盟互助条约》，成立军事同盟，有效期间30年。有了苏联的撑腰，中共益增声势，在这种情势下，台湾局势岌岌可危。

不料，1950年6月25日，在苏联默许不宣而战的情况下，朝鲜的金日成迫不及待发动战争。朝鲜大军以雷霆万钧之势，越过韩国、朝鲜交界的北纬38度线，长驱南下进攻韩国，韩国军队兵败如山倒。

杜鲁门总统立刻警觉到朝鲜战争的爆发和中共准备渡海攻台，都是执行苏联称霸亚洲的战略方案，要把美国的西太平洋防线切断，斩成几截，兹事体大。因此，美国在两天后，立即推动联合国大会通过决议，要求联合国会员国出兵援助韩国，抵抗朝鲜侵略。到10月间，美国麦克阿瑟将军所领导的美军反败为胜，渐渐进抵鸭绿江边，朝鲜快被消灭，斯大林情急之下，向中共要求派兵援助朝鲜，交换条件是：苏联经济援助以解除中共建国伊始的经济困境，中共则派遣志愿军紧急赴朝鲜。

同一天，杜鲁门总统又下令美国第七舰队保卫及巡守台湾海峡，执行“台湾海峡中立化”的政策。一方面，阻止“中共武力犯台”；另一方面，也阻止国民党冒险“反攻大陆”，以维持台湾的稳定和平。为了加强台湾的空防力量，美国的第13航空队也奉命于8月驻守台湾，防范中共空军的犯台意图。

美国对台政策因为朝鲜战争爆发，一夕间，180度大转变，重新介入国、共战争，使台湾局势转危为安。所以有人说：“西安事变救了共产党，朝鲜战争则是救了国民党。”

一二三自由日，1万4千名“反共义士”来台

中国人民志愿军是由中国人民解放军东北边防军改编而成。他们之中有一部分是解放战争时期集体投共的国军。1950年10月19日，中国人民志愿军在司令员兼政治委员彭德怀的率领下，跨过鸭绿江，开赴朝鲜战场。志愿军中有一批人因为是当初投共的国军，当他们被美军俘虏时，他们害怕被送回大陆遭到清算，希望转送台湾。1954年1月23日，他们终于如愿，美国军舰运送1万4千名“反共义士”到基隆，台湾定这一天为“一二三自由日”。

这批“反共义士”后来散布在社会各个角落。20世纪50年代，我在政大念书，附近有一家小理发厅，理发师仅有3人，其中一人就

一二三自由日的“反共义士”

1950 年朝鲜战争开打，美国对台政策一夕逆转。当时一些被美军俘虏的中国人民志愿军，被转送台湾。（根据美国国家档案局提供资料改编）

是“一二三自由日”到台湾的“反共义士”，我常指定他为我服务。相谈之间感受到他是个随和且乐观的人。

此外，我在台南家乡的一家理发厅，也遇过一位“反共义士”理发师。他是十几位理发师中唯一的男性，与客户或女同事相处融洽。我想这批来台的“反共义士”进入社会之前，政府必然给予一技之长的训练，使他们在社会上可以顺利就业。

九三金门炮战，几年前我参加岛内旅游活动遇到一位导游罗小姐，她私下与我聊天时透露自己在眷村长大，父亲已年届90。父亲告诉她年轻时是蒋介石把他带到台湾，为了表示效忠“伟大的蒋介石”，所以身上有很多刺青，后来开放大陆探亲后，返乡探亲之前，她父亲特别花钱除去身上刺青。我婉言向她解释，她父亲应该是位“反共义士”，一生两度进入战俘营，不想让儿女知道，故意加以隐瞒。在国共内战和国外战争的互相激荡下，不知上演多少鲜为人知的人间悲剧，平民百姓流落四方，却能随遇而安，甚至传宗接代，此为中华民族代代相传、繁衍不绝的伟大民族精神。

美国防卫台湾条约化

朝鲜战争爆发后，韩国军队濒临亡国危机，麦帅率领美军紧急驰援，才把朝鲜军队赶出韩国。美军在1950年10月底进抵中、朝边界的鸭绿江边，不料，却被早已埋伏在朝鲜境内的中共志愿军赶回北纬38度线附近，此后，双方在那里浴血激战一年，后来在苏联的提议下举行停战谈判，在边打边谈的僵局下，终于在1953年7月27日签订停战协定。在停战协定之前半年，艾森豪威尔（Dwight David Eisenhower）就任美国总统，任命杜勒斯（John Foster Dulles）为国务卿。

为了牵制中共的兵力，艾森豪威尔宣布取消“台湾海峡中立化政策”，同意国民党军队“反攻大陆”，美国向中共打“台湾牌”，以便借国民党这颗棋子，迫使中共在停战谈判桌上让步。但是，朝鲜战争停战协定成立后，布莱德雷将军说，美国与中共在朝鲜兵戎相见，是在“错误的时间，错误的地点，和错误的对手，打了一场错误的战争”。此种舆论倾向使艾森豪威尔总统不敢帮助蒋介石“反攻大陆”。

朝鲜战争结束后，中共立刻转移兵力到中南半岛和福建沿海，1954年8月22日，中共发表《解放台湾联合宣言》，9月3日，发动“九三金门炮战”，一天内对金门发射5千多发炮弹，一方面探测国军的防卫能力，另一方面则作为往后进攻金门的前奏曲。

中共发动九三金门炮战后，国军不甘示弱，海、空军大批出击，狂猛轰炸厦门地区，双方在浙江沿海的大陈、一江山海域展开海空大战。美国担心若海峡两岸战事扩大，势将破坏美国即将完成的西太平洋防线部署，所以，力劝蒋介石克制军事行动，勿使战事扩大。蒋介石置之不理，美国不得不采取进一步措施，主张用条约来约制蒋介石的军事冒险行动。

恰好国军“太平号”11月1日被共产党领导的军队击沉，台湾岛内发起“献舰复仇运动”。在此种恶劣情势下，台湾需要美国更多的军事援助，美国也需要台湾更充分的政策配合，谈判延宕多时，酝酿已久的《中美共同防御条约》，终于在双方“各取所需”的妥协下，一拍即合，水到渠成。

Why？美国只保卫台湾，不协防金、马

1954年12月所签订的《中美共同防御条约》内容要点有三：（一）条约效力范围：限于台湾和澎湖，至于外岛，美军不负协防责任。（二）国民政府如要“反攻大陆”，必须经过美国同意。（三）国民政府同意美国在台湾、澎湖及其附近为防御所需而部署美国陆、海、空军之权利。

美国签订此约的目的，一方面在阻止中共“武力犯台”，另一方面也再度阻止蒋介石冒险“反攻大陆”，以维持远东现状，不使战争扩大，不准破坏美国所部署的西太平洋防线。可以说，这一条约推翻了艾森豪威尔总统先前所宣布“取消台湾海峡中立化”政策，恢复到朝鲜战争爆发时杜鲁门总统所宣布的“台湾海峡中立化”政策，并将其化为条约，使具有国际法上的效力。

实际上是美国以条约的效力，约束蒋介石勿轻举妄动，以巩固美国在西太平洋的强权利益。此一条约固然保卫了台湾的安全，也绑住他想要“反攻大陆”的意图，没有美国同意，蒋介石不能打回大陆，结束“反攻大陆”的美梦。

《中美共同防御条约》规定，条约效力范围限于台湾和澎湖，至于外岛如金门和马祖，美军不负协防责任。条约之所以有此规

定，是因为双方对于美军是否要协防金、马，意见完全相反。蒋介石认为“金门是‘反攻大陆’的桥头堡，如果金门失守，马祖亦势必难保，直接影响台湾的安全”，美国政府的立场只着眼于坚守西太平洋防线，必须保卫台湾，反对以金门为桥头堡去“反攻大陆”。

《中美共同防御条约》的签订，引发毛泽东的盛怒，共产党领导的军队于1955年初大肆轰击浙江外海的岛屿作为报复，1月解放军攻陷一江山岛，2月准备再进攻大陈岛的前夕，蒋经国奉命到大陈，在美国第七舰队的护航下，指挥及安排1400多名大陆难民，平安撤退到台湾。到这时候，蒋介石所控制的地盘，仅限于台、澎、金、马。就在此一紧要关头，1月28日，美国“国会”通过了“台湾决议案”，授权美国总统必要时可派兵协防台湾以外的岛屿。

但“台湾决议案”生效后，中、美双方对于防卫金、马的看法依然南辕北辙。1958年八二三炮战前夕，美国艾森豪威尔总统曾抱怨蒋介石在金、马部署12万大军，形同“人质”，美国不会协防金、马。蒋介石则坚持“无金、马就无台、澎”，“为了保卫金、马，决心战到最后一人”。

八二三炮战，美、台、中三角关系确立

1958年初，中共陆、海、空军突然全部向福建沿海地区集结，两岸情势剑拔弩张，台湾“国防部”立刻下令台湾及澎湖地区进入紧急备战状态。随后，中共空军开始在马祖上空执行任务，国军有

2/3的海空兵力被牵制到马祖地区。

8月23日，中共出其不意，声北击南，突然疯狂炮轰大小金门，两小时内，落弹4万5千多发，弹如雨下，3位金门防卫副司令吉星文、赵家骧、章杰等当场殉职。猛烈的炮火持续44天，总共落弹59万多发，如此庞大的炮战规模，为世界战史上首见，史称“八二三金门炮战”。

八二三炮战爆发后，美国立刻感到战况惨烈和事态严重，由于8年前的朝鲜战争里，美军与共产党领导的军队打成平手，美军已亲身体验到中共作战的厉害，所以此次不敢轻敌。更由于台湾是“美国西太平洋防线”的重镇，为了保卫台湾，艾森豪威尔总统立刻下令从菲律宾、太平洋甚至地中海急调美国军舰前来支援第七舰队，协防台湾海峡，一时之间，美国迅速在台湾海峡集结了第七航母舰队、重巡洋舰3艘、驱逐舰40艘，以及其他海空部队。

美国的强大舰队密布在台湾海峡上，筑成铜墙铁壁，使共产党领导的军队不得越雷池一步，当时美国国务卿杜勒斯说这是美国历史上最大的一次海上兵力集结，可见保卫台湾的坚定立场和必胜决心。

美国强力保卫台湾，不是基于中、美友谊盟邦关系，更非有爱于台湾，而是基于自身的国家安全和国家利益，因为台湾是美国西太平洋防线的重镇，战略地位太重要了，万一台湾失守，则共产势力就进入太平洋与美国争锋竞霸，严重威胁美国的国家安全。

中共之所以发动八二三炮战，缘于1957年苏联最高领袖伏罗希洛夫（Kliment Voroshilov）访问北京时，毛泽东表示准备国、共两党进行第三次合作。不料，半年后，蒋介石在国民党“八全大会”

上，依然鼓吹“反攻大陆”，并把“反攻复国”定为政治纲领，触怒了毛泽东，因此，毛泽东决定发动炮战，向蒋介石示以颜色，并作为解放台湾的前奏。

面对美国如此强烈及强力地介入台海战争，苏联不甘示弱，发出警告：依据《中苏友好互助同盟条约》规定，任何对中共的攻击，视同对苏联的攻击，美苏大战因而蓄势待发。

Why？美军及解放军都在打“有限战争”

因为苏联虎视台海战争，准备染指而坐收渔翁之利，毛泽东和美国都心知肚明，所以，八二三炮战当时，共产党领导的军队和美军虽然对立、对抗，可是双方又一致防止苏联插手参战，打的是“有限战争”（The Limited War），意即把战争的范围局部化，不让它扩大成全面战争或世界大战，以避免连累盟邦，祸害人类。这个战略思想，源自朝鲜战争。

我首次知道“有限战争”是在政大外交研究所念硕士时，当时有一位高一届来自韩国的研究生千辰焕，他是韩国学运的领导人物，来台两年就能讲流利的国语，但中文的文字表达能力尚差，我和他感情特别融洽，个性也相投。他写硕士毕业论文《朝鲜战争期间美国对韩政策之研究》时，特别找我协助，那是1966年初。

从他提供给我参考的英文著作里，我才开始深入了解朝鲜战争，并进而发现在朝鲜战争过程中，美国政府始终坚持的是“有限战争”的大战略。1950年10月，麦帅领导的美军快要消灭朝鲜，而中共派50万人民志愿军驰入朝鲜境内时，麦帅向国际宣布：我们已面临“一个完全新的战争”（an entirely new war），他主张轰炸中国东北、封锁中国海岸、动用蒋介石的国军从韩国“反攻大陆”等，未被杜鲁门总统所采纳。

因为美国政府只想打“有限战争”，希望将战争局限于朝鲜半岛，不使进一步刺激中共及苏联，扩大为世界大战。麦帅与美国政策严重相左，最后杜鲁门总统将麦帅免职，轰动全世界。从此，“有限战争”成为战后美国反共大战略。8年后发生的八二三金马炮战，美国和中共吸取第二次世界大战的教训，怕苏联再借机参战获取利益。因此，美军和共产党领导的军队异曲同工都在打“有限战争”，使战场局限于金门和马祖，既不扩及台湾和澎湖，也不扩及大陆，使得苏联没有参战的借口。

在炮战进行中，美国第七舰队谨守《中美共同防御条约》的规定，不负责协防台湾以外岛屿，所以美国舰队只能为金门补给船护航，不直接驶入战区，而停泊在3海里领海以外的海面，后来，金马海上补给线被切断后，美军也派出飞机为国军运输机护航。

在中共方面，毛泽东宁可自力作战，以免苏联援助之后“邀功索偿”，所以下令只打蒋军，不打美军，避免解放军与美军发生直接战斗。由于中共和美方都能自我克制，使得此次炮战没有扩大成为解放军与美军的战争。否则，万一中国沿海地区扩大成为战场，不但中共承受不了，苏联也会借口依《中苏友好同盟互助条约》参战，由于美苏背后各有很多双边和多边军事同盟条约存在，彼此纠缠，美苏一旦开战，势必扩大为第三次世界大战，后果不堪设想。

八二三除炮战之外，更有海空大战。海战方面，解放军舰艇损失远大于国军；空战方面，配备着响尾蛇飞弹的国军军刀机，以32比3的战果，胜于解放军的米格17型战机。经过海空大战后，国军完全掌握了台湾海峡的制空权和制海权，使得解放军不能渡海攻台，保卫了台、澎的安全。

战况激烈，单打双不打

炮战持续44天后，共产党领导的军队事前准备的炮弹已经打尽，毛泽东眼看攻台无望，10月初亲自写了《告台湾同胞书》，建议进行谈判，实行和平解决。同时宣布即日起暂停炮击1周，以利蒋军自由补给用品和弹药，期满后又宣布再停火两周。

在此穿插一则故事：我曾与1位大我十多岁的长者交谈往事，他在八二三炮战时，在金门战地担任中校营长，为国军作战，他弟弟则在厦门为共产党领导的军队作战。在战争中，兄弟两人都逃过一劫，幸免于难。三十年后，台湾开放大陆探亲，哥哥退役之后，回到大陆家乡探视亲友。兄弟两人欢聚叙旧，从弟弟口中，哥哥才恍然大悟，原来共产党领导的军队宣布暂停炮战1周后，紧接着又宣布延长停火两周，并不是心存善念，而是事前准备的炮弹皆已用尽，无弹可打。可见八二三炮战当时战况的惨烈。

Why？八二三炮战虎头蛇尾

10月25日，中共终于宣布“打单不打双”，亦即每逢双日不打，单日才打，如此一来，炮战虎头蛇尾。因美军从中作梗，毛泽东知道解放台湾无望，就自找下台阶，主张和平解决；蒋介石也知道如无美军拔刀相助，台湾势必难保，对美国的依赖更深；美国方面，也想借此机会力劝蒋介石放弃“反攻大陆”，以免再度刺激毛泽东重启战端。

在这种背景下，美国国务卿杜勒斯及时访问台湾与蒋介石会谈，并于12月23日共同发表《蒋杜联合公报》说：“我政府认为恢复大陆人民之自由乃其神圣使命，美国相信此一使命的基础建立在中国人民之民心，而达成此一使命之主要路径为实行孙中山先生之三民主义，而非凭借武力。”公报表明中、美双方都希望追求和平，反对以武力解决台湾问题。其要旨与毛泽东所发表的《告台湾同胞书》所主张国、共进行谈判，实行和平解决之精神，不谋而合。

八二三炮战下的废墟

这时，国、共双方同样认知：战争不能解决台湾问题，因此，八二三炮战就成为解放战争在战场上兵戎相见的“最后一役”。可是为了顾全面子，中共一直到1979年与美国正式建交当天，才正式宣布停止炮战，也就是，八二三炮战竟延续长达21年，为世界战争史上空前未有。八二三炮战对时局产生了4大影响：

中共对台湾政策大转变：在炮战失败及海空作战受重创后，中共对台湾政策由“武力解放台湾”转变为“建议举行国共谈判，争取和平解放台湾”。从此，中共已经无意对台湾用兵，二十年后，邓小平依循此方针，对台政策发展成为“一国两制”的构想。

台湾安全得到保障：从此得以顺利推展政治、经济、交通、文教及社会等各项建设，促使人民安居乐业，同时，以快速的经济发展，创造经济奇迹。

国际上不再持“国军应撤出金、马外岛，以保卫台湾安定”的主张：在金、马炮战中，展示了台湾三军的作战能力，更展示美国空前强大的海、空军兵力，保卫台湾，震撼中外，国际上所持主张不攻自破。

两岸从此演变成“长期不战不和”的对峙局面：由于美国的强力介入，金、马保卫成功，使毛泽东放弃“武力解放台湾”的政策，也迫使蒋介石放弃“反攻大陆”的主张，美国更是乐观其成。

毛泽东解放不了台湾，蒋介石反攻不了大陆

蒋介石退守台湾以后，蒋、毛隔着台湾海峡，在海峡彼岸，毛

泽东高喊解放台湾；在海峡此岸，蒋介石也高喊“反攻大陆”，可是，两人同样终生未能如愿。

蒋介石宣布退守台湾的时候，毛泽东立刻在1949年12月31日发表《告前线将士和全国同胞书》，要点为：“中国人民解放军和中国人民在1950年的光荣战斗任务就是‘解放台湾、海南岛和西藏’，歼灭蒋介石匪帮的最后残余，完成统一中国的事业。”往后，中共的官方文告和领导人的讲话，都一再重申解放台湾。

为了解放台湾，毛泽东积极做了很多准备工作。例如，修护中国东南沿海各地的飞机场、加强训练伞兵部队，作为海军和陆军登陆台湾的先头部队和里应外合的战术。此外，毛泽东又调集庞大的陆、海军和船舰，集结在东南沿海，颇有一举而渡海攻台的声势和态势，不料朝鲜战争突然爆发，为了解救朝鲜，不得不暂时按下解放台湾的键。

朝鲜战争停战协定签字后，毛泽东立刻转移目标，先发动“九三金门炮战”，不料，反而逼迫蒋介石与美国签订《中美共同防御条约》，正式成立军事同盟，因此毛泽东在1958年发动八二三金马炮战时，美国根据条约，从世界各地紧急调集空前庞大的海、空军舰队，镇守台湾海峡，由于中共实力不敌美军，毛泽东不得不望海兴叹，解放台湾再度停止。

蒋介石退守台湾的时候，国军的总兵力号称陆军60万人，空军8万5千人，飞机400架。海军4万5千人，战舰70艘。如此兵力规模尚可保卫台湾，但想要“反攻大陆”，实力尚差太远。为了安定民心，稳定局势，海峡此岸的台湾，街头、学校、工厂到处播放着“保卫大台湾”的悲壮歌曲，激励军心士气。蒋介石在台湾复行视事两天后，在“复职的目的与使命”演说中，除了强调恢复“中华民国”，消灭共产国际的使命外，并表明少则三年，多至五年，便可达到“消灭共匪”的目的。同年5月，他更提出“一年准备，二年反攻，三年扫荡，五年成功”的口号。

可是随着时光快速流逝，中共在大陆日兴月盛，国民党在台湾威权统治，“反攻大陆”的口号沦为空谈。朝鲜战争结束后，随着《中美共同防御条约》的签订，台湾的安全固然获得进一步的保障，可是条约规定台湾如要“反攻大陆”，须先得到美国的同意，也绑住了蒋介石要“反攻大陆”的手脚。

美国一方面害怕台湾兵力不足，贸然“反攻大陆”会把美国拖下水。另一方面，更担心台湾“反攻大陆”势必造成亚洲动乱，破坏美国的西太平洋防线，因此，始终不同意蒋介石“反攻大陆”。

八二三炮战时，美国国务卿杜勒斯在台湾，眼看中共兵力之强大，战况之惨烈，他领悟到没有美军强力协防，国军的兵力绝对无法抵挡共产党领导的军队攻占台湾，更别提“反攻大陆”了。杜勒斯当面询问蒋介石：“阁下明知两岸兵力悬殊，打不回中国大陆，为何还在台湾天天高喊‘反攻大陆’？”蒋介石据实回答：“我如不这样喊，就无法稳定军心，鼓舞士气。”①

1958到1962年，中国大陆发生自然灾害，同时，中、苏关系极度恶化，苏联片面中止援助中国，又撤走科技专家，中共陷入内外

---

① 此段秘史为八二三炮战后，资深“立委”在“立法院”内口耳相传而流出。

交困的窘境。蒋介石趁机叫嚣要“反攻大陆”，派蒋经国赴美交涉，肯尼迪总统根据《中美共同防御条约》，坚定拒绝了蒋介石的要求，从此，蒋介石“反攻大陆”完全不可能，有了美国从中介入，毛要打蒋或蒋要打毛，同归失败。

“万年国会”的两大罩门

两岸分治是事实，但在台湾的“中华民国政府”宣称，它是依照1947年在南京公布实施的“中华民国宪法”（中共拒绝参加该次制宪会议，因此扬言该“宪法”是伪“宪法”）之规定而产生，是代表全中国的正统政府，称为“法统”。因为中国大陆各省都已在1949年失于中共手中，以至于1948年在大陆选出的第一届国大代表、立法委员及监察委员等中央民意代表，无法办理重新选举，由此发生“任期”和“法定多数”两个大问题：

任期

依“中华民国宪法”规定，“立法委员”任期三年、国大代表和监察委员之任期各为6年。如何由有任期制度演变为无限任期的“万年国会”，过程如下：

1951年5月，第一届“立法委员”任期届满三年，因大陆各省已解放，不可能办理再选举。那时的“行政院”做出决议，请蒋介石出面商请“立法院”继续行使立法权一年，“立委”们感恩不尽且欣然同意，此后，又如法炮制了两年。

1953年5月，第一届国大代表和监察委员的任期也将临届满6年。大家束手无策时，当时的“司法院”院长王宠惠“急中生智”，人玩文字游戏来解决难题。他引“宪法”第28条：“国民大会代表每6年改选一次。每届国民大会代表之任期，至次届国民大会开会之日为止。”依此规定，“次届”开会不成，本届代表就永远存在。同年10月，王宠惠向记者宣布：“第一届国大代表任期必须等到下届代表大会开会，始告终了。”这样一来，第一届国大代表就成为“终身代表”了。

1954年初，“司法院”大法官会议做出“宪法”第31号解释案，宣布：“在第二届委员未能依法选出集会与召集以前，自应仍由第一届‘立法委员’、监察委员继续行使其职权。”经此曲解，第一届“立、监委员”也都成为“终身委员”了。也就是，逃亡到台湾的中央民意代表任期可无限延长到“光复大陆”为止，因而产生了“万年国会”。

法定多数

国民政府为了保住“法统”，除了解决“中央民代”的任期问题，还必须解决法定多数问题，才能在台湾一劳永逸行使职权。因为依照“中华民国宪法”的规定，国民大会、“立法院”和“监察院”的法定名额，分别为3000多人、773人、200多人。这3个“国会”

机构都必须有超过半数出席才能开会，可是，随国民政府来台的国大代表不到1100人，“立法委员”仅有300多人，“监察委员”100多人，都未超过半数，无法开会。当时，国民政府的解决办法是：1951年至1953年，一方面从原候补代表中递补，另一方面则从海外拉回一批“忠贞代表”归队。这样一来，“立法院”和国民大会都勉强超过半数，可以开会行使职权了。

但岁月无情，老成凋谢。到1960年，国民大会即将投票选举第三任领导人时，“国大代表”因死亡而减少95人，不足开会的法定人数。为求解决，大法官会议又做出“宪法”第85号解释案，宣布：“‘宪法’所称国民大会代表之总额，在当前情形应依法选出，而能应召集开会之国大代表人数为计算标准。”此后，“立法院”和“监察院”的人数总额也比照办理，算是暂时解决了一大难题。

时光不倒流，“中央民意代表”无法个个长生不死，总有一天“国会”要唱空城计。1969年，在台湾举办因缺员及人口增加而产生的“增补选”，结果新选出“国大代表”15名、“立法委员”51名、监察委员两名，这批新当选者与第一届代表同样享受“终身代表”的待遇。国民政府称之为“资深代表”，一般人则讥讽为“老贼”（“老贼”一词最早为民选“立委”朱高正所喊出）。

从1972年起，中央民意代表改为“增额选举”。亦即增加“自由地区”及海外华侨的名额，在“自由地区”由选举产生，在海外华侨则由领导人提名，均采任期制度，定期改选。可是，“资深代表”不必改选，任期到死为止。到这时候，“法定多数问题”虽然解决了，可是，有些代表是“必须定期改选”的年轻代表，有些代表则是“不必定期改选的”的老贼，成为世界民主政治史上独一无二的畸形“国会”。

连选连任

不只“国会”的问题，领导人两任12年届满后，也产生连任问题。蒋介石明知打不回大陆，借着“动员戡乱时期”名义，由“万年国会”在“宪法”之外，增订“动员戡乱时期临时条款”。一则授权发布紧急处分命令，二则规定：“动员戡乱时期，领导人得连选连任”，造成日后两蒋可以担任终身，其过程如下：

临时条款授权领导人发布紧急处分命令：1948年4月，蒋介石在大陆当选后，便发现“宪法”没有规定领导人在“动员戡乱时期”可以享有“紧急处分权”，如此，领导人无法随时出手去打共产党。为求解决，国民大会在同月通过“动员戡乱时期临时条款”。其要点有三：一、在戡乱时期，为紧急处分，不受“宪法”有关条文所规定程序之限制。二、紧急处分的终止，或由领导人宣告，或由“立法院”依“宪法”所规定程序变更或终止。三、到1950年12月25日以前召集“国民大会临时会”时，再讨论修宪和是否废止“临时条款”问题。

临时条款通过才半个月，蒋介石就签发了“全国动员戡乱案”，5月19日公布戒严法。国民政府撤退来台后，蒋介石在台湾复任，戒严法继续在台湾实施。

1954年3月，“国民大会”在台北召开大会，做出决议：“动员戡乱时期临时条款在未经废止前，继续有效。”因此，“临时条款”从此可能成为“永久条款”，台湾的戒严状态也就在“临时条款”的掩护下，一直持续下去。

临时条款规定领导人得连选连任：依照规定：“正副领导人之任期为六年，连选得连任一次。”可是，蒋介石第二任任期将于1960年5月20日届满前的1958年冬天，台湾岛内就展开一场“护宪”和“修宪”的大论战，拥蒋人士主张“修宪”以达成蒋介石三任之目的，反蒋人士则主张“护宪”以维护真正行宪之目标。

护宪派以《自由中国》月刊为代表，他们早就在蒋介石七十大寿的时候，发行“祝寿专号”，规劝蒋介石效法美国第一任总统华盛顿立下的伟大风范，不做第三任。即将面临选举前，《自由中国》再度发表短评，引用美国艾森豪威尔总统的一句话——“过了70岁的人，就不应保有他的公职”来影射当年已经72岁的蒋介石；拥蒋人士张群则在《中央》月刊上发表文章说“70岁是人生的开始”作为对抗。

蒋介石虽然反对“修宪”，却没有明确表示他不想连任，于是，修宪派“揣摩上意”，仗其人多势众，于1960年3月国民大会决议在“临时条款”中，增列一条如下：“动员戡乱时期，正副领导人得连选连任，不受‘宪法’第47条连任一次之限制。”临时条款的这项增列条文使蒋氏父子两代都担任终身；护宪派则讥讽“临时条款”是“中华民国宪法”的违章建筑。

极权形象重伤个人历史评价

蒋介石在大陆失败的原因很多，其中一大原因是他的倔强个性和野心。在抗日战争胜利前后的国共谈判中，毛泽东主张组织联合政府，以实现“政治民主化”。蒋介石则主张“军队国家化”，要求毛泽东先交出军队，才能承认中共的合法地位。

蒋介石说组织联合政府就是推翻政府，这种说法完全是“朕即天下”的封建思想。毛泽东则退让一步，要求“政治民主化”和“军队国家化”必须同时进行，以避免军队交出后，一切落空。但蒋介石坚持成见，硬是不同意。

那时候，美国观情察势，力劝蒋介石“以政治民主化换取军队国家化”，以期两全其美，得到双赢结果。可惜蒋介石忠言逆耳，拒绝美国的善意，终使美国对他采取放手政策。反之，毛泽东则决定和蒋介石一决雌雄。

解放战争的结果，蒋介石惨败退守台湾后，继续贯彻他的极权政治，仗着兵权在握，为了当伟大的领袖、永远的领导人，他排除“宪法”规定，制造“万年国会”，以优渥待遇抚养一大批万年国大代表“接三连四”选他连任终身。

“终身领导人”和“万年国会”是一对孪生兄弟，相依为命。同时，为了保障这对兄弟能共生共存，不被推翻，蒋介石更在台湾厉行威权统治，镇压反对或反抗的势力，使台湾的政治案件或政治冤狱层出不穷。

“终身领导人”“万年国会”“威权统治”三者环环相扣，

结成一体，形成了极权政治。倘使三缺其一，其他两者就无以维生了。极权政治伤害民主，也徒然伤害蒋介石身后的历史地位。

不过，蒋介石治台并非一无是处，他对台湾的一大贡献是发展教育。从1968年起，蒋介石毅然决然在台湾实施9年义务教育，同时发展技职教育和高等教育，培养大批技术人才和高层人才，使经济发展和建设所需人才不虞匮乏，更使政治上人才济济，逐渐发展成民进党，推动台湾的民主政治向前进步。

如同日本的明治维新，以发展教育作为立国根本，造就日本的富国强兵。蒋介石对教育的注重和发展，同样使民智大开，开启后来台湾经济发展和政治进步的大门。

第五章　蒋经国开明治台

1972 年，“蒋经国时代”开始了。蒋经国治台 16 年，不做“反攻大陆”的美梦，而是脚踏实地，在台湾落地生根。他的治台方式是发展经济、推动本土化、推动民主化三大政策，致力改变台湾，和平建设台湾。结果，开创出台湾的经济奇迹，也奠定了台湾的民主根基。尤其到了晚年，他毅然宣布解除戒严和开放大陆探亲，转战争为和平，开启两岸的和平发展，名垂史册。

蒋经国（1910—1988）是蒋介石的长子，生于将军之家，成长于忧患之世，是一位传奇性的历史人物。他的前半生39年（1910—1949年）岁月在苏联和中国大陆度过深富传奇色彩的曲折人生，他的后半生岁月也正好是39年（1950—1988年）则在台湾创造出辉煌腾达的伟大事业。

少年留苏，奠定朴实作风

由于孙中山晚年落实“联俄容共”的大政策，苏联为了投桃报李，就在孙中山逝世后半年，于1925年在莫斯科创办中山大学来纪念他。那时候，苏联驻广州政治顾问鲍罗廷（Boradin Mikhail Markovich），从国民党政要员的子弟中，精挑细选蒋经国等30名前往莫斯科中山大学留学。

当年16岁的蒋经国就读中山大学后，获准加入共产主义青年团，成为候补共产党员。不料，1927年，蒋介石大举捕杀中共党员，触怒了苏联政府，苏联领袖斯大林恼羞成怒，强烈报复，一面下令解散国民党在莫斯科的支部，一面又把中国的留苏学生全部驱逐出境，唯独扣留蒋经国作为人质，以待时机来临时，可以拿蒋经国作为政治筹码，和蒋介石讨价还价。

在斯大林的老谋深算之下，蒋经国先被送进列宁格勒的红军军政学校就读，不久后，先后被派到农场当农夫、矿场当矿工，在冰天雪地里，夜晚睡在教堂的车房内。1933年，蒋经国被转派到乌拉尔重机械厂做苦工，由于天资聪明，表现出众，一年后，晋升为副厂长。1935年，他与厂内一名女工芬娜（蒋方良）结婚生子，育有一男一女，事业家庭两相得意，可是仍受到苏共的严密监视。

这时，中国从1930年底开始，蒋介石对江西的中央苏共区连续发动5次“剿共”内战，中共形势岌岌可危，经过“二万五千里长征”一整年逃难行军后，1935年才落脚陕西延安。蒋介石立刻调集大军，大张旗鼓，准备第6次“剿共”内战，以赶尽杀绝。这下子激怒了斯大林，就拿蒋经国开刀，1936年9月，蒋经国的副厂长职务突被解职，候补党员也被撤销，失业又失望，他亲自上书斯大林，情词恳切，申请准他回国，始终石沉大海。

Why？西安事变改变蒋经国的人生

“山重水复疑无路，柳暗花明又一村”，就在蒋经国深陷失望和绝望困境之际，中国发生西安事变。张学良兵谏蒋介石停止内战，一致抗日，蒋介石忠言逆耳，导致1936年12月12日发生西安事变，蒋介石被挟持，中共领袖莫不欢欣鼓舞，高喊杀掉蒋介石。

但老谋深算的斯大林独具慧眼，电令中共救蒋介石，电文中说：“蒋介石是抗日的领袖，杀蒋必将引发内战，反而有利于日本侵华。”斯大林为避免日本北攻苏联，必须利用中国抗日，牵住日本。作为中国的抗日领袖，张学良不够格，毛泽东羽翼未丰，只有蒋介石才是全中国抗日的唯一领袖。

为图自身的安全，斯大林命令中共救蒋，并以释放蒋经国回国作为谈判筹码。当时宋子文、宋美龄兄妹和南京政府的澳大利亚籍顾问端纳（William Henry Donald）及中共代表周恩来等人，群集西安，和蒋介石、张学良进行谈判。最后，斯大林的大谋略成功了，蒋介石点头答应“停止内战，一致抗日”，但不书面签字，蒋介石被释放回南京，随后蒋经国也被释放回到中国，张学良则主动伴送蒋介石回到南京，表示负荆请罪，西安事变就此落幕。

蒋经国的一生，以西安事变为分水岭。此前，他在苏联随波逐流，追逐共产主义的理想，此后，他回归故国，接受三民主义的洗礼。蒋经国留苏12年间，真正深入基层，和苏联平民打成一片，种过田，做过工，实际体验到苏联的平民生活，简单朴素，真诚善良，此种生活的历练成为他回到中国后，尤其到台湾后的施政作风。

蒋介石思想改造，刻意培植

1937年3月，28岁的蒋经国回到奉化县溪口镇的故乡，与别离十多年的母亲温馨重聚，共享天伦之乐。此时，蒋介石对儿子最放心不下的是，他深受共产思想熏陶，所以，对儿子的首要工作就是思想改造。他规定蒋经国每天要做功课，细细研读《曾文正公家书》《王阳明全集》和《孙文学说》等书，调整适应中国的道德思想，重回三民主义的思想路线。

蒋经国返乡才4个月，就爆发了七七事变，中国展开全面抗日。次年春天，结束他一年的隐居生活，奉命到江西赣州去牛刀小试，江西是昔日中共的发祥地，那时尚未沦陷于日军手中，蒋经国在江西做过保安处少将副处长、赣州县县长等职务。他在赣南深入基层，脚踏实地，经营地方，尤其注重培养正人君子的人才，他所创办的干部训练班，大门口的木牌写着“做官的莫进来，发财的请出去”。

1943年元月，仅33岁、时值盛年的蒋经国奉命离开赣南，到重庆出任“三民主义青年团中央干部学校”教育长。这是国民党的党校，由蒋介石兼任校长，可见蒋介石用心良苦，刻意培植儿子在国民党建立势力。

隔年6月开始，日军为了打通从中国到南洋的陆上交通线，在中国展开猛攻，华中、华南相继沦陷，日军直趋西南边疆，重庆岌岌可危。蒋介石喊出“一寸山河一寸血，十万青年十万军”的口号，踊跃号召青年从军。青年军共有8个师，是当时国军的生力军，蒋经国奉命担任“青年军总政治部主任”，实际掌控了青年军。

抗战胜利前夕，美、英、苏三强签订《雅尔塔密约》，美、英两国答应战后苏联在中国东北取得特别权益，又答应外蒙古独立，以交换苏联对日宣战，减少美军登陆日本作战的生命牺牲。在美国的强大压力下，蒋经国奉命协助宋子文到苏联谈判，签订《中苏友好同盟条约》。当年，斯大林送蒋经国去农村、去矿场、去工厂，受尽折磨，此一时，彼一时；14年后，他与斯大林在谈判桌上平起平坐，唇枪舌剑，你来我往，折冲樽俎。时代的巨轮，推动历史人物的起起落落。

宋美龄干涉，打不成老虎

1946年6月，解放战争开始，蒋介石挟优势兵力采取“全面进攻，速战速决”的战略。气势凌人，连战连胜，10月中旬，蒋介石对战局做出乐观的估计说：“5个月内打垮共产党领导的军队。”

不料，毛泽东采取“以退为进，拉长战线”的战略，消耗国军的兵力和财力，解放战争旷日持久以后，共产党领导的军队先在东北打败国军，接着进军中原，蒋介石才恍然发现当初过分低估中共的力量，原本以为短期就可获得军事胜利，再回过头来解决经济问题，没想到战争越拖越久，而且丧师失地，问题日益严重。此时，国民政府才感到经济戡乱比军事戡乱更重要，可是为时已晚，无力回天。

为挽救经济的全面崩溃和通货膨胀的日益严重，国民政府在

1948年8月19日颁布“财政经济紧急处分令”，内容要点为：

1.发行20亿元的“金圆券”，限期以300万元法币兑换1元金圆券。

2.禁止人民持有黄金、白银、银币及美元等，并限期兑换为金圆币。

3.限制各地物价必须停留在8月19日的水平上，以稳定物价。

此即俗称的“八一九防线”，为贯彻执行这项法令，政府在上海、天津、广州等各地设置经济管制督导员，坐镇督导，强制推行。尤其派蒋经国到全国金融中心上海去“打老虎”，希望能以铁腕手段稳住经济恐慌。蒋经国带着新赣南政治的戡建大队人马坐镇上海中央银行，施展铁腕措施，雷厉风行，他喊出最响亮的口号是“只打老虎，不拍苍蝇”，他的名言“一路哭不如一家哭”也成为传诵一时的政治格言。

在蒋经国的铁腕措施下，连江浙财团的台柱——杜月笙的儿子杜维屏也锒铛入狱，大快人心。可是当他要处理孔、宋财团的“扬子案”时，却踢到铁板。“扬子案”的要角孔令侃是宋美龄姐姐宋霭龄的大公子，当扬子公司被查封的时候，宋美龄就急急带着孔令侃去见蒋介石，诉说委屈。结果，孔令侃很快飞到美国去了，使蒋经国受挫，有志难伸。上海民众把他的政治口号改成了“只拍苍蝇，不打老虎”，宋美龄干政造成蒋经国在上海打老虎惨遭失败的尴尬下场，功亏一篑。

投入台湾政工情报，制衡陈诚

蒋介石退守台湾之前，先由陈诚坐镇台湾，以“台湾省主席”兼“东南行政长官”的身份，对于陆续撤退来台的国军先行缴械，大力整顿，重新整编后，再给武装。陈诚因此跃上“台湾国军之王座”，也让台湾在中国大陆风雨飘摇的败局下，得以稳定下来。

等到蒋介石退守台湾以后，此种现象反使他有所顾忌，但无可否认的事实是，蒋介石治台又全赖陈诚打下根基。那时陈诚在台湾的声望和势力如日中天，可说是“一人之下，万人之上”，蒋介石虽然不乐见，但须重用陈诚、利用陈诚，因此给予仅次于蒋介石的第二号人物职位——副手兼“行政院院长”，以借力使力，顺利统治台湾。

蒋介石是具有“帝王传子”封建思想的领袖，在蒋经国和陈诚两人之间如何取舍成为蒋介石治台的最现实问题。陈诚在军政各界的势力已成气候，蒋介石的统治权术就是让两人互相牵制，最后由蒋介石居高临下，予以操控，形成三角架构。蒋介石身为领导人之尊，居于最高领袖之高位；陈诚掌控军政各界的实权；蒋经国则利用军中政工和情报系统，制衡陈诚的势力。

蒋介石在台北宣布“复行视事”，继续行使职权的当天，立刻亲笔手令：派蒋经国负责主持军中政工重建，迅即恢复“国防部总政治部”。明眼人皆知此项人事命令是用来制衡陈诚在军中的庞大势力，当然不为陈诚所乐见。

蒋介石任命蒋经国为“国防部政治部”主任，往后，国军各部队都层层设立政工机关，任务是主持军队的政治思想教育，考核官兵思想，防止投敌逃亡，防止军中人事及财务的腐化，以达成建军整军之目标。尤其规定：“没有政治部主任副署的部队长命令无效。”循此制度，蒋经国通过政工运作，实际上达成了制衡陈诚在军中独霸的局面。

为了培养及训练政工军官人才，1951年7月，蒋经国在台北市北投区的复兴岗，正式创办“政工干校”，从此，具有专业训练和忠党爱国的政工人员布满军中。在台湾，国军摆脱了在大陆时期“内部贪污腐化”的恶劣形象，塑造出令人耳目一新的面貌，此为蒋介石的创意和蒋经国的业绩。

领导荣民，兴建东西横贯公路

1957年3月，美军顾问团上士雷诺枪杀了革命实践研究院的少校学员刘自然。由于美军在台湾视同外交官待遇，享有“治外法权”，当美军顾问团军事法庭判决雷诺无罪，引发台湾舆论和群众群起而攻。判决次日，愤怒的群众捣毁美国大使馆和美国新闻处、撕毁美国国旗，又打伤美方人员。美国认为这个事件是蒋经国所领导的救国团所策动，公开指责蒋经国为“反美分子”。

为平息刘自然事件，蒋介石不得不让蒋经国暂退幕后避风头，于是任命蒋经国以“国军退除役官兵辅导委员会主任”的身份，领导荣民兴建东西横贯公路。一可贯通台湾的东西交通，在军事上东西支援，保卫台湾；二可排除中央山脉的阻隔，在经济上发展东部经济；三可充分利用荣民的充沛人力，在社会上解决荣民的生计问题，有助社会安定，一举数得。

东西横贯公路全长350公里，分别从台中、花莲两地同时向中央施工，穿越中央山脉，工程既浩大又艰巨，动用了大批荣民、兵工及原住民，甚至利用大专生暑期打工等，费时4年才完工。这条公路除了军事上的重要性，沿途蕴藏大量的矿产、森林资源，极富经济价值。

道路完工后，并未大规模开发矿产和森林，倒是为了安排荣民的生活，在沿线开辟许多“退辅会农场”，发展高山农业及观光事业。尤其公路的东段，沿着立雾溪河谷逶迤而行，沿途深谷峭壁，山川壮丽，景色优美，开辟成“太鲁阁国家公园”，成为闻名中外的观光旅游胜地。蒋经国亲临深山峻岭，越岭涉水，督导施工，完成了这条台湾史上工程最艰巨的道路工程，也为陆续退役的荣民广开就业机会，对于荣民生计和社会安定，是一大贡献。

东西横贯公路的东段盛产白底条纹的大理石，道路通车后，花莲地区的百姓纷纷前往开采，加工成工艺品或建筑材料。很快，花莲地区的大理石工厂林立，艺品商店到处可见，观光采购人潮盛极一时，促成花莲地区的经济繁荣。不过，开发30多年后，政府深恐宝贵资源流失用尽，伤害环保及观光景色，下令禁止开采，使得花莲的大理石工商业没落，厂商纷纷改往海外发展。

握兵权、任党主席

早期在台湾，陈诚势力正旺的时期，蒋经国颇能认清时局，不敢与前辈争锋，他沉潜而内敛。1960年3月，陈诚第二次组阁时，延揽蒋经国担任“行政院”的政务委员，他谨守分寸，开会时只听不说，和陈诚维持上司下属的和谐关系。

后来身负重任的陈诚因日理万机，积劳成疾，健康每况愈下，蒋经国才得以出头。蒋经国的掌权是通过军中政工和情报系统，在下层扎根，打下深厚基础。由此，陈诚于1965年3月因肝癌病逝的前后，蒋经国能够步步为营，在台湾平步青云，扶摇直上，其崛起过程如下：

1952年10月31日（蒋介石67岁诞辰），正式成立“中国青年反共抗俄救国团”（以下简称“救国团”），蒋经国亲自担任救国团主任长达20年，掌控全国高中以上青年的军训工作。

1954年，蒋介石设置国防会议，任命蒋经国为副秘书长，蒋经国利用这个权力，紧紧抓住政工系统、特务系统和救国团，在党政军系统内，打下雄厚的基础。

1965年，蒋经国升任“国防部部长”（陈诚于同年3月病逝），彻底掌握台湾兵权。

1967年，蒋介石将“国防会议”改为“动员戡战时期国家安全会议”（以下简称“国安会”），担任国安会主席，蒋经国担任国安会秘书长，“国安会”成为直接听命于蒋介石的“太上内阁”。

1969年6月，严家淦内阁局部改组，蒋经国由“国防部部长”升为“行政院”副院长，“蒋经国时代”已经隐然出现。

1972年3月，蒋介石蝉联第5任，严家淦也再度当选为副。此时，蒋介石已高龄86岁，严家淦深懂分寸，请辞“行政院院长”兼职，6月1日，蒋经国就任“行政院院长”，“蒋经国时代”正式开始。

1975年4月5日，蒋介石病逝，严家淦依法继任，国民党中常会则于4月底推举蒋经国为国民党主席。

1978年3月，严家淦继任任期届满后，自动提名蒋经国竞选，结果，蒋经国顺利当选第6任领导人；1984年，蒋经国再度当选第7任领导人，直至1988年1月13日油尽灯枯病逝为止。

小故事，透露执政智慧

蒋经国是一位具有治国智慧的领袖人物，由于他早年在苏联历经风霜，接受严酷考验，所以他能苦民所苦，解决民生问题。在台湾将近40年，探求民瘼，走遍各通都大邑或穷乡僻壤，甚至山之巅、海之滨，处处充满着蒋经国亲民爱民的故事。

蒋经国在台湾能创造出举世闻名的经济奇迹，并非偶然。只可惜“人存政举，人亡政息”，蒋经国谢世后，台湾的领导人一代不如一代，政治民主化虽然大有长进，但经济奇迹已成明日黄花，以下举出我亲身体验及听到的几则蒋经国的执政智慧。

低调扎根、默默耕耘

蒋介石退守台湾后，着力栽培儿子当接班人，蒋经国也低调内敛，默默扎根，为往后的执政打下深厚基础。左为 1965 年他与青联会代表座谈，进行思想训练。右为 1963 年 9 月 11 日，担任“行政院”政务委员的蒋经国于越南战争期间拜会美国总统肯尼迪。

蒋经国戴孝呼口号

1975 年蒋介石逝世，仍在戴孝期间的蒋经国带领民众高喊口号。

提拔青年才俊、作风亲民

右上为 1986 年蒋经国接见美国参“议员”鲁嘉，由当时的英文秘书马英九担任翻译。右下为 1975 年 2 月，当时担任“行政院长”的蒋经国巡视基隆渔市，鱼贩送他一尾鲤鱼。

开放苹果自由进口

战后台湾民生不富，而且实施苹果进口管制，由于官商勾结和奸商囤货居奇，使得苹果价格居高不下，苹果成为富人的专利食品，舆论群起而攻，力主开放自由进口。

1970年左右，有一天我在台北市忠孝西路公路局西站对面的一家水果店买水果，看到店内悬挂着一幅蒋经国到店采买的大型照片。老板亲切地娓娓道来：有一天，突然几位便衣随从到店里扫描内外，过一会儿，蒋经国座车到了，进店后亲切地问东问西，询问苹果进出价格及营销详情后，立刻驱车离去。两天后，报纸便报道蒋经国决定开放苹果自由进口的大消息。这说明蒋经国做事不含糊、不被蒙蔽，他能身体力行，亲身深入了解后，才做出明智的决策。

补贴渔民，照顾弱势

宋楚瑜长年追随蒋经国左右，眼见故事最多。2011年1月13日，蒋经国病逝23周年的忌日，宋楚瑜接受《年代电视》新闻专访，在节目中透露一则感人故事：20世纪70年代发生石油危机，蒋经国深入民间探求民隐，当他到澎湖时，惊见渔船全部停泊码头不出海捕鱼，询问渔民才了解因汽油太贵，出海捕鱼入不敷出。回到台北后，蒋经国立刻下令补贴渔民出海捕鱼的汽油油资。

宋楚瑜以此为例，赞扬蒋经国一向“以民为本”，照顾弱势族群。可惜宋楚瑜未能深入领会蒋经国的深谋远虑和执政智慧，蒋经国所深虑的是：渔船不出海，海产缺货，势必价格大涨，也势必连动肉品、蔬果及其他货品大涨，造成通货膨胀的恶果。蒋经国的执政智慧，如古语所说："哲人日已远，典型在夙昔。"但在台湾，像他这样的领导人，却后继乏人。

十大建设，今天不做，明天会后悔

蒋经国1972年就任"行政院院长"，开始"蒋经国时代"的时候，正处于多难之秋，内外交困。外交上，先后发生台湾被赶出联合国，美国总统尼克松（Richard Nixon）与中国总理周恩来联合发表《上海公报》，以及日本与中共正式建交等重大变故。一连串的外交风暴，迫使岛内新一代知识分子挺身而出，议论政治，攻击政府，大有"山雨欲来风满楼"之势。

蒋经国从年轻时代就在苏联历经风霜，体认到台湾的前途取决于经济的稳定繁荣，只要经济繁荣、民生乐利，政治和社会自然安定，国际地位也可以水涨船高。因此，他担任"行政院院长"后，对时局的因应之方，就是排除万难从事经济建设，以图长治久安。

1973年9月间，蒋经国着手准备进行经济十大建设。当时正值第一次世界石油危机，全球经济普遍衰退，台湾出口受挫，财力困窘。蒋经国在筹划十大建设的过程中，很多财经人士担心规模如此庞大，可能拖垮财政。蒋经国立刻回应一句名言："今天不做，明天会后悔。”

为了贯彻主张，实现政策，蒋经国躬亲下乡，召集各地方财主，亲自劝募，并晓以经济发展对国计民生未来的重要性，结果民心踊跃捐输，没有怨言。当时我有位长辈蔡涂先生是台南名医，应邀参加蒋经国的早餐会，他听完蒋经国讲话后深受感动，慷慨乐捐，全家支持。可见明智的决定、正确的政策必得民心，在蒋经国的苦心孤诣、辛劳奔走下，终于克服财政困难，他的决策毅力和智慧，无人能及。1974年1月，蒋经国毅然决然宣布正式推动台湾经济十大建设，作为发展经济的先锋，这是何等的眼光，又是何等的魄力，其交出的实绩如下：

中山高速公路：北起基隆，南至高雄，连贯基隆及高雄二港口。同时又以支线连接台中港、桃园中正机场及高雄小港机场，构成南北交通的大动脉。

桃园中正机场：当时是远东首屈一指的国际机场，促进与世界各国的空运和旅游事业，对经济贡献巨大无比。

台中港：开发台中港，一可疏解高雄、基隆两港的货运壅塞；二可促进中部地区的经济繁荣，使台湾地区的经济与人口平衡发展。

苏澳港：移山填海，开发苏澳港，一可促进东北部繁荣；二有益兰阳地区农林产品输出。

北回铁路：从台北建造铁路到达花莲，一可使西部与东部的交通更为便捷；二可促进花莲港的运输功能，加速东部资源的开发。

西部纵贯铁路电气化：以电力代替柴油，提高火车速度，降低能源成本，减少环境污染等。

钢铁公司：一可带动相关工业发展；二可取代过去的钢铁进口而能自给自足，并拓展外销。

高雄大造船厂：与中钢公司紧邻设厂，两者相得益彰，亦可使台湾省的造船工业更上一层楼，并争取代造外国船只。

石油化学工业：从石油炼制成各种化学成品，生产基本原料及中间原料，带动台湾省工业的进步，促进经济起飞。

核能发电厂：包括北部核能一、二厂及南部三厂，一可节省发电成本；二可不受枯水及能源危机之影响。

十大建设前6项都是交通建设，属于“货畅其流”的基本设施投资，后四项则包括重工业以及提供工业发展的能源建设。在蒋经国的全力推动下，十大建设创造无数就业机会，历经7年的惨淡经营，于1981年底大功告成，总投资额约新台币2600亿元，为1973年各级政府总支出金额的3.2倍，不仅是空前未有的伟大建设，更为往后经济发展奠定稳固基础，带动工业发达和商业进步的繁荣景象，终于创造出举世闻名的台湾经济奇迹。

本土化与民主化，对历史有交代

自从蒋经国担任“行政院院长”，直到1988年病逝共16年时间，他为求民生第一，安定第一，借着掌控军、警及特务系统来统治台湾，固然引起反对势力的攻击和诟病，但他也展示了伟大政治家的魄力，以经济建设台湾而努力不懈，为奠定长治久安之根基而预铺道路。当他人生的最后几年，为了向历史交代，晚年“政绩”有目共睹、有口皆碑。

亲民爱民，实现“以台治台”

蒋经国的亲民作风与蒋介石的威武作风恰恰相反。从当上“行政院”副院长以后，他经常深入民间，山之巅、海之滨、落后的山区、偏远的离岛，都有他的足迹和亲民爱民的故事。据官方统计，他当领导人4年期间，下乡197次，平均每周一次。可以说，他已深深认同台湾这块土地，他晚年经常说：“我已经住在台湾40年了，所以我也是台湾人。”他已经与台湾人打成一片、融为一体，蒋经国能够认清大局，知道打不回大陆，所以摆脱殖民统治的错误，真正以民为本，因而赢得了台湾同胞对他的感念和崇敬。

台湾接收后的前20多年，蒋介石当权，国民党的人事政策是“中央用外省人，地方用台湾人”的歧视待遇原则；蒋经国掌权后则实现“以台治台”政策。他深刻体认到国民党如果要在台湾落地生根，就必须加紧本土化，起用台湾人。“蒋经国时代”开始，不但国民党的中常委台籍人数大量增加到48%，就连“中央政府”首长的台籍人数也逐年增加。蒋经国病逝时，由台湾人担任的中央要职有“监察院院长”“司法院院长”，以及“行政”“立法”“司法”“监察”4院的副院长、3位部长、4位“政务委员”、“台湾省主席”、台北市市长、高雄市市长等。

民主化远见影响深远

提前释放政治犯：1986年12月6日，增额“中央民意代表”选举结果，新成立的民进党初试啼声，有12人当选“立委”，11人当选“国代”。尤其，“代夫出征”的周清玉以最高票当选，意义非凡。就连一向为国民党禁向的劳工团体“保障名额”两名，也被民进党抢夺过去，民意所趋，如大江东流挡不住。蒋经国领悟时局，于次年1月，将美丽岛事件的政治犯姚嘉文等26人，提前释放出狱。

解除戒严及党禁：1987年6月15日，在国民党推动下，“立法院”制定“国家安全法”，把蒋经国容忍民进党成立的3个条件：“不得违背‘宪法’、不得主张共产主义、不得分裂国土”，列入“国家安全法”三读通过。

7月14日，蒋经国正式宣布台湾、澎湖地区解除戒严（不包括金、马、东沙、南沙群岛），以前依据戒严法所订立的30多种行政命令也一并废除，实施长达38年的戒严终告解除。在戒严法之下，人民是不得组织政党的，没有了戒严法，人民恢复结社自由，党禁也就自然解除了。解除戒严和党禁是台湾迈入民主政治大道的里程碑，政治民主从此陆续展开。

解除书禁：同年8月10日，“行政院”新闻局宣布开放大陆出版品进口，对于大陆作家的作品只要不宣传共产主义，可以个案进口，实施30多年的“书禁”也局部解除。此后大陆各种书籍充斥台湾书局和书摊。

开放大陆探亲：这是基于人道考量，很多老兵当年在大陆都是被抓去当兵的，半生随军流落台湾，思乡心切，正式开放探亲之前，偷偷跑回大陆探亲的人数已达8000多人。同年10月15日，“内政部”长官吴伯雄宣布：除现役军人及公职人员外，凡在大陆有三等亲以内血亲、姻亲或配偶的民众，均可向红十字会登记赴大陆探亲。大陆探亲一开放，台湾同胞一窝蜂以探亲名义赴大陆旅游观光，形成一股持续不断的热潮。

解除报禁：同年12月1日，“行政院”新闻局宣布从1988年1月1日起，解除“报禁”。台湾实施30多年的“报纸登记限制”和“报纸增张限制”至此解除。从此大报小报充斥市面，可是小报缺乏竞争力量，渐渐自然淘汰。可见国民党当初在台湾实施报禁和书禁，实在是“天下本无事，庸人自扰之”的失败政策。

奠定长治久安之根基

两度宣布蒋家人士不竞选下一任：蒋经国1985年8月接受香港记者采访时宣布：“将来元首一职由蒋家人士继任一节，本人从未有此考虑。”正式否认了他有“传子”的意图。同年12月，在“国民大会”主持行宪36周年庆祝大会上，他又宣布两点：“一、经国的家中有没有人会竞选下一任呢？我的答复是：不能也不会。二、我们有没有可能以实施军政府的方式来统治呢？我的答复是：不能也不会。”

外放王升和蒋孝武：蒋经国为澄清众人疑虑，并预防儿子蒋孝武被人利用，就在1982年2月任命蒋孝武为驻新加坡商务副代表，“传子”的流言自然消失。为了清除人们对于军人治台的疑虑，也在1983年把在军、政各界“权倾一时”的王升将军外放到南美洲巴拉圭做“大使”。

安排本土接班人：蒋经国晚年罹患糖尿病，从1980年起就陆续住院，身体渐弱。1983年由俞大维和陈立夫推荐老中医诊病后，病情奇迹式地好转。此时，蒋经国已73岁。

1984年2月，国民党召开十二届二中全会，蒋经国毅然宣布李登辉为候选人。为何挑选李登辉接班？大家普遍认为应该是符合蒋经国晚年推动的“本土化”和“民主化”两大政策。那时，李登辉是台湾青年才俊，符合“本土化”政策，其子已过世，“无后为大”符合“民主化”政策，安排李登辉接班后施政，他如能好自为之，台湾的长治久安，远景可期。

成为国民党每逢选举必搬出的招牌

蒋介石在台湾为了“反攻大陆”的美梦，并巩固自己的权位，进行威权统治，民生获益不多，“反攻大陆”也终成泡影。蒋经国接棒后，表面上继续威权统治，借着掌控军警和特务系统来统治台湾；实际上，他不但能认清大局，而且稳扎稳打，民生为先，经济第一，为父亲处理善后，并开创新局。

蒋经国在台湾全力推动“发展经济”“民主化”以及“本土化”三大政策，建设台湾，使台湾民生乐利，人人安居乐业，而且大量启用台湾人才，“以台治台”，奠定民主政治的基础，摆脱殖民统治的色彩。尤其到了晚年，宣布解除戒严，党禁由此解除，开创成功的“宁静革命”，开启往后政党轮替的民主政治。他开放大陆探亲的壮举，也使两岸关系“化干戈为玉帛，转战争为和平”，开创两岸和平发展的新局。此项旋转乾坤的伟大工程，当时只有以蒋经国的地位和高瞻远瞩才能成事。

1973年世界石油危机发生后，台湾在内外交困的危境中，蒋经国排除万难推动十大建设，发展台湾经济，同时又坚决果断宣布：“稳定物价、安定民生是我们的基本政策。”这两项重大任务在世界石油危机中要怎样如愿以偿呢？天下事，穷则变，变则通。蒋经国立刻派遣孙运璇远赴中东，到沙特阿拉伯去谈判、交涉并签约。条件是台湾由荣民工程处负责派遣庞大的工程团，到沙国去造桥修路，繁荣沙国经济；同时，派遣庞大的医疗团到沙国服务，增进他们的国民健康，沙国则答应照常供给台湾石油不涨价，又出巨资捐助台湾兴建中山高速公路的中沙大桥（横跨浊水溪）。因此两次世界石油危机中，世界各国普遍经济衰退萧条，唯独台湾影响较小。

蒋经国主政期间，让台湾在世界性经济恐慌中，踏实地做到稳定物价，安定民生，使百姓受泽受惠，不愧为“经国之才”。由于台湾同胞感怀蒋经国的德政，国民党每逢选举热季，从不提及蒋介石，而是搬出蒋经国作为招牌，争取选民支持，足见蒋经国在台湾岛上的贡献和地位，屹立不摇。

第六章　台湾，是这样走过来的

战后台湾经济迅速发展，从加工出口业转为高科技产业，进而涌向大陆投资设厂。由于经济的繁荣，带动人口的增加，由 800 万人增加到 2300 多万人，引发“人口老龄化”和“少子化”的双重问题。在教育方面，由教育普及发展到高等教育突飞猛进。可惜教改失败，引发许多不良后遗症。社会方面。由农业社会到工业社会，改变整个社会面目。从威权统治走向解除戒严，社会运动愈演愈烈。

台湾是个海上巨岛，战略与国贸地位重要，但自古以来缺乏地下资源，没有铁和石油，煤矿也不多，且早已开采一空，加上山多平地少，经济上以农业为主。

历经殖民，以农业、贸易站稳根基

自从1624年荷兰人殖民统治台湾以来，岛上一直以农为本，同时发展海外贸易，这两者自然成为台湾经济的两大支柱。以农为本，足可养民；发展海外贸易，可使海内外的物资互通有无，充裕民生。

荷兰人治台共38年，是以台湾作为他们在中国大陆、日本和南洋贸易的转运站，所得利润带回荷兰。1661年开始，郑成功三代治台共23年，在台湾实施屯田制度，推动兵、农合一；在通商贸易方面，则以输出台湾农产品交换进口民生用品和军用品为主，一则养民，二则防御清廷攻台。

清朝自1683年开始统治台湾，长达212年，对台湾“无为而治”，台湾的经济开发全赖偷渡客自力更生、自求多福。直到1858年英法联军打败中国，签订《天津条约》，列强以条约强迫清廷开放台湾的安平和淡水两个港口提供洋人贸易通商，从此，台湾的通商贸易进入世界舞台，进一步促进经济繁荣和文化进步。

1895年，日本在甲午战争打败中国，签订《马关条约》，清廷把台湾割让给日本。台湾真正大力建设开发的时代，始自日本统治时期，日本殖民统治台湾半个世纪，建设良多。可惜，开发台湾是为富强日本，为侵略战争预铺道路。第二次世界大战期间，台湾必须经济支援日本的侵略战争，到二战末期，又惨遭美军的疯狂轰炸，工厂摧毁，交通瘫痪，经济陷入绝境，民不聊生。

1945年日本战败投降以后，国民政府派陈仪集团接收台湾，由于接收人员的贪污腐败，使接收变成劫收，更把大批物资送往中国大陆支援解放战争，使得台湾物资恐慌，经济陷入窘境。

20世纪50至70年代，经济起飞

所幸，1949年起，陈诚担任台湾省主席后，实施三大新政，扭转乾坤，才使得台湾经济在20世纪50年代重新站起，当时经济迅速恢复的因素如下：

陈诚的三大新政：陈诚在台湾实施币制改革、土地改革以及扶

植民营企业等三大新政，为稳定金融、安定农村以及发展工业奠定基础。

日本的统治基础：推进化肥的使用、培育新品种、有计划地规划水利灌溉、开设新型糖厂等，虽然实施过程中也存在一些弊端，但取得的成果也是很可观的。

两岸停止往来：国民政府败退前几年，不但经济恐慌波及台湾，台湾的米粮物资大量输往大陆，支援解放战争，而且大批逃难的军民涌入台湾，人口突然膨胀，米荒雪上加霜。1949年2月开始，实施“港口封锁”，大陆难民进港必须有入台证，才遏止此恶化局面。

美援雪中送炭：从1951年到1965年的15年间，美国以每年约1亿美元的规模，将剩余农产品和资本设备等援助台湾，发展农、工业，总金额高过15亿美元，占此一时期台湾进口总金额40%，弥补了此一时期台湾的资本不足。

欧美工资上涨：当时欧、美工业先进国家由于工资不断上涨，使劳力密集的工业无法生存，而转向当时人力充足、工资低廉的亚洲如台湾、韩国、新加坡等地发展，造成20世纪60年代以后，台湾大力发展劳力密集工业如纺织业等，以增加人民就业机会。

20世纪60年代是台湾经济高度成长时期，此时台湾人的生活水平还不是很高，工资低廉，因此，政府就发展以廉价劳工为主导的“加工出口业”，陆续颁布“奖励外国人投资条例”“技术合作条例”等法令，以减免租税为手段，希望在美援停止后吸引外资，促进工业发展，带动社会繁荣。1966年，“高雄加工出口区”正式启用，立刻吸引约100万的农村过剩人口投入加工区，达成充分就业的目标，台湾的工业由内销时代转变为外销时代，促成经济的高度成长。

1969年除增设“楠梓加工出口区”，又将原来的“潭子工业区”改为“台中加工出口区”，以发展精密仪器装配工业为重点。这些加工出口区引进外资，增加就业机会、出口贸易、外汇收入和引进境外的先进生产技术等功能，对台湾从20世纪60年代后期到70年代的经济起飞贡献良多。

到20世纪70年代，台湾经济基本上仍然延续以廉价劳工为主导的“出口加工业”，可是，遭遇1973年和1979年两次世界石油危机，成长速度大打折扣。此时期由于政府的应付得宜和民众的勤奋努力，使台湾安度重重危机，履险如夷。从1974年起，蒋经国大力推动经济十大建设，紧接着1978年又进行12项建设，创造了大量就业机会，使国民所得提高，资本累积增加，经济迈入繁荣发展的阶段，台湾和韩国、香港、新加坡因此被列入新兴工业化国家和地区的“亚洲四小龙”。

20世纪80年代，转型发展高科技产业

台湾的原油全靠进口，经济形态又以外贸为导向，受到第二次石油危机引发的世界性长期不景气影响，20世纪80年代以后，已平稳20多年的物价突然飞涨，台湾的出口和经济成长开始减退。各种不利于经济发展的因素也同时发生，迫使台湾的制造业外流，纷

纷移到中国大陆和东南亚各国设厂投资。台湾岛内的经济也不得不由“加工出口业”转型为“高科技产业”。原因如下：

1.欧美先进国家的保护主义抬头，恢复进口限制。

2.新兴工业化国家尤其亚洲四小龙之间的竞争，越来越激烈。

3.中国大陆及邻近发展中国家的廉价劳工，开始严重威胁台湾的“出口加工业”。

4.政府自1984年公布实施“劳动基准法”以后，负担加重。

这些因素迫使台湾的经济发展不得不改弦易辙，由劳力密集型的“出口加工业”，转型为发展资本和技术密集型的高科技产业。这便是1980年创设“新竹科学工业园区”的滥觞。

为进一步扩大和发展高科技产业，1990年，政府公布“促进产业升级条例”，全力发展通信、信息、电子半导体、航天等科技新兴工业，在此一趋势和政府的政策鼓励下，1995年，政府再度创设规模更大的“台南科学工业园区”。2003年，又再推动“台中科学工业园区”，预期形成“北集成电路、中纳米、南光电”各具特色的高科技产业中心，同时促进区域平衡发展。

台湾60多年来经济的突飞猛进举世瞩目，被世人称赞为“台湾经济奇迹”。每年平均国民所得从1952年的186美元，到2010年提高为1万9千多美元。58年间，增加达103倍。在海外贸易方面，也由以出口农产品为主的贸易逆差，发展成为出口高科技和工业产品为主的贸易顺差，2011年，累积了高达4000亿美元的外汇存底，高居世界第4位，仅次于中国大陆、日本、俄国，举世刮目相看。

虽然如此，台湾的经济也有基本弱点：因为没有地下资源，经济奇迹全靠人为的努力奋斗，高度依赖海外贸易，每遇国际经济不景气，台湾的经济首当其冲。两次世界石油危机、1998年金融危机、2008年的美国金融风暴，以及2011年的欧债危机，造成台湾的股票崩落，经济受到挫折。

随着制造业日趋没落，渐渐转型为高科技产业。尤其，1987年开放大陆探亲时，大陆经济尚未崛起，工资低廉，土地便宜，加上中共鼓励台商前往投资设厂，造成台商大量涌向大陆。

依据统计资料，截至2011年为止，在中国大陆的台商已经高达8万多家，如此规模庞大的投资，创造出几千万个就业机会。不但提高大陆人民的生活水平，也是21世纪以来大陆经济崛起的重要因素之一。昔日，蒋介石在台湾高喊："反攻大陆，解救大陆同胞。"终其一生，只是空言；往后，台商大量涌向大陆投资设厂，创造对岸人民无数的就业机会，提高其生活水平。蒋介石做不到的事，台商反而做到了，此为有趣的"史外一章"。

人口从20万变2000万人

台湾史上第一次实施人口普查是在1905年，日本殖民统治台湾第十年。日治时期以前，台湾人口数量没有正确可靠的数据，只能靠推断。以下将台湾的人口数量及特点分成9个阶段：

1.荷兰统治时期：原住民约15万人，台湾人（亦即汉人移民）约5万人，合计约20万人，却受到2800多位荷兰官兵的殖民统治。

2.明郑统治时期：原住民被郑成功军队陆续赶入山区，谋生困难，天然灾害又多，人口减少到10万多人。郑成功和郑经父子先后率领大军，两度退守台湾，从此，汉人占领西部平原，大肆开发，人口骤增为30多万人，台湾开始从“原住民社会”转变为“汉人社会”。

3.清朝统治时期：清朝统治台湾的200多年间，大批汉人冒险犯难，偷渡来台。乾隆中期，汉人人口已近100万人；道光末期接近200万人；1895年签订《马关条约》时，台湾人口已增加到250万人。但原住民人口没有增加，维持在15万多人，台湾成为汉人移民的天下。

4.日本统治时期：日本统治台湾第10年，日本移民来台有6万人，加上306万台湾人，人口共约312万人。到1945年，日本战败结束治台的时候，在台的日军和日侨共约50万人，台湾人共约610万人，原住民约16万人，合计约676万人，日本军民遣返回国后，台湾人口数为626万人。

5.台湾接收初期：战后一年半期间，国民政府派遣来台接收的大陆军民有5万多人。随后因国共内战局势恶化，大批撤退来台的70万大军和80万军眷及难民，使人口暴增。1950年，台湾战后婴儿潮加上从海外返台的军夫和台侨，使人口骤增为780万人，再加上150万大陆军民，人口共计约930万人，大陆籍人口占总人口数的16%。

6.推动节育时期：台湾接收后不到20年，因为经济发展，生活改善，家家多产多子，造成了人口爆炸的沉重包袱。1958年，台湾人口数突破1000万人，4年后，政府感到问题严重，开始大力推展节育运动，喊出“一个孩子不嫌少，两个孩子恰恰好”的响亮口号。

7.优生保健时期：家庭计划推行20年，效果不彰，人口反而增加几近1倍，到1984年，台湾人口已经突破1900万人，政府又感到人口“质量”的重要，于是，从1985年元旦起实施“优生保健法”，通过人工流产合法化，以减少残障人口的诞生，逐年提升人口的质量。

8.“人口老龄化”时期：2010年，台湾接收65年。一方面，此期间所出世的新生代，教育水平大幅提高，摒弃传统“多子多孙”的老观念，大力节育，幼龄人口开始减少；另一方面，由于医学进步、养生知识提高，寿命普遍延长。台湾接收后出生的战后婴儿潮人口，到2010年止，已陆续成为65岁以上的老人，使台湾进入了“人口老龄化”时期。

9.“少子化”时期：台湾人口到2014年缓增到2300万人，仅较30年前增加400万人，表面上人口总数量增加了，实际上是出生率减少，老年比率增加。回顾台湾接收后的前40年，总人口数急速增加，固然造成严重的社会及经济问题，迫使政府大力推行家庭计划的节育运动。可是到1984年以后，开始产生了另一个相反的问题，就是老年人渐多、幼龄人口减少的“少子化”问题。

人口减少，必须质重于量

台湾“人口老龄化”和“少子化”两个问题同时浮现以后，在教育方面，就学人口逐年减少，发生私立学校招生不足或关门大吉的后果，引发大批教职员失业的社会问题。在经济方面，无可避免“以少养多”，年青一代的沉重负担和失业问题日益严重。“国防”方面，役龄子弟逐年减少，影响兵役制度，“国军”又由征兵制改为募兵制，“国防”经费势必大量增加。在社会方面，老年人的安养问题日趋严重，家庭和社会负担也日益增加，连带对医院和医护人员的需求大增，也引起身后的丧葬方式改变问题。

“少子化”主要是因为年青一代受过高等教育后，深知养儿育女的责任重大、支出庞大，普遍造成不婚、晚婚甚至婚后不生的现象，因而出现“少子化”问题。马英九在2012年“建国百年”元旦谈话即强调：“少子化”问题已经影响到“国力”，宣布将此问题提升到“国安”层级处理，岛内媒体莫不大幅报道，结果只是喊喊口号而已，久久不见立法行动或政策实施。事实上，“少子化”根本就是个“经济问题”，政府只要全力推动经济发展，使得民生均富，家家养得起小孩的生活照顾和教育费用，就不劳马英九去喊口号，问题自然可迎刃而解。

历史事实证明，一个民族人口的质和量，左右着民族强弱和历史演进，可是，这个铁的事实往往被忽略，尤其当政者如果视若无睹，光说不练，势必对社会造成无穷的遗害。战后台湾的人口膨胀是人口“量”的增加，教育发达是人口“质”的提高，这两者带动了经济繁荣、政治发展和社会进步。现在，台湾面临同时浮现“少子化”和“人口老龄化”的严重问题，将如何因应以对，为当务之急。

人口问题，质比量还重要，因此，“质重于量”是台湾未来人口政策的重心所在。现代史上，英、法、德、意等国的人口数都不多，英、法两国各6000万人，德国8200万人，意大利5500万人，可是都被列为强国。

“质重于量”的人口政策决定国力强弱的最明显案例，莫过于现代史上4次“以阿战争”。以色列面对埃及、约旦和叙利亚三国组成阿拉伯军事同盟的强敌围攻，以一敌三，以小胜大，自1948年起独立战争，到1973年发生的4次战役，4战4胜，史上未有。

尤其是1967年的“六日战争”，当时以色列人口仅250万人，埃及、约旦、叙利亚三国的人口共达6000万人，是以色列的24倍，领土更是以色列的80倍，以色列竟能在短短6天内，完全打败阿盟三国，创造历史奇迹，让世人刮目相看。

以色列“以小胜大”，颇似台湾海峡两岸大小不成比例的情况，引发蒋介石的好奇，他立刻派遣军事考察团远赴以色列取经。考察团回来后报告：以色列教育发达，人民知识水平很高，而且人人认知他们的国土狭小，又被阿盟三国团团围住，危险至极，因此，深具危机意识，为了国家存亡及家人生死，必须拼死一战。这就是蒋介石在次年立刻宣布台湾实施9年义务教育的滥觞。

教育，从私塾到硕士、博士满街跑

教育是“百年树人”的事业、是“立国之本”，世界上任何一个先进国家，无不重视教育。只有教育发达，才能培养优秀人才为国所用，有人才，国家才有未来。中国到了清朝，教育依然停滞在“私塾时代”，没有现代化的学校教育，所以国弱民贫，终至改朝换代。日本自1868年明治维新开始，以教育作为强国根本，引进西洋的学校制度，全面推动现代化教育，达到富国强兵的目的，成为世界强国。

日本占领台湾的时候，台湾承袭中国的私塾制度，教育全靠民间自行把子弟送到私塾老师的家里去学习中国经书，师生全无法政、财经及科学教育等现代知识，因此日本人视台湾为“不文明之地”。为永久统治，日本人立刻引进“现代学校制度”，这是台湾发展现代化教育的开始。

日本对台湾的教育发展呈现自我矛盾现象。一方面认为台湾应与日本本土一视同仁，发展现代化教育，以有助于日本富国强兵；另一方面又对台湾的统治充满戒心，尤其接收之初，台湾军民奋勇抵抗日本统治，日本人又不敢放手大力发展台湾的现代化教育。

所以，日本人在台湾只发展中小学教育，不发展大专教育，以防止民智大开后不易顺从，不好统治。换句话讲，日本在台湾实施的是“殖民地式教育”。

国民党政府接收后50年，教育成果遍地开花

国民党政府接收台湾以后，在政治方面，台湾人虽然饱受国民政府的压迫和摧残，但在教育方面，则有幸摆脱日本的“殖民地式教育”的困境。国民党政府逐步且大力发展台湾教育，使台湾人能充分享受教育普及、教育平等以及高等教育等重大权益。这是台湾经济繁荣、政治进步的基本动力，战后台湾在教育方面的发展和问题如下：

9年教育普及：台湾从1968年将义务教育由6年延长为9年。原有的初级中学改称为“国民中学”，小学毕业生一律免试进入中学就读，中学采取“学区就读制度”，免试而且免费，真正做到义务教育的理

想。到2013年，儿童的就学率已经达到100%，开创了教育的新境界。

联招制度教育平等：台湾接收之初，全岛仅有今天的台大、师大、兴大、成大4所大专学校采取个别招生。考生疲于奔命，到处缴报名费，又常重复录取，造成各校缺额。为同时解决这些缺点，并杜绝人情压力，1954年起，这4所大学开始办理联合招生。从此各级学校的招生相继仿效。联招制度为台湾教育史上的一大成就，其最大的优点是公平竞争，教育平等。

高等教育突飞猛进：为迎合战后台湾人口的大量增加和经济的快速发展，台湾的教育水涨船高，突飞猛进。大专院校由1950年的7所，扩增到2011年的164所，增加22倍；大专学生人数也由1950年的7600多人扩增到2011年，将近34万4千人，增加43倍。硕士班在1950年仅有5人，博士班一直到1956年才有1名学生。到2010年完全改观，硕士班学生将近18万5千人，博士班学生也高达3万4千人。

技职教育后来居上：为顺应20世纪60年代台湾经济快速发展所需的大量中级技术人才，“政府”从1964年起，陆续核准大量专科学校创办成立，后来“教育部”并增设技职教育司，到2010年，全岛高职共156所，学生共36万余人；技职院校87所，学生达63万人。学校数量和学生人数，都超过普通教育体系。

私立学校蓬勃发展：战后私立学校大量兴起，减轻了“政府”的教育经费负担，也培养各种人才。到2010年，全岛共有高中335所（私立占145所），高职156所（私立占64所）；大专院校164所（私立占112所）。私立学校总数接近公立学校，由于私校专靠学生所缴学杂费维持，故需大量招生，因此学生总人数超过公立学校。

Why？禁止讲方言，天下奇闻

日本治台之初，由于语言不通，无法殖民统治台湾，于是通过小学教育，全面推动学习日语。到日治末期，教育有成，台湾学童就学率达8成以上。国民政府接收台湾之初，两地语言不通，不利统治，故事重演，1946年4月，陈仪政府成立“台湾省国语推行委员会”，在各县市设置“国语推行所”，主要是通过教育体系推行国语。

到国民政府退守台湾以后，更加紧步伐推行国语，以利加速实现台湾“中国化”的政策。1951年7月，台湾省教育厅通令各级学校应以国语教学，严禁使用方言。“方言”包括台湾本地的闽南语、客家话，以及各种原住民语言，因此，“推行国语”和“禁用方言”同步进行，禁用方言从小学生开始下手，小学生如说一句台语，就会遭到罚款或打嘴巴的处罚。

1964年，“政府”通令各机关学校在办公时间内讲国语，电台和电视台使用方言不得超过一定限度。1974年，台视播出台语布袋戏连续剧《云州大儒侠》，风行全台，广受欢迎，却得罪当局。台湾新闻局终于在该年6月下令禁播。

“推行国语”是名正言顺的当然之举，可是“禁止方言”则是歧视台湾的天下奇闻。中国大陆各省各地的方言从不禁止使用，甚至逃到台湾的外省人照常讲浙江话、广东话、四川话等，为何独独要台湾人禁用方言呢？目的在消灭台湾方言。

全世界各种方言成千上万种，国民党政府此举既无知又荒唐可笑，是威权统治之下对台湾人民的严重歧视政策。

往后随着民主政治进步，大小选举日益增多，台湾总人口数里，外省人比例仅占15%，不但地方选举，就连大选，外省籍候选人为了选票，无不自动自发学台语，发表政见时刻意穿插台语或使用台语以拉选票，这是对国民党政府规定且厉行“禁止方言”的当头棒喝和最大讽刺。

1995年起，教改废联招

教育改革：国民政府接收台湾后的50年间，固然表现傲人的教育成就，但也浮现出一些新问题，因此，1995年“行政院”聘请“中央研究院”院长李远哲主持召集“教育改革审议委员会”（以下简称“教改会”），广征各方意见，深研各项议题，于1997年完成教育改革报告书，提供“行政院”作为参考依据。

废除联招：20世纪90年代起，台湾学龄儿童平均每年递减1万多人，但大专院校却大量增校增班，以致各级联招录取率年年提高，“人人可上大学”的时代早已来临，联招激烈竞争的时代已成明日黄花。时势所趋，从91学年度起，废除各级学校的联招制度，改采考招分离新制，可是依然倾向考试，且更复杂，公平性也饱受质疑。

技职教育体系提升：为因应经济转型为高科技产业，开辟技职体系的升学管道，政府从1995年起开放专科学校升格为技术学院，也开放技术学院升格为科技大学，并可附设研究所。短短15年间，高职由202所降为92所，专科学校由74所剧减为12所，技术学院由7所增为14所，科技大学由零成长为44所，技职教育不但建立体系，也提升地位。

拉近公、私立学校学费：以往公立大专院校经费全赖政府编列预算支应，所以学费低廉；私立学校经费全靠学生所缴学费维持，所以学费高昂，高低相差3倍以上。有6成以上的私立学校学生家长所缴纳的税款被挪去补助公立学校，还要多缴高学费给子女去念私立学校，造成极不公平的现象。因此，“政府”从1991年开始，逐年调高公立学校学费，同时提高“政府”对私立学校的补助款，以期缩小公、私立学校资源之差距，使学校虽有公、私之分，学生却无公、私之别。

建立终身学习教育：根据教改会报告书的建议，新世纪是终身学习的世纪。由于社会变动日新月异，民众不分老少都应有机会重返校园再进修，使人人可以“时时学习，处处进修，日日成长”。因此，在“政府”推动“回流教育”的政策下，从1998年起，各级学校几乎都附设补校或进修推广部，以提早实现“台湾升级”的教育政策目标。

Why？教改失败

1954年创立大学联招制度以来，广受各界赞美和肯定，很多人都称赞台湾有两件最公平的制度，一是联招，二是兵役。不料，20世纪90年代开始，有人因为分数低，录取不到理想学校，批评“联招一试定终身”，主张联招这只“怪兽”必须革除。在此种气氛下，由“中央研究院”院长李远哲主持的教改会所提出的教改报告，主张改革课程内容和升学制度：前者的改革包括9年一贯课程、建构式数学；后者的改革包括初中基本学测、大学多元入学方案。

到执行阶段，9年一贯课程一举打乱当时“教育部”刚刚完成的小学、初中、高中新订课程；建构式数学实施不到3年，发现不切实际，化简为繁，饱受各界攻讦，教育部门主动宣布废除；初中基本学测实际上就是高中联考的复活，走联招的回头路；大学多元入学方案所受批评和指责最多也最烈。它分为3种入学管道：

1.申请入学：就像以前的保送入学，无大差异。

2.根据学测（也是考试）成绩参加甄选入学：一个学生可同时申请6个校系，学生到处跑，到处缴报名费，劳民伤财，多元入学变成多钱入学，弱势学生望门兴叹。

3.指考登记分发入学：更是以前大学联招的完全翻版。

原本的大学联招公平公正，简单扼要。教改后，多元入学管道和新的成绩评量方式，公平性饱受质疑，且错综复杂，考生和家长都被搞得头昏脑涨，怨声载道。

从91学年度起，因为复杂万分的多元入学管道，学生必先参加“学测”，根据学测成绩“甄选入学”。学生又须参加“指考”，根据指考成绩“登记分发入学”。最严重的是，升学主义并未减轻，考试领导教学的现象依然存在。可以说，教改的结果是换汤不换药，而且劣币驱逐良币，引发社会各界和舆论的挞伐。

大学数量供过于求，高学历高失业率

教改报告书出炉的时候，台湾早已发生“少子化”现象，教改会竟然视若无睹，不切实际的建议广设高中和大学，希望通过小校小班，让明星学校自然消失。但教育部门盲目遵照办理，此事发展到8年后的99学年度，全岛共有164所大专院校，学生数共达134万多人。大学和学生如此众多，中外仅见。

而明星学校不但没有消失，反而造成大学入学录取率达到100%，学生素质降低，大学数量供过于求。最严重的是，不少大学生毕业就失业，即使就业，月薪也微薄，很多大学生毕业后，走投无路，只好以投考研究所作为避难所。教育部门又浮滥核准各大学增设研究所，这些学生在硕士班或博士班毕业后，照样面临失业。大专院校的教学功能丧失殆尽，这又是教改失败的另一例证。

以95学年度起算的5年内，全岛博士、硕士班历届毕业生人数之庞大，列出如下页表三。博士、硕士生人数年年增加，势无止境。以99学年度为例，“清大”、交大、师大、“中央”、中山、阳明、高师7所“国立”大学硕士班、博士班的学生总人数，竟然超过学士班的学生人数，就连技职校院也纷纷准设硕士班、博士班。“教育部”对此易放难收，任其蔓延滋长，99学年度，全岛各大学院校在校博士班总人数约达3万4千人，硕士生人数更是博士生的5.4倍。大量制造，大量生产，因此“硕士满街跑，博士到处可见”。

为处理善后，“国科会”2010年编列16.5亿台币的庞大预算，吸纳近2500位博士到“国科会”担任博士后研究员，月薪55000台币。在产业不景气和“少子化”的冲击下，产业界和教职所能吸收的名额相当有限，毕业生只有自求多福，教育政策脱离社会需求，毕业生不能为国所用，是最严重的失败。

大学和研究所浮滥增设，不仅造成毕业即失业的窘境，还有急待善后的问题。到103学年，已有两所私立技术学院关门大吉，另有5所私立科大院校共7个科系的学士班，新生注册率挂零，全国有13所“国立”大学的30个系所的博士班根本无人问津。受到“少子化”一年比一年严重的影响，更受到“学历越高，就业越难”的冲击，年青一代对高等教育望而却步。台湾教育部门、教育官员对此无能为力，未来如何善后是严重的教育问题，也是严重的社会问题。总之，教改的预期目标已经全盘反转，“教育改革”已经演变成“如何改革教育”的大问题。

表三 博士、硕士应届毕业人数统计表

学年度	博士	硕士	合计
95	2,850人	49,976人	52,826人
96	3,140人	54,387人	57,527人
97	3,589人	57,674人	61,263人
98	3,705人	59,492人	63,197人
99	3,846人	60,024人	63,870人
合计	17,130人	281,553人	298,683人

社会，从殖民压迫走向自由开放

台湾有历史记载仅400年。史前时期台湾岛上只有原住居民，依靠狩猎、捕鱼维生，没有政府组织。1624年荷兰人进占台南，开始殖民统治台湾，一方面发展农业，另一方面发展转口贸易，台湾由狩猎社会转变为农耕社会。

1661年开始，郑成功三代经营台湾，两度带来大批军民退守台湾，实施屯田制度，推动兵、农合一，而且掩护大量的大陆沿海居民逃到台湾谋生，使台湾的汉人超过30万人。汉人在台湾既有政府组织，又有武力做后盾，势力后来居上，原住民争不过汉人，渐渐退居山区生活，台湾就从原住民的社会转变成汉民族的社会。

1683年开始，清朝统治台湾212年，无为而治，同时颁布三条渡台禁令，台湾的开发全靠偷渡客。偷渡客从台南和高雄开始，“由南而北，自西而东”，发展农业，开发水利，解决民生问题。到嘉庆年间的1811年，人口已超过150万，由于人多地少，为了争地争水，渐渐演变成群体的民间械斗，社会动乱不安，导致清廷几次从中国大陆派兵来台平乱。

英法联军之后，清廷依《天津条约》开放安平和淡水为通商口岸，1860年淡水开港通商，台湾正式进入世界舞台，可以合法公开与世界各国通商贸易。最重要的是，台湾的经济中心由南部移向北部。由于外国对台湾出产的茶和樟脑的需求量大增，很快超过台湾南部生产的米和糖，茶和樟脑产地集中在台湾北部客家村落的丘陵地带，带动北部经济快速起飞。开港后25年（1885年），清廷宣布台湾建省，省都迁离台南，改设台北，政经中心从此移向台北，造成台湾的社会发展南北易势。

1896年日本统治台湾后，总督府依然设在台北，台北是政经和社会中心的地位，更屹立不摇。日本人是以警察、宪兵和军队三种力量，维持台湾的社会治安，统治台湾人民。到第二次世界大战期间，则在台湾推动“皇民化、工业化、南进基地化”三大运动，使台湾成为日本的战争基地。

战后靠工业，一切都改变了

国民政府接收台湾后，在经济和社会上，正式由农业社会走向工业社会；在政治和社会上，则由威权统治走向解除戒严，具体内容如下：

农地大幅萎缩：台湾的山地占3/4，农地面积原就极其有限，战后，各种因素同时发生，包括人口增加，许多农地改变为新兴的都会区；教育发达，到处广设各级学校，农地改变为学校用地；工业发展，大小工业区到处可见，农地改变为工业用地：交通建设，铁路公路纵横交错，四通八达，农地开辟成交通用地；军事的用途，在“反攻大陆”时期，农地改变成军营或是军事用地。这些因素使农地更大幅萎缩，不利农业发展。

农产品出口变成进口：台湾本来靠农产养活民生，更以农产出口助长经济发展。日本统治台湾初期，政策是“工业日本，农业台湾”。到第二次世界大战期间，为侵略南洋的需要，改为“工业台湾，农业南洋”，台湾开始有了工业基础，农产也开始没落。

战后由于人口急速膨胀和农地大量萎缩，经济从农业社会走向工业社会。二战结束时，台湾的人口数是626万人，随着大批大陆军民撤退来台，加上战后婴儿潮，历经70年的累积，人口已经高达2300多万人，是过去的3.7倍。如今台湾的农产自给率只有32%，有2/3以上必须仰赖进口。战后的台湾早就从农产出口变成农产进口。

人口从南往北流动：台湾工业发达以后，由于农民的收入低于工业从业者，工厂都设在都市及周边地带，农村人口大量向都市集中。台湾的政经机关、大企业公司以及大专院校等，大多数集中在北部，所以中、南部往北部流动的人口，远比北部往中南部流动的人口多得多。每逢过年过节，开始放假的人潮、车潮都是“向南走向”，假期结束时，则改成“向北走向”，蔚为壮观。

新兴都会与旧市区地位对调：战后随着人口增加，工商业发达，加上政府的都市整体规划，原先在大都市郊区不值钱的农地，经过几十年的大兴土木，摇身一变成为黄金地段，辛勤耕耘的农民一跃变成“暴发户”。郊区的景观也从阡陌纵横的农田，变成鳞次栉比的新式楼房或大小工厂，加上配套完整的交通建设和水电设施，新兴都会区成为进步市区，原有市区都变成价值较低的老旧市区了。

大家庭变小家庭，单亲家庭增加：由于教育发达，子女受过高等教育后，均往外地谋生发展，甚至留学或就业，使得台湾在农业社会里的大家庭制度瓦解。子女在外工作安定或事业有成以后，就自购房屋成立小家庭，原有的大家庭分散成许多小家庭。父母则留守故居，盼望着过年过节儿女回家团聚，重温天伦之乐，以前三代同堂或四代同堂的现象，已经很少见。

男女因同受高等教育，双薪家庭日益普遍，打破男尊女卑的旧传统，也推翻“男主外，女主内”的旧分工，女性已可自力维生，不必仰人鼻息，因为个性不合或意见相左的离婚率节节升高，单亲家庭日益增加。

解严后，言论自由、街头抗争如家常便饭

威权统治时代，当局实施党化教育、报禁、禁止集会游行，1987年解严后，党化教育销声匿迹，媒体自由、社会运动如火如荼。

威权统治时代，国民党深入各级学校设立党部，大肆吸收党员，掌控师生的言行思想。又在各高中以上学校实施军训教育，教官兼任学生的管理活动，统归各县市设置的“救国团”支部指挥。高中的“三民主义”、大专的“国父思想”都是必修科目，也是所有大小考试必考科目，以深化“反共抗俄”的思想教育。

解除戒严8年后，1995年大法官会议释字第380号解释案指出：台湾“教育部”订定大学共同必修科目违宪。隔年即取消三民主义、“国父思想”以及军训课程等为共同必修科目。1995年4月起，高考不再考“国父遗教”，普考不再考“三民主义”，由国民党“党义”所产生的思想教育和考试全部走入历史。

至于报禁，主要是限制报纸的发行张数，干涉新闻报道内容，并吸纳《中国时报》《联合报》两大民间报社的老板，作为国民党中常委，以利掌握报社言论。还有《中央日报》《中华日报》《青年日报》3家党营报纸，解严后，《中央日报》已遭自然淘汰；在台

南起家的《中华日报》则成为台南地区的地方报纸；《青年日报》始终是军中报纸。

接着，地下电台大行其道，打破向来由国民党垄断广播界的不公平现象。不过，地下电台也渐渐走向商业化，以广告盈利，并涉入政治色彩。在电视方面，1962年由台视、中视、华视三大无线电视台垄断市场的局面，随着1994年正式开放俗称第四台的有线电视合法化，第四台如雨后春笋，百家争鸣，成为民众日常生活的重要一环。

解严后，各式各样的社会运动有如脱缰野马，如火如荼地展开，各种社会运动愈演愈烈，甚至迫使“政府”修法或改变政策。列出如下：

原住民的社会运动：1988年，兰屿达悟族人示威抗议，反对核废料入侵兰屿。

农民的社会运动：1988年，中南部5000多名农民远赴台北示威游行的“520农运”。

客家人的社会运动：1988年，“客家权益促进会”成立，发起“还我母语”万人大游行。

年青一代的社会运动：1989年，为抗议房价飙涨，发起“无壳蜗牛运动”，号召万人露宿台北市忠孝东路街头。

野百合学生运动：1990年3月，为抗议第一届老“国代”擅自修改临时条款，将“国代”任期由6年延长为9年，近万名大学生群集中正纪念堂广场，树立起“台湾野百合”巨型雕像，要求李登辉召开“国是会议”解决重大国是问题。结果，促成第一届“中央民意代表”全面改选。

反贪污的“红衫军运动”：2006年9月，爆发陈水扁贪污弊案，在台北掀起反贪污的“红衫军运动”。近百万群众空前示威游行，震撼全台，造成民进党在往后的各项选举，惨败收场。

万人凯道送仲丘活动：2013年7月，士官洪仲丘退伍前夕，在军中被不当操练致死，引爆社会对军中不合理管教的挞伐。8月，“公民1985行动联盟”举办“万人凯道送仲丘”活动，25万白衫军参加，迫使当局修法取消军中审判，回归司法审判。

太阳花学生运动：2014年3月，国民党“立委”以黑箱作业，闪电式完成服贸协定的委员会审查，引爆“太阳花学运”。学生占领“立法院”议场长达3星期，引来50万群众汇集凯道全面声援，迫使两岸服贸协定久延不决。

第七章　掺杂美国利益的两岸关系

1949 年两岸分治形成以后，两岸关系由军事冲突时期演变成和平对峙时期，进到当前的民间交流时期。两岸分治后，马上发生“联合国之中国代表权问题”和“台湾地位未定问题”。由于两岸大小不成比例，所以外交争夺战，台湾始终屈居劣势。美国为了保住它的西太平洋霸权，所以在台美断交后，立刻实施“台湾关系法”，阻止台湾落入中共手中。

1949年底，国民政府退守台湾，国、共双方隔海而治。70年来，双方都想尽办法，用尽一切和战手段要屈服对方，达成统一中国而未能如愿。在长期的对抗和对峙中，蒋介石和毛泽东的军事冲突早已成为历史。接着，蒋经国和邓小平的和平对峙也已随时间流逝。往后，两岸的接棒领导人物一代接一代，一直未能根本解决这个国共内战遗留下来的历史问题。

两岸从军事对抗到探亲、旅游、投资

两岸关系70年来的演变和发展，与美国这个世界超级强国（super power）在西太平洋的防线和霸权密不可分，在两岸关系中，美国始终扮演着举足轻重的角色，深深左右两岸关系的发展。

纵观战后70年来，海峡两岸关系的发展，可分成以下三大阶段。

1949至1979年，军事冲突

1949年4月，共产党领导的军队顺利渡过长江天险后，陈毅率领共产党领导的军队从上海长驱南下，势如破竹，于10月17日一路攻抵厦门，8天后，两万多名共产党领导的军队利用人海战术，仓促渡海攻打金门岛，从古宁头登陆。不料过于轻敌，在海滩上遭到国军的三面夹攻，国军士气大振，从此守住金门，是为“古宁头战役”。同年12月，国民政府退守台湾，依然主张代表全中国。

1950年4月，共产党领导的军队攻下海南岛，5月再度发兵攻陷舟山群岛，毛泽东挟着余威，在华南沿海集结空前庞大的陆、海、空军，准备一举渡海攻台，两岸大战一触即发。不料6月25日，朝鲜的金日成突然进攻韩国，惊动了美国，美国不但立刻策动联合国出兵制裁朝鲜侵略韩国，而且因为台湾和韩国同为美国在西太平洋防线的重镇，唇亡齿寒。美国总统下令美国第七舰队巡弋台湾海峡，使共产党领导的军队渡海攻台的计划就此息鼓收兵。

朝鲜战争爆发后，美国协防台湾之初，蒋介石雄心壮志，准备随时打回大陆；毛泽东同样不放弃随时以武力解放台湾，双方军事对抗，剑拔弩张。

1954年共产党领导的军队发动“九三金门炮战”，毛泽东有“中苏军事同盟”做后盾。为对抗中共，同年12月蒋介石与美国签订《中美共同防御条约》，成立中美军事同盟，海峡两岸的军事对抗局面更加明显。

1958年，毛泽东突然发动“八二三炮战”，是世界战史上空前未有的大规模炮战。美国坚持“保卫台湾”，出动美国史上规模最大一队舰群镇守台湾海峡；苏联虽然发出警告，但始终不敢出动海军与美国争锋。结果，毛泽东望海兴叹，眼看武力攻台无望，建议和平解决台湾问题。

就这样，在往后的21年里，国、共双方互有默契下，炮战渐渐沉寂，但直到1979年元旦，美国与中共正式建交，中共才正式宣布停止金马炮战，结束了两岸军事冲突时期。

1980到1987年，和平对峙

从1980年起，不但两岸结束军事冲突时期，而且“中（台）美军事同盟”和“中苏军事同盟”几乎同时结束，两岸正式进入和平对峙时期。

1979年元旦《中（共）美建交公报》上，正式宣布《中（台）美共同防御条约》自1980年元旦起废止。巧合的是同年2月，《中（共）苏友好同盟互助条约》有效期限30年正好届满，那时，中、苏关系早已恶化，中共也已茁壮强大。苏联主张续约，为中共所拒绝，中苏军事同盟正式结束。

在两岸和平对峙时期，台湾是由蒋经国主政的“蒋经国时代”（1972至1988年）；大陆则由邓小平主政的“邓小平时代”（1978至1989年）。邓小平比蒋经国大6岁，他16岁时以“勤工俭学”名义，远赴法国留学，到法国5年后，听到莫斯科中山大学创办成立的消息，兴高采烈，立刻转往该校就读。因缘际会，1926到1927年，邓小平和蒋经国成为莫斯科中山大学的同班同学，他们两人都是短小精干、绝顶聪明的伟大人物。

蒋经国经营台湾、邓小平经营中国大陆，都以发展经济为主轴，各自创造出两岸的经济繁荣局面。可以说“蒋经国改变台湾，邓小平改变大陆”，他们两人在两岸并驾齐驱，相映成辉。

因为“蒋经国时代”比“邓小平时代”提早6年，所以台湾经济发展较大陆为早。很多台商也纷纷到大陆设厂投资，有助于大陆的经济崛起。在政治方面，两岸虽然隔海而治，可是他俩同能认清大局，“以和为贵”，彼此忍让，仅是政治对立，不进行军事冲突，而形成两岸和平对峙的局面。

中国主张两岸三通四流，台湾默认两岸间接通商

中共与美国正式建交当天，中共中央发表《告台湾同胞书》，放弃“武力解放台湾”的口号，提出“和平统一祖国”的政策。呼吁两岸进行“三通”（通邮、通航、通商）和“四流”（学术、文化、体育、艺术的交流），以期化解两岸的长期阻隔、互相了解。蒋经国立刻回以“不接触、不谈判、不妥协”的“三不政策”。可是对民间参加的国际活动则网开一面，采取“不回避、不退让”的原则，两岸交往露出一线曙光。

1981年，中共在10月1日国庆节前夕，以全国人民代表大会委员长叶剑英的名义，发表“有关和平统一台湾的9项提案”。要点包括在同等的立场上进行国、共第三次合作，为了实行“三通四流”而签约，台湾作为特别行政区得享有自治权、保有军队，不改变台湾的社会经济现状，欢迎台商到大陆投资等。

1982年12月，以邓小平为首的中共中央发表声明：一、台湾亲近苏联之时；二、拥有核武器之时；三、企图独立之时，中共就要对台动武。

1984年，中共与英国签订将来的香港问题共同声明时，规定了“一国两制”的模式，中共对外声明将来也将以“一国两制”的模式实施于台湾，且条件比香港宽大，如台湾得保有军队等。这是邓小平处理两岸关系的杰作，也成为往后中共对两岸关系的一贯主张。

台湾对于两岸政府间的往来，虽然一直坚持“三不政策”原则。可是对于民间交流和半官半民的国、共直接沟通，则听其自然发展。1985年，“行政院”宣布对中国的转口输出采取“不接触、不鼓励、不干涉”的三项原则，无疑默认了两岸的间接通商。

往后，“行政院”又放宽从中国大陆间接进口的贸易项目。从此，两岸的经济贸易步步宽松、渐渐频繁。由于当时中国大陆劳工工资低廉，台商得知有利可图，于是陆续前往大陆设厂投资，令两岸的经贸关系更加热络。就这样，国民党显然已经在无形中放弃“汉贼不两立”的立场。民进党则提出“台湾前途由人民自决”的口号，并决议：“如国、共片面和谈，民进党主张台湾应该独立。”

国民政府又在“务实外交”的原则下，在各无“邦交”的国家设立各种名堂的办事处，以促进非外交性的交流。从1991年开始，正式推动加入联合国的运动，显然在探寻“两个中国”的道路。中共的政策则一向非常坚定，就是允许交流，但决不允许出现“两个中国”。

1988年迄今，民间交流

1987年10月，蒋经国开放大陆探亲，是一项历史性的伟大创举，隔年7月，中国国务院适时公布“台湾同胞投资奖励规定”，一则希望加快脚步，促进两岸经贸交流；二则希望增加大陆人民的就业机会，繁荣大陆经济。有了中国官方的正式奖励办法，台商赴大陆投资设厂如过江之鲫，两岸的民间交流日兴月盛。

为了避免两岸之间多如牛毛的民间交流失控，“行政院”于1991年1月设立“大陆委员会”（以下简称“陆委会”），2月又设立财团法人“海峡交流基金会”（以下简称“海基会”），作为陆委会的委托机构。因为很多两岸民间交流衍生的问题，陆委会不便出面处理，便委托海基会协调处理。

海基会成为一个半官半民性质、处理两岸问题的机构；中国大陆也相应设立“海峡两岸关系协会”（以下简称“海协会”），以便与台湾的“海基会”对等往来，处理两岸民间交流事务。从此，海基会与海协会便成为两岸的官方代理机构，两岸的民间交流不但更加热络，而且不致滋生事端或擦枪走火。

蒋经国宣布开放大陆探亲后，自1988年开始，每年都有几十万台胞回到大陆探亲，那时大陆经济仍然穷困，老兵回乡大多扮演圣诞老公公，但留在大陆者不多，大多数老兵仍带着乡愁再回台湾。

台湾人也基于好奇心到大陆旅游，形成热潮。至2010年止，到大陆探亲和旅游的台胞已超过6000万人次，23年来，每个台湾人平均到过大陆两三回，让大陆各地赚进大把钞票。

自从中国鼓励台商投资后，由于大陆的劳工和土地都很便宜，政府的行政效率也高，加上同宗同文，没有语言障碍，所以在亚洲金融风暴后，大批台商到大陆投资设厂。到2011年为止，在大陆的台商已经超过8万家，台干人数上百万人，投资总金额超过2000亿美元。

台商的投资地点以江苏、浙江、福建、广东、河北五大省份为主，投资产业则以电子、电器、食品及制造业等产品为大宗，创造了几千万个就业机会。

两岸直航，大陆人来台自由行

台湾工资较贵，大陆劳工便宜，所以大批大陆偷渡客涌入台湾。开放探亲之初，问题越来越严重，为求妥善解决，由两岸的“红十字会”签约，把违法入台的大陆偷渡客“遣送”回去。不过，随着大陆经济的崛起，大陆的就业机会日益增加，大陆偷渡客到台湾非法打工的现象，自然由盛而衰，慢慢走入历史，消除了两岸民间交流的不正常现象。

自从中美建交，中共中央提出“和平统一祖国”的政策，呼吁两岸进行“三通四流”以来，通邮、通商，以及学术、文化、体育、艺术的交流，都已陆续付诸实施。仅剩下“通航”的这一道藩篱，有待突破。直到2003年1月底，台商春节包机首航成功，约2600名台商得以包机返台过年，初步实现两岸通航的目标。美中不足的是通航初期，包机必须中途停香港，经双方努力协商，突破困难，终于实现“两岸直航”的目标，两岸互信互利，省钱省时，功德圆满。

2008年，两岸协商结果，开放大陆人来台观光旅游，但必须“团进团出”，可是对大陆人而言，限制观光景点且无自由，未免失望。2011年6月正式宣布“大陆人来台自由行”，打开了两岸人民自由流动的最后一道藩篱。同时也开放“大陆学生来台自由行”，可以让大陆人和大陆学生行走台湾各个角落，大陆学生有机会在台湾求学数年，深入体会台湾的教育文化和风土民情。自从两岸民间交流以来，一直是台湾人到大陆的单向活动，从此演进成为两岸人民的双向活动。

抢进联合国，谁代表中国

1949年10月，毛泽东在北京宣布建立“中华人民共和国”（以下简称“中国”或“中共”）。同年12月7日，蒋介石宣布“中华民国”（以下简称“台湾”）退守台湾，作为“反攻大陆”基地，号称代表全中国。自此形成两岸分治的局面，在国际上，到底哪一方能代表中国参加战后的联合国（United Nations）呢？因而发生联

1980 年代的两岸民间交流

1985 年，“行政院”宣布对中国大陆的转口输出采取“不接触、不鼓励、不干涉”三项原则，等于默认两岸的间接通商，两岸民间和半官方的交流日趋热络。上为 1983 年，音乐人侯德健赴大陆，在家乡四川祭祖时下跪。下为 1987 年，当局宣布开放大陆探亲之后，大批荣民前往红十字会索取申请表。

合国的中国代表权问题。

联合国是人类历史上规模最庞大的国际组织。20世纪以来，短短数十年间，人类连续遭受到两次世界大战的战争浩劫，痛定思痛之余，“欲免后世再遭今代人类两度身历惨不堪言之战祸”（参见《联合国宪章·序言》），于是建立联合国的集体安全制度，以保障世界和平及安全。

联合国是第二次世界大战末期，由美国总统罗斯福召集英国、苏联及中国共同发起，于1945年10月24日正式成立。创始会员国为第二次世界大战对德、日宣战，并加入联合国宣言的国家，共计51国。内部组织共有6大机构，以大会及安全理事会（以下简称“安理会”）最为重要，每年召开大会时，由全体会员国各派代表团参加，形同一个世界公民大会。

基于“国家平等”原则，大会投票表决时，“一国一票，一票一值”。安理会则由中、美、英、法、苏五大强国担任“常任理事国”，另由大会选出十国为“非常任理事国”，任期两年，任满不得连任。投票表决时，必须有十个理事国之赞成票，包括五强的全体同意票在内，才算通过决议案。

换言之，五强各握有一个“否决权”（veto power），只要五强中任一强国不同意，议案就被否决掉。联合国最重要的任务就是维持世界和平安全及制裁侵略，此项任务由安理会管辖。如此设计结果，五强自然成为联合国维持世界和平安全的最基本骨干。中国是五强之一，在联合国内的分量和地位，不言而喻。因此解放战争告一段落后，国、共双方都力争联合国内“中国代表权”。

1949年11月18日，中国政务院总理周恩来致电联合国大会主席，抗议以蒋廷黻为首的台湾代表团无权代表中国人民，展开了“中国代表权”争议的序幕战。隔年1月8日，周恩来又致电安理会的各理事国，表明现有的台湾代表团出席安理会是非法的，应驱逐出会。两天后，苏联代表应声附和，要求将台湾代表赶出安理会，却未被安理会接受。为表示抗议，苏联代表愤而退出安理会，并声明：“凡有台湾代表参加所达成的安理会决议，一律无效；同时，只要台湾代表继续留在安理会，苏联代表就不出席。”

事实上，苏联代表仅仅抵制200天。因为6月25日朝鲜战争爆发，美国利用苏联缺席，摆脱苏联利用“否决权”阻挠的难得机会，策动安理会，顺利通过许多决议案，吁请各会员国出兵制裁朝鲜的侵略，很快驱退朝鲜的侵略攻势。苏联为保护朝鲜共产政权，8月1日重返安理会，并自我解嘲说是回来接替轮月主席。当天，苏联代表运用主席权限，裁定台湾代表无权代表中国，可是这项裁定为大多数的理事国所推翻。

外交战场由联合国安理会转至大会

到1950年12月，第五届联合国大会通过一项重要决议，认为大会是决定“中国代表权”最适当的机构，其决定应为其他有关机构所接受，从此“中国代表权”的战场转入大会。

苏联是联合国的五强之一，又是共产世界的领导国家。从1951

到1956年，每年苏联代表都在联合国大会开幕日，提出“排除台湾代表、邀请中国代表参加”的提案，每年都遭大会予以搁置缓议，不能成案。因为那时美国在大会内掌控半数以上的票数，足以主导大会议案。

国际局势开始变化，1955年，中国主导亚、非国家召开“万隆会议”，周恩来在会上倡议“和平共处”的五大原则，团结亚、非国家，建立美苏两大阵营之外的第三世界，并表示愿意与美国谈判台湾问题。

同年，四强高峰会议所产生的“日内瓦精神”，打破了先前联合国新会员国的入会僵局，促成大会“整批交易”的结果。使得1956年联合国一口气吸入16个亚、非新会员国，大会内各投票集团的原有比例阵容，开始调整变化。

此一国际情势下，从1956年的第11届联大到1959年的第14届联大，这4年期间改由印度代表提案，内容也修改为“请求将中国代表权问题列入大会议程”，希望进行实质讨论，由各国代表评理，论断是非。但在美国的主导下，每届大会也都以“本届大会暂缓考虑”，予以搁置，以规避实质问题的公开讨论。

时局多变，在亚、非国家第三世界的强大压力下，到1960年，联合国会员国已增加到99国。亚、非会员国占半数，态度又模糊不清，美国已无法掌控大会内的票数，不得不改变策略，放弃多年来只要半数票就可通过“搁置缓议”策略，改采“重要问题案”处理。

1961年的第16届联大召开，美国联络澳大利亚、哥伦比亚、意大利、日本等国共同提案。敦促大会决定任何改变中国代表权的提案，均属“重要问题”，依照联合国宪章第18条的规定：“大会对于重要问题的决议，应以到会及投票之会员国2/3多数决定之。”从此，中共想要进入联合国，必须得到联合国2/3会员国的支持，相当不容易。

从1961年起，中国代表权问题每年都列入大会议程做实质讨论并进行表决。大会表决分成两个阶段：第一阶段表决是否为“重要问题”，如果有半数以上票数通过为“重要问题案”，才进行第二阶段的“容共排蒋案”，必须获得2/3以上的票数，才能成立。

因为联大采取实质的外交辩论，并进行投票表决，以决定“中国代表权”的归属，因此，国、共双方都倾力展开激烈的外交拉票工作。非洲国家的票数最多，政策又游移不定，成为国、共双方拉票最激烈的外交战场。对于争取非洲国家的友谊，中国比较不会患得患失，台湾则视为生死战，用尽心思，以期增进“邦交”，乞求支持。

国、共双方的外交手法非常类似，每当一个非洲小国宣布独立，国、共双方都争先恐后予以承认，换取对方的承认。国、共又竞相邀请非洲新兴国家的领袖做官方访问，由领导人亲自厚礼款待。

台湾更由外交人员陪同非洲访问团的团员，上街做西装、买皮鞋、厚赠礼物，又替非洲国家培训人才及进行援助计划，让他们回国后好好建设国家。尤其，台湾由“外交部”次长杨西崑广派“农耕示范队”前往非洲各国，教导耕作技术，发展农业，改善生活，贡献最大，被誉为“非洲先生”。杨西崑以92岁高龄在台病逝时，共有17个非洲国家降半旗为他哀悼，可见当时台湾在非洲从事外交奋斗和努力。

Why？美国态度逆转，支持中共进入联合国

从1961年起，在联合国大会内，由于国共双方的外交拉票争夺战相当激烈，表决的票数比例，每年起起落落，如此到1970年的第25届联大，中共首度以51票比49票胜过台湾，若非“重要问题案”必须有2/3的同意票，中共在该年就进入联合国了。

台湾面对此一危机紧张万分，积极备战。1971年第26届联大开幕之前的8月6日，台湾“外交部”召回驻业太地区的“使节”，当天下午蒋介石夫妇在阳明山举办茶会，勉励大家“努力奋斗，捍卫民族利益”。宋美龄也出面打气说：“办外交不能过于软弱，国有国格，人有人格。”

纵使台湾方面的外交努力始终奋战不懈，仍须依靠美国的协助和支持，才能在联合国内挺立21年。可是，第26届联大召开时，美国开始慎重考虑许多世局的变化：

1.1964年，中共原子弹试爆成功，国力列入世界原子弹俱乐部之林。

2.中共在亚、非国家“第三世界”的领导地位，日益巩固。

3.中苏关系日益恶化，在美苏冷战形势下，美国逐渐改采“倾中制俄”的大战略。

4.中共有效统治世界上1/4人口，不可能将中共久久排拒于联合国门外。

5.1970年，加拿大和意大利两个重要国家相继与中共建交。

6.第25届联大，“中国代表权”的表决结果，中共得票数首次领先。

基于上述原因，美国领悟到基于国家利益不可能再一味苦撑台湾在联合国的地位，必须及时改变政策，转而支持中共进入联合国，共图维持世界和平及安全的大业。

因此，美国国务卿罗杰斯（William Rogers）在1971年联合国大会总辩论会上发言：“美国认为不应将世界一大部分人口及重要大国久久关在联合国门外。尼克松总统……已决定接受中国邀请，在明年5月1日之前访问北京，并决定支持中国进入联合国，取得安理会之常任理事国席位。深盼中国入会后，即负担此席位之一切责任与权利义务。”

罗杰斯的发言表明美国已决定迁就国际现实，支持中国进入联合国。可是，台湾驻联合国代表团依然不死心，尽忠职守，夜以继日，在联合国内拉票，争取支持，做困兽之斗。

1971年10月25日，联合国大会对于“中国代表权案”进行表决。先是，台湾友邦沙特阿拉伯代表提案：“由台湾保持在联合国的席位，直到台湾人民能在联合国主持下举行公民投票，以决定未来将成为一个中立国的独立国家，或与中国形成一个邦联或组成联邦为止。”但这项提案表决结果没有通过。

紧接着美国代表也要求先表决“变化的重要问题案”，就是“先使中国得以进入联合国，至于安理会席位由何方担任，则由大会多数意见决定之”。但美国的提案也未获表决通过，顿时，支持中共的各国代表在会场内欢欣鼓舞，热烈欢呼。台湾的“外交部部长”周书楷眼见大势已去，当场朗读“退出联合国声明稿”，随即率领代表团退出会场，以期顾全颜面。台湾退出联合国，犹如蒋介石退出中国大陆时一样，别时容易见时难。

“蒋介石代表”退出，中共进入联合国

台湾代表团离场后，大会立刻就阿尔巴尼亚等23国提案正式进行表决，结果，以76票对35票，17国弃权的压倒性多数票获得通过。经过21年的长期外交奋斗后，中华人民共和国终于如愿以偿，亢奋进入联合国，并取得安理会常任理事国的席位。

阿尔巴尼亚这项提案，就是联合国史上有名的第26届联大“2758号决议案”，全文引录如下：“大会回顾联合国宪章的原则，考虑到恢复中华人民共和国的合法权利，对于维护联合国宪章和联合国组织根据宪章所必须从事的事情都是不可少的，承认中华人民共和国政府的代表是中国在联合国组织的唯一合法代表，中华人民共和国是安全理事会五个常任理事国之一。兹决定：恢复中华人民共和国的一切权利，承认它的政府代表为中国在联合国组织的唯一合法代表。并立即把蒋介石的代表，从他在联合国组织及其所属一切机构中所非法占据的席位上，驱逐出去。”

就台湾而言，这是国民党在台湾首次的“外交”惨败。自从蒋介石退守台湾以后，在岛内为稳住大局，在国际为表示正统，除全

艰困的外交战

1960 年代起，台湾和中共对于“联合国内的中国代表权问题”僵持不下，为了台湾当局在联合国内的中国代表席位，台湾地区的外事人员付出很多努力。此照为作者当时任职“外交部”的好友詹宪卿所赠，左起为“外交部部长”叶公超夫妇、驻联合国代表蒋廷黻，以及美国驻联合国代表罗斯福夫人。（by Leo Rosenthal 詹宪卿提供）

力争取美国的支持外，几乎倾尽一切外交努力，极力保卫台湾地区在联合国的席位，最后终因国际局势变化和美国政策转变，而前功尽弃。

“蒋介石代表”被赶出联合国，脸上无光，此事对台湾无疑是当头棒喝。那时候，台湾岛内人心惶惶，蒋介石及时喊出“庄敬自强，处变不惊，慎谋能断”的口号，希望稳定民心士气。可是社会上依然一片惊慌，许多资产阶级，尤其是从大陆逃到台湾的资产阶级，纷纷脱产求现，移民海外。

这件事就中国而言，则是终于赢得国际社会的重视：清末民初以来，中国内忧外患不断，连年战乱，国力久衰不振。直到毛泽东领导中国共产党成功，统一天下，建立“中华人民共和国”。可是，建国伊始，百废待兴，同时受到冷战的国际局势影响，美国又掌握联合国的多数票数，使得中共进入联合国的路途，坎坷难行。

不过，中共自立自强，在解放战争、朝鲜战争以及越南战争的英勇战绩，让世人刮目相看。长期下来，不支持者都变成支持者了。此外，联大第2758号决议文也引出“台湾地位未定”的问题：决议文前半段说明基于维护联合国宪章的原则和联合国将来一切事业的推动，都必须有中国的参加，所以承认中国是联合国内及安理会内的唯一合法代表。

依此原理，联合国正式承认中国已经强大，有能力、有资格可以协助联合国推动将来的一切事业，中国的国力成为进入联合国及安理会的基本条件。

决议文的后半段：正式决定恢复及承认中华人民共和国的代

表是中国在联合国内的唯一合法代表。同时，立即把“蒋介石的代表”从联合国“驱逐出去”。这里用“驱逐出去”是相当不客气、不留情面的；文字上用“蒋介石的代表”，而不用“台湾的代表”，充分显示联合国认为蒋介石统治台湾仍妾身不明，尚待厘清，由此引出“台湾地位未定问题”。

“台湾地位未定论”

第二次世界大战结束后，在国际上，美苏两强立刻展开争霸天下的冷战；中国大陆也同时展开争霸江山的解放战争。处于国内外错综复杂的情势中，台湾的地理位置首当其冲，成为各方势力角逐的重要场所。

倘使战后不发生解放战争，则依将来的对日和约，顺理成章，台湾自然变成中国领土，由蒋介石的国民政府正式统治，不容置疑。不料短短4年的解放战争，蒋介石惨败，流落台湾支撑残局，形成两岸分裂分治的局面，造成“台湾地位未定问题”。亦即，“台湾是否属于中国领土”尚未定论，如果是中国领土，则应归属于两岸的哪一方所有呢？此一问题的性质，与前述的“联合国内之中国代表权问题”如出一辙。

Why？美国提出“台湾地位未定论”，国、共一致反对

两岸分裂分治的局面形成以后，杜鲁门总统眼看蒋介石已经无力可回天，准备对蒋介石采取“放手政策”（hand off policy）。于是，杜鲁门于1950年1月5日立刻就台湾问题发表声明，他打算不对台湾军事援助，也不干涉台湾问题。

杜鲁门的声明一出，立刻遭到国会和军方的激烈反对，尤其远在东京的麦帅扬言：“如果台湾落入共产党手中，将给美国在菲律宾和冲绳的军事基地带来致命的威胁。”他进一步说：“在对日和约签订之前，台湾在法律上仍是日本的一部分，如果台湾受到威胁，保卫台湾是盟军的责任。”麦帅以“将在外，君命有所不受”的大将风格，公开地挑战美国总统的政策声明。

同年，朝鲜战争爆发后，美国政策由原本的“不干涉政策”，急转为“积极介入政策”，杜鲁门总统采纳麦帅的对台主张，立刻宣布“台湾海峡中立化政策”，不准两岸互打，并公开声明：“台湾未来地位的决定必须等待太平洋安全的恢复、对日和约的签订，或经由联合国的考虑。”

接着，美国正式抛出“台湾地位未定论”，主要是担心美国第七舰队驶入台湾海峡协防台湾，势必引发其他国家——尤其是共产国家，出面抗议美国干涉中国内政。因此，美国此时主张台湾是否属于中国尚未确定，把海峡两岸的关系，视为不是一个国家的问题。这样一来，美国不但师出有名，而且可以摆脱干涉中国内政的争议。当然最重要的原因，还是要保住它的西太平洋防线，不让共

产势力从台湾突破而进入太平洋。

国、共双方纵然政治立场迥异，可是，对美国所提出的“台湾地位未定论”，则意外地一致反对。中共的反对极端强硬，在杜鲁门发表声明的次日，周恩来义正词严地表示：“不管美帝国主义者采取任何阻挠行动，台湾属于中国的事实，永远不能改变。这不仅是历史的事实，而且已经为《开罗宣言》《波茨坦公告》及日本投降后的现状所肯定。全体人民必将万众一心，为从美国侵略者手中‘解放台湾’而奋斗到底。”

蒋介石也坚持“台湾属于中国”的立场，反对“台湾地位未定论”的主张。否则，他立足台湾，统治台湾，便失去法律正当性。但他又不能失去美国协防，所以他的反对态度较为温和，手法较为委婉。蒋介石通过“外交部部长”叶公超向美国说明，台湾接受美国第七舰队驻防台湾海峡，主要是因为：

1.不影响当局对台湾的主权，或开罗会议关于台湾地位的决定。

2.能使共产党的侵略或威胁在短期内归于消灭。

3.不影响维护中国领土完整的立场。

4.大陆、台湾都是中国领土，不容割裂，曲解台湾的地位是别有用心的。

由于国、共双方的同声反对，美国吃力不讨好，好心没有好报，于是放低姿态，改变说法。由国务院主管远东事务的助理国务卿拉斯克（David Dean Rusk）代表美国政府出面缓颊宣布：“我们承认台湾的蒋政府，不论它管辖下的土地是如何狭小，台湾将继续获得美国的重要援助及协助。”

《旧金山和约》《中日和约》都默认台湾地位未定

朝鲜战争爆发后，美军与共产党领导的军队在朝鲜战场互有胜负，使美国警觉到共产势力雄踞东亚的局势正在形成中。因此，美国的政策又改变，急急拉拢日本成为战后友邦，扶助日本成为东亚反共包围圈的中心堡垒，希望早日签订对日和约，解除对日本的军事管制，使日本重返国际社会。

1951年9月4日，在美国的全力推动下，第二次世界大战的参战国的55国之中，有51国与日本代表在美国旧金山谈判，签订对日和约，一般称为《旧金山和约》。

未参加会议的4个交战国是中国、印度、缅甸及南斯拉夫。那时候，中国已经形成两岸分裂的状态，英、苏两国反对台湾代表参加，美国则反对中共代表参加，所以中国未能参加旧金山对日和约；也因此，《旧金山和约》第二条只提到："日本放弃对台湾及澎湖列岛的一切权利、所有权及主张。"而未规定台湾归属于谁，苏联、波兰和捷克三国拒绝在和约上签字。往后，苏联则因急于从日本取回库页岛南半部领土主权的法律正当性，经过日、苏两国长期外交谈判，终于在1956年底单独与日本签订《日苏和约》，恢复"邦交"。

因为台湾未参加《旧金山和约》，而台湾与日本缔约的问题又不能久悬不决。因此旧金山和会开幕当天，美国国务卿杜勒斯正式通知日本外务省，应与蒋政府单独缔约，否则，美国将不批准《旧金山和约》，以此压迫日本单独与台湾缔订《中日和约》。

和约谈判之前，美国关切台湾和日本单独缔约，势必面临和约的“效力范围是否及于中国大陆”的基本问题。后来日本首相吉田茂发表致杜勒斯信函，说明日本愿意谈判签订《中日和约》，和约中关于“中华民国”之一方，应适用于“现在‘中华民国’政府控制下”或“将来在其控制下之全部领土”，此函一出，美国欣然同意，美、日两国初步立场一致。

1952年2月，日本正式宣布将与台湾签订双边和约，以结束战争状态，并建立正常“外交关系”，日本派河田烈为全权代表，赴台北谈判，台湾谈判代表则是“外交部部长”叶公超。

谈判之初双方立场不同，各有顾虑，台湾方面担心如果和约附有“条约效力范围”的条件，不但有损台湾主权，且将影响联合国内的“中国代表权问题”；日本则担心如果称为“和约”不称“条约”，台湾可能主张将此约之“效力范围”扩及“全中国”，进一步提出“战胜国”的权利，使日本无力负担战争赔偿问题。对这一基本问题，在签约前夕，蒋介石召集“对日和约小组”开会提示：“目前该争的是台湾地位而非大陆，未来一旦我们返回大陆，这个问题就不是问题了。”

台、日双方在台北经过两个多月的外交谈判和美国的居中协助后，许多困难一一迎刃而解，达成协议。同年4月28日，台、日双方代表叶公超和河田烈在台北签订了《中日和约》，同一天，美国国会正式通过《旧金山和约》。从此，日本恢复国家自由，可以重返国际社会，进行国际活动。

《中日和约》正本共14条。第二条明确规定：“兹确认1951年9

月8日在美国旧金山签署的对日和约第二条之规定……日本已放弃所有对台湾及澎湖群岛之一切权利、所有权及主张。”可见《中日和约》是根据《旧金山和约》所定模式而签订，前者是子约，后者是母约，母约和子约前后一致，同样规定日本放弃对台湾和澎湖群岛的一切权利，而不写明交还给哪一个受益者。至此，在国际上，台湾地位属谁尚未确定之说成形。

不过，在该约正本14条之外，另有换文两件。换文第一件写明：“本约各条款，关于‘中华民国’之一方，应适用于现在‘中华民国’控制下或将来在其控制下之全部领土。”此项重要规定不列入和约正文，而另以换文方式达成，应该是谈判双方经过彼此折冲、妥协谅解的结果，既符合政治现状，也为将来可能的政治发展预留伏笔。

海外战场，两岸激烈交锋

中国虽然已经分成两个地区，可是双方口径一致，一致声称只有“一个中国”。彼岸说自己代表中国，此岸也说自己代表中国，各说各话，争取国际上的认同和承认。尤其为了争夺联合国内的“中国代表权问题”，展开了长期激烈的外交争夺战。

1949年10月1日，中华人民共和国在北京建国的时候，苏联及东欧共产国家隔天即宣布外交承认中华人民共和国，并正式建交；同年底，缅甸和印度也宣布外交承认新中国；到1950年初，更有英国、巴基斯坦、锡兰、挪威等十多个国家，纷纷宣布外交承认新中国，并正式建交。这些迅速承认新中国的国家，大多数是共产阵营的国家，或与中国大陆领土毗邻休戚相关的国家。

以美国为首的民主阵营国家居于多数地位，他们都以美国政策马首是瞻，依旧在外交上承认在台湾的“中华民国”。因此，20世纪50和60年代，台湾的“邦交国”数量比新中国还多。可是，经过20多年的发展演变，新中国异军突起：原子弹试爆成功，朝鲜战争、越南战争愈战愈勇，震惊世界，面临新局面，从1971到1972年短短一年间，两岸的外交战发生下列3件大事：

1.新中国取代台湾的国民政府，进入联合国。

2.美国总统尼克松访问中国大陆，与周恩来共同发表《上海公报》。

3.日本宣布与新中国正式建交，同时与台湾断交。

这3件大事发生后，许多台湾的“邦交国”立刻见风转舵，纷纷与新中国建交，同时与台湾断交，形成骨牌效应，台湾的“外交战”有如内战时期的军事战，兵败如山倒。一时之间，台湾的“邦交国”由1970年的66国，急降为1972年的39国，外交形势摇摇欲坠。

对于“两个中国”的主张，美国早就乐观其成，可是国、共双方却一致反对。中共要达成统一“大中国”的目标而坚决主张“一个中国”；蒋介石则标榜“汉贼不两立”的外交原则，也一贯主张“一个中国”。在此种局面下，中共便依仗其日益壮大的实力，在国际上发动外交攻势，展开实力外交，企图使台湾在外交上成为国际孤儿，得不到各国的承认，这样一来，有朝一日，中共武力攻台，更可振振有词，台湾也难得到国际支持。

中共进入联合国时，还有54个国家承认“中华民国”。1995年联合国成立50周年时，联合国会员国已增加到185国，其中与台湾有“邦交”的国家仅剩29国。到2011年时，全世界除台湾地区和教廷，其余193国都已全部成为联合国会员国，但与台湾有“邦交”的国家仅剩23国，大多是些嗷嗷待哺的寡民小国，主要分布在中、南美洲和南太平洋岛国，这些国家和中国大陆距离遥远，天高皇帝远，感受不到从中国而来的威力。

相反，他们从台湾得到各种实际援助，包括农业技术、医疗支援、人才培训以及经济支援等，使他们的经济和国计民生受惠受益，所以依然支持“中华民国”。这是台湾在外交逆境中辛勤耕耘，突围而出的成就。

不过台湾出钱出力支援这些偏远小国的外交努力中，有些受援的“邦交”小国文化落后加上政治不清明，往往使台湾的援外金钱石沉大海。例如，萨尔瓦多前总统涉嫌侵吞台湾救援该国的地震赈灾1500万美元；利比里亚前总统私吞台湾提供的经济援助2000万美元；2006年台湾推动与巴布亚新几内亚的建交款，也被该国领导人私吞；2014年，台湾捐助友邦基里巴斯新台币4500万元购买平底运输船以改善其海上交通，竟也被该国领导人偷走。面临这些不正常的外交丑闻，台湾无能为力，只有自认倒霉。

蒋介石的押宝“外交”，失误连连

蒋介石与中共交战过程中，除了军事战、情报战失败，就连“外交战”也失败。他总是喜欢进行“押宝外交”，介入重要“邦交”国的国内大选，具有干涉内政的风险，而且因为对时局认识不清，未深入了解对方国情而押错宝，造成对自己不利的外交结果，自作自受。蒋介石前后共有三次“押宝外交”：

1948年的美国总统大选

共和党总统候选人是杜威，民主党则是杜鲁门，因为杜威是胡适的老师，蒋介石想利用这层关系顺利推展未来的中、美关系，就派陈立夫携带巨款远赴美国为杜威助选，不幸，杜鲁门当选，上任后，蒋介石在国共内战中摇摇欲倒，杜鲁门补上一脚，立刻宣布停止对蒋介石的军、经援助，发表《美国对华外交白皮书》，实行“弃蒋政策”。

1948年底，宋美龄衔命赴美，协同滞美的孔祥熙去晋见杜鲁门，求取美援，任务未成，反受其辱，宋美龄黯然返台。杜鲁门私下骂说：“蒋、宋集团都是贼，没有一个不是贼。”[①]此后不久，美国开始从台湾撤侨，杜鲁门声明不军援台湾，也不干涉台湾问题。

1960年的美国总统大选

共和党候选人是尼克松，民主党则是肯尼迪，因为尼克松以反共出名，主张协防金门、马祖，而肯尼迪反对。蒋介石就派滞留美国的孔祥熙策动华侨支持尼克松，不幸，结果也是肯尼迪当选，蒋介石又押错宝。事后，驻美大使顾维钧奉命向肯尼迪委婉解释和表达歉意，肯尼迪答复说：“我可以原谅，但不会忘记。”1961年，

---

① 《1945—1968，国民党在台湾》，黄嘉树著，大秦出版，引自美国历史学家斯特林·西格雷夫（Sterling Seagrave）著作《宋家王朝》。

中国大陆严重饥荒，中、苏关系又极端恶化，蒋介石企图趁机“反攻大陆”，蒋经国奉命到美国争取支持，结果肯尼迪总统出面阻止，从此“反攻大陆”的美梦破灭。

1972年的日本国会大选

日本下台的佐藤荣作首相，原本支持福田纠夫继任首相，蒋介石观情察势，就派与日本政商关系良好的辜振甫等人赴日为福田助选，结果田中角荣击败福田出任首相，蒋介石再度押错宝。

田中一上台，手下不留情，立刻与台湾断交，并于1972年9月底在北京宣布“中（共）日共同声明”，与中共正式建交并声明：“中华人民共和国政府是中国唯一的合法政府。”以换取中共放弃对日索赔的实质利益，当天，台湾被迫与日本断交。日本侵略中国十四年，中国惨遭重大无比的战争损害，日本竟利用国共内战造成的两岸对立，狡猾地逃掉应偿还中国庞大的战败国战争损害赔偿。

Why？台湾的“外交”连连挫败

在中共猛烈的外交攻势下，台湾在外交上连连挫败。兹列举如下：

1964年1月，戴高乐领导的法国政府与中共建交，同年2月，“中华民国”政府被迫宣布与法断交。

1970年10月，加拿大与中共建交，同时与台湾断交。

1970年11月，意大利与中共建交，同时与台湾断交。

1971年10月，中国进入联合国，并将台湾代表团赶出联合国及其附属机构。

1972年2月，美国总统尼克松访问北京，2月27日，尼克松和周恩来共同发表《上海公报》。

从尼克松宣布访问北京，到《上海公报》发布，共有比利时、土耳其等20多个国家与中国建交，同时与台湾断交。因此，“中华民国”的“外交部”被讥讽为“断交部”。

1972年9月底，日本田中首相与周恩来在北京签署“建交联合公报”，正式建交：翌日，日本外相大平正芳宣布与台湾断交，并废止先前签订的《中日和约》。

1975年6月，菲律宾、泰国先后宣布与中共建交，同时与台湾断交。

1978年8月，中共与日本在北京签订《中（共）日和平友好条约》。

1979年元旦，美国与中共正式建交，同时与台湾断交。

面对现实的“务实外交”

蒋介石统治台湾26年，在军事上打不回大陆，在外交上则鬼话连篇。明明中国已在1971年取代蒋介石进入联合国，世界上绝大多数国家也与中共建交，并与台湾断交，台湾在国际上形同孤儿，他依然妄言“中华民国”代表法统，代表全中国。

到了蒋经国时代，表面上，父规子随，但实际上，蒋经国已经不敢公开表示“中华民国”代表全中国或外蒙古是中国领土。蒋经国改喊“三民主义统一中国”口号，虽然不切实际，行不通，做不到，但比起蒋介石的虚幻外交和愚民政策更能感动人心，鼓舞士气。在外国人看来，台湾要“以三民主义统一中国”无异于痴人说梦，随着时光的流逝，这些不切实际的虚幻外交故事，都已走入历史。

两蒋治台时期结束后，从1988年起，李登辉主政台湾12年，他颇能认清大局，加以蒋经国晚年宣布台湾解除戒严和开放大陆探亲，台湾民智大开。在外交上，不能再执迷不悟、蒙蔽人民、延续不切实际的虚幻外交，在保守势力尚存的困境中，李登辉排除守旧的反对势力，改采“务实外交”的政策。

“务实外交”就是面对现实，不再坚持“中华民国”是代表全中国的唯一合法政府，务实地面对现实环境。现实政治环境就是“中华民国在台湾”摆在世人眼前已逾半个世纪，无可否认。李登辉承认海峡两岸处于分裂分治的状态，两岸政权是两个对等政治实体，台湾放弃“汉贼不两立”的口号。

在“务实外交”的政策下，台湾的“邦交国”虽少，而且都是在国际上无足轻重的小国。可是，这足可表示“台湾尚有邦交国”。实际上台湾是个岛国，国计民生都要依赖对外贸易和文化交流，不能与世隔绝，自绝生路。因此，台湾与“邦交国”除了维持正常的外交和经贸关系，对于非“邦交国”也维持非外交性质的经济与文化各种往来。

为与非“邦交国”进行经济、文化往来，双方会互设各种代表处或办事处。例如，“美国在台协会”及“驻美国台北经济文化代表处”，又如日本在台湾设立的“亚东关系协会”等。

此外，台湾的“外交部”主导设立财团法人“国际合作发展基金会”（以下简称“国合会”），由“外交部部长”兼任董事长，协助推展海外合作及援外合作的计划。

自从台湾退出联合国后，中共外交活动更深入非洲新兴国家，这些国家陆续与中国建交并与台湾断交，台湾对这些非洲新兴国家的合作关系也陆续结束。因此，“国合会”的海外合作与援外合作工作改变方向，改向中、南美洲国家和南太平洋岛国发展，也包括许多接受援助合作的其他非“邦交”中、小国家如泰国、缅甸、捷克、土耳其等。到2009年为止，共有42国成为“国合会”合作计划的国家。

合作计划的主要内容包括派出“农技团”深耕友邦，使荒漠变成良田，提高友邦的人民生活水准；派出“行动医疗团”执行国际医疗卫生计划，使医疗照护，爱无国界；又成立“台湾资通讯国际合作策略联盟”，协助伙伴国家，创造良好电子化应用环境，使信息网路世界相连；再成立“微额贷款计划”，让已学习到农业技术的推广户，取得创业基金，扩大农业生产。

“国合会”的任务多元而且艰巨，为了顺利推动业务，大批培训专业人才又招募志工参加海外工作。从2001年起，每年都从高等学历役男中，严格甄选学有专长的“外交替代役”人员，经短期培训后派往海外，协助各驻外技术团进行海外各项事业服务，以增进“邦交”，成果丰硕。

台湾这些“外交”工作不但备极艰辛、行来不易，接受我们合作及援助的国家和人民也因受惠受益，感激在心。这对台湾争取友邦友谊，也确实大有助益。

中美建交，台美断交

自从1949年两岸关系形成以后，“中华民国”外交政策的两大基本目标：第一是保卫“中华民国”在联合国的席位；第二是维持和加强中、美关系。1971年退出联合国后，“中华民国”的外交自然而然集中全力维持中美关系。

美国在二战后，在两岸对立和美苏冷战的局面下，其一贯政策是支持“中华民国”并抵制中共。到了1971年却转而支持中共进入联合国，同时，美国由尼克松总统发动与中共建交，1972年2月，尼克松访问中国大陆时自夸说在中国大陆访问的7天是“改变世界的一周”。当月底，尼克松和周恩来共同发表《上海公报》，公报的结论说“两国关系正常化”符合中（共）美两国人民的利益且对世局有所贡献，《上海公报》因而成为“中美建交”的先兆。

不久之后，中共即宣称在《上海公报》里，美国已经承诺与台湾“断交、废约、撤军”，要求美国加速中、美关系正常化的进度。但因美国在尼克松访问中国大陆返国后，立刻受到水门事件的困扰，闹得全国风雨。水门事件是1972年6月共和党人侵入华府的民主党总部水门大厦，偷装窃听器当场被逮。尼克松卷入其中无法脱身，最高法院判他有罪，众议院提出弹劾，参议院要他下台，尼克松不得不于1974年8月鞠躬下台，由副总统福特继任总统。

美国总统尼克松、福特、卡特，接力推动与中共建交

在水门事件纷纷扰扰的时候，1973年初，美国国家安全顾问基辛格奉命再次访问北京，达成初步协议。双方发表《中美联合公报》，宣布在北京和华盛顿互设“联络办事处”。联络办事处很快在5月成立，功能等同大使馆，只是“有实无名”而已，从此，中、美迈向“关系正常化”的半步。

福特继任总统后一个月，下令特赦尼克松，并于1975年12月访问中国大陆时，向邓小平承诺，如果能够当选连任，将立刻与大陆建交，并与台湾断交。虽然1976年的总统大选由卡特胜出，但卡特总统于次年就职后，基于以下4项理由（据《卡特回忆录》所叙），仍积极推动中美建交工作：

1.中美建交可以共同防苏、制苏。

2.中美对于核武器的政策相同，有利于限武谈判。

3.可以促进美国与第三世界国家之间的和平与了解。

4.在贸易政策上，可予最惠国待遇，借以平衡对苏关系。

当时台湾知道中美建交已经箭在弦上，势在必发，非常紧张，台湾“外交部”千方百计游说国会议员，争取支持，希望影响卡特的决策。蒋经国也亲函卡特致意，第一次，卡特婉辞回函；第二次，石沉大海。“台湾驻美大使”沈剑虹备受冷落，几次求见卡特和国务卿万斯都不得其门而入，仅能见到国务院科长级官员，且被敷衍了事，“台美外交”名存实亡。

卡特总统在中美建交准备工作完成后，为避开国会议员的反对声浪或困扰，1978年12月15日傍晚6时“临时”起意，邀请国会两院资深议员到白宫聚餐，当场向他们通报决定中美建交一事。为防止消息提前走漏，餐毕，所有议员都被留在白宫过夜，直到次日上午记者招待会开始后，才礼貌放行。

总之，美国顺应国际局势的变化，为了国家利益和全球战略的考量，由尼克松总统开始推动“中美关系正常化”，其后历经7年的曲折过程，1978年12月16日，在卡特总统任内，美国与中共同时宣布正式建交，成为惊动国际和台湾的一件大事。

第二次世界大战后的解放战争，因美国对中国采取“扶蒋反共”的政策，苏联则“扶助中共”夺取江山。等到中共大获全胜，羽翼渐丰、日益茁壮强大以后，就不听从苏联的指挥操纵，不愿沦落为苏联的附庸属国，企图自立自雄。此时，中、苏间的最大问题就是边界问题，中、苏边界东西绵延万里，俄国趁着清末民初中国内乱外患不绝，无力远顾边境的时候，以侵犯边界或偷移界碑等手段，进占边界的中国领土，造成中、俄边界混淆不清，界线模糊。

中共日渐强大之后，当务之急是划清中、苏边界，双方都为了守疆卫土，各自布置重兵，镇守边疆，互不相让，到1969年春、夏之交，中、苏两国在东北边境的珍宝岛开火激战，两国关系恶化到极点。

美国由“扶蒋反共”改成“联中制苏”

此时美国也正深陷于越南战争泥沼中，欲罢不能，苏联则趁机急起直追，拉近与美国的军事和经济差距。面对中苏关系恶化和美苏实力拉近的新局面，美国观情察势，改变对华策略，由扶助蒋介石对抗中共的“扶蒋反共”，倒转过来改成“联中制苏”，即联合中共，合作对抗苏联。

在国际上，各国为了追求自己的国家利益，既没有永久的朋友，也没有永久的敌人，美国和中共因各自国家利益而互相结合，共同防苏。从中美建交的动机和过程，可以清楚地看出美国、苏联以及中国三者之间，政策的分分合合，充分显示国际政治的“唯利是图”。

1978年12月16日凌晨2时，美国驻华大使安克志（Leonards Unger）紧急联络蒋经国的秘书宋楚瑜，要求立刻晋见蒋经国。宋楚瑜疾驰总统官邸，半夜唤醒蒋经国。2时30分，安克志大使在官邸晋见蒋经国，当面宣读卡特总统致蒋经国的信函。内容大要为：

> 台北时间16日上午10时，卡特总统将宣布美国与中华人民共和国已经达成协议如下：自明年1月1日开始建立外交关系，同日“台美外交关系”将终止；卡特并保证美国与台湾的“实质关系”仍然维持，“双方人民间的交流不致有任何影响”；《中美共同防御条约》将于1年后终止；美国将继续向台湾提供防御性武器。

宣读完卡特总统的信函，安克志大使接着又宣读“美国的声明”以及《中美建交联合公报》的内容。

蒋经国听完美国大使的宣读内容后，情绪激动，非常愤慨，当场反驳说：“如此重大的决定，竟然在7小时前才通知我方，实深感遗憾。美国在如此仓促的时间内决定此一重大问题，不仅失信于台湾政府和人民，亦失信于整个自由世界人民。对于今后可能引起的一切严重后果，应由美国政府负全部责任。”

12月16日，中、美双方同时在北京和华盛顿宣布《中美建交联合公报》。要点为：

1.从1979年1月1日起，美国承认中华人民共和国为中国唯一的合法政府，正式建立外交关系。

2.从1979年3月1日起，美国与中共互派大使，并互设大使馆。

3.中美建交的同时，终止美国与台湾的外交关系，但美国将与台湾继续维持文化、商业及其他非正式关系。

4.美国继续关切台湾问题的和平解决；台湾问题将由中国人民自行和平解决。

5.《台美共同防御条约》（台美断交前，称为《中美共同防御条约》；断交后改称《台美共同防御条约》）于1980年1月1日起失效，但其他条约、协定继续有效。

6.美国与中共再度确认“上海公报”里双方同意的各项原则。

台美断交，选举临时喊停，党外人士抗争

“台美断交”对于台湾如晴天霹雳，尤其隔天台湾即将举

行“增额中央民意代表”的选举投票。宣布台美断交当天，是选举的最后冲刺造势活动，不但激烈影响选情，而且可能产生意外的失控场面。

原本“台美断交”从次年元旦才开始生效，此时竟然刻意提早两周，选在投票前夕宣布，明显是刻意安排，不怀善意，企图影响选情，希望让国民党在选举中全面倒地。

为了减轻伤害，避免失控，甚至造成国民党政权的崩溃，蒋经国当机立断，按照临时条款所赋予的大权，发布“紧急处分令”，下令全国各县市立即停止一切竞选活动，次日的选举投票延期举行。面对非常局势，蒋经国临危不乱，采取非常作为，展现了他的政治智慧和执政能力。

台美断交

1978 年 12 月 16 日，美国宣布中美建交，同时台美断交。图为当时代理新闻局长的宋楚瑜在记者会中陈述政府立场。

这也是“中华民国”在“动员戡乱时期临时条款”中，赋予领导人在“行政院”会议通过后，得发布“紧急处分令”以来，第三次动用此项权力。第一次是1948年在中国大陆爆发的金融危机；第二次是1959年在台湾发生的中部县市八七水灾。此次发布紧急处分令的重点不在“台美断交”，而在次日举行的选举投票很可能造成国民党惨败，进而引发政权的崩溃。

当时国内政局虽因选举延期而暂时稳定下来，可是那时必须通过选举造势来争取参政机会的党外人士，因选举延期而顿失政治舞台，于是改以群众抗争运动来诉求他们的政治主张。

演变至1979年1月22日，发生“桥头事件”，党外人士为了声援涉嫌叛乱被捕的前高雄市市长余登发父子，而在高雄市桥头区进行示威游行。这是1949年台湾实施戒严以来第一次发生的政治性示威游行，公开挑战戒严法。参加游行的人物全是当时的党外精英，包括许信良、林义雄、施明德、邱连辉、姚嘉文、陈婉真、陈菊、黄顺兴、王拓、陈鼓应、张春男、邱茂男等人。

其中许信良是因为中坜事件而高票当选的桃园县县长，特别引人注目，所以，事后被国民政府惩处，遭到县长停职处分，而未能做满任期。“桥头事件”引发的更大效应是全台1000多名党外知名人士以此造势向“政府”表示抗议，原预定在同年2月初为余登发举办的生日扩大庆祝晚会，也在“政府”强力介入下流产。

党外人士的抗争运动，以同年8月16日创刊的《美丽岛》月刊作为大本营。当时，由“立委”黄信介出面召集全省党外精英，创办《美丽岛》月刊，大家分工合作，各自撰文，提出政治主张，批评时政弊端，发挥为民喉舌的功能。创刊后，立刻风行全岛，创刊号印行5万本，到第4期竟飙到14万本，对民心士气的影响力之大，震动当权。

9月8日，又发生“中泰宾馆事件”，美丽岛杂志社当天在台北市中泰宾馆举办创刊庆祝酒会，遭到右派人士的抗议和闹场，使岛内两派政治人物的对立形势日益升高。党外人士的抗争活动，以同年12月10日在高雄市发生的“美丽岛事件”达到最高潮。此一事件使党外精英几乎被一网打尽，他们在深夜凌晨时分被捕，遭受军法审判后，判刑下狱。

Why？美国制定《台湾关系法》：《台湾关系法》的制定和分析

在《中美建交联合公报》里，终于实现中共对美国的一贯要求，也就是美国必须与台湾“断交、废约、撤军”三大要求。“断交”和“撤军”两项尚易接受和实施，可是“废约”则兹事体大，台湾如果没有《台美共同防御条约》的协防，中共渡海来台，指日可待，台湾危在旦夕。

台湾如果落于中共之手，就是美国的灾难，因为西太平洋防线立刻被中共切成南北两截，彻底破坏美国的太平洋海上霸权，甚至威胁到美国的西海岸领土安全，这是美国不容坐视的大问题。在此情势下，美国所采取的两全其美之道就是一方面“明修栈道”，答应中共要求，废除《台美共同防御条约》：另一方面，则“暗度陈仓”，立刻制定国内法，以取代《台美共同防御条约》的功能，以期保卫台湾安全。

美国人手法高明，表面上对外声称根据《中美建交联合公报》，美国还须与台湾维持文化、商业及其他非正式关系；实际上由“国会”快马加鞭，于1979年3月底通过《台湾关系法》，卡特总统于4月签署该法律，于6月26日下令执行。因为《台湾关系法》是美国国内法，中国管不到，从此成为美国处理两岸关系的基本法，台湾可因此得到安全保障，中国也无法轻取台湾。

《台湾关系法》的要点如下：

1.在《台美共同防御条约》尚未失效之前，《台湾关系法》已经开始实施了，期使台湾的安全保护没有空窗期，台湾的安全确保无虞，《台湾关系法》取代了《台美共同防御条约》，成为台湾安全的保障和后盾。

2.《台美共同防御条约》主要涉及军事同盟关系。《台湾关系法》则是全面涉及了美国对台湾关系的基本政策，包括以维护台湾人民之人权作为美国之目标，表示台湾在戒严体制下破坏人权的政治，美国不予支持。

3.美国期待台湾的未来将以和平方式解决。换言之，任何以非和平方式解决台湾问题时，美国将出面干涉或加以制止。1996年，台湾举行首次领导人直接民选时，中共在对岸举行军事演习，准备攻台。美国第七舰队立刻驶进台湾海峡边缘监视，以备不测。可见，台、美之间表面上虽已废止军事同盟，实际上仍存有军事同盟之实。

4.美国提供台湾防御性武器，目的在使台湾具有自卫能力，免受“中共武力犯台”之危险。同时，台湾仅拥有“防御性武器”，没有“攻击性武器”，无力“反攻大陆”，符合美国一脉相承的不准两岸互打的政策，可以保障美国在西太平洋海权的安定和安全。

5.美国的涉外法律可适用于台湾，表示美国表面上仅视台湾为一个“政治实体”，台湾尚不失为一个“主权国家”的特质。

6.《台美共同防御条约》属于国际法，缔约双方都有共同遵守的义务；《台湾关系法》则仅是美国的国内法，它是否执行及如何执行悉由美国单独决定，台湾和中共均无置喙余地。因此，美国对于两岸关系可以依遵《台湾关系法》，自行其是。

看懂美、中、台三角关系

200多年前，美国是一个在新大陆崛起的新兴国家，建国之初，为了专心一致建设国家，美国的开国诸公采取“安静发展，不问外事”的孤立主义外交政策。美国的国父华盛顿任满8年总统后，在卸任演说中苦口婆心，叮咛美国人民说：“欧洲的主要利益对美国互不相干。今后的美国政策，应该避免和任何外国订立永久性盟约。”

此后百年间，美国奉行这个金科玉律，采取孤立主义的外交政策，从未改变，由此奠定了美国的富强基础。直到1898年的“美西战争”，美国打败西班牙，美国从西班牙手中割到菲律宾、关岛和波多黎各等地；同一年，美国又应土人的请求，合并了夏威夷群岛。这样一来，美国的势力由美洲延伸到亚洲，由太平洋东岸到达太平洋西岸，从此脱离传统孤立主义的外交政策，走上世界政治舞台。

当美国得到菲律宾，想以它做基地向中国打开通商之路时，因列强已在中国划分势力范围，中国面临瓜分危局，美国迟到一步，无地可分。美国国务卿海约翰（John Hay）灵机一动，出面倡导中国门户开放政策（The Open Door Policy），主张全中国应该开放给全世界各国的商人自由平等的通商机会。这个主张很有技巧地得到列强默认。从此，门户开放政策便成为美国对华政策的外交基本原则。

20世纪的前半段，连续发生了两次世界大战，美国的国力发挥了决定战争胜负的关键角色。第一次世界大战（1914至1918年），协约国得到美国的帮助，打败德、奥，美国开始取得领导世界的地位。第二次世界大战（1939至1945年），德、日两个侵略国家气焰万丈，几乎征服欧、亚两洲，更是靠美国的力量才将战局扭转且得到最后胜利。

经过这两次战争浩劫，不论战败国或战胜国都已经国破财尽或筋疲力尽，只有美苏两个战胜国，地大物博，愈战愈勇，一跃成为世界上两个超级强国。为了争霸天下，美苏两强互不相让，在战后立刻展开激烈竞争，形成民主世界和共产世界的东西对立局面。

美国改变孤立主义外交政策

在战后东西对立的局面中，因为世界五强在联合国安理会内各拥有“否决权”，所以美苏对于联合国所建立的世界集体安全制度均丧失信心。为了对抗，双方改在联合国外面各自建立双边或多边的区域安全条约，作为集体自卫，互相作为军事对抗。从此，美国放弃了建国以来所坚守的孤立主义外交，转向到处订立军事同盟。

美国之所以在战后转向军事同盟的外交政策，道理很简单。“彼时的美国”得天独厚，依靠东西两大洋的屏障，可以把国家安全局限在美国本土之内；“此时的美国”面临人类科技的进步，第一次世界大战，首次在战场上使用飞机，空权时代正式来临。尤其核武器发明后，洲际飞弹可以飞越两大洋，直接打到美国本土，迫使美国不得不越过两大洋，把美国的国防安全防线延伸到欧、亚两洲，在欧、亚两洲到处广缔军事同盟，形成新型的世界帝国主义。

中国的国共内战开打时，美苏两大势力也开始介入，都想控制其中一方，主导未来的中国前途，抗日战争期间，周恩来到重庆进行国共谈判，就连美国也介入国共谈判。

日本战败投降后，国、共双方都在抢占地盘，美国的政策是“扶蒋反共”，一方面阻止日军向中共投降，指定蒋介石为中国战区接受日本投降的唯一代表；另一方面则动员大批美国军机和军舰，协助国民政府将远在中国西南的国军运送到华中、华东和东北地区去办理接收工作。

相反，苏联的政策则是“扶助中共”，苏联一则拒绝国军在大连港登陆，阻止国军接收东北；二则掩护中国共产党领导的军队占领华北和东北各军事要地，并且将俄军从日本在中国东北关东军收缴的大批战利武器，转交中共产党领导的军队使用。战后国、共双方的抢夺地盘，竟然演变成了美苏两强争相控制战后中国的局面。

大陆解放，蒋介石退守台湾后，美国认为蒋介石已经穷途末路，无法东山再起，对华政策明显实行“抛蒋政策”，不再介入台湾岛上的军事。直到美国倾尽全力介入朝鲜战争，同时军事保卫台湾，朝鲜战争结束后，美国与台湾签订《中美共同防御条约》，正式成立军事同盟，协防台湾。

两岸关系则从中共想“武力犯台”的计划失败后，结束了“军事冲突时期”，渐渐进入“和平对峙时期”，最后则走向“民间交流时期”。两岸和平对峙后，在国际上，中共日益强大，中、苏关系日益恶化，美国则想利用中共牵制苏联，于是转而采取“联中制苏”的外交策略，亲近中共，讨好中共，并于1979年与中共建交，同时与台湾断交。

这一连串的外交重大事件，极其自然将引发美、中、台三角关系的重大变化，变化的主要内容包括《台湾关系法》、“中美三大联合公报”“中美三大联合声明”三大项目。由此决定及操纵美、中、台的三角外交和战略关系。

“中美三大联合公报”与“中美三大联合声明”

《台湾关系法》如前所述，以下再介绍分析“中美三大联合公报”：《上海公报》《中美建交公报》《八一七公报》：

1.立法目的：协助维持西太平洋之和平、安全与稳定，继续维持美国人民与台湾人民间之商业、文化及其他关系。

2.美国与中共建交系基于一项期望，就是台湾之未来将以“和平方式”决定之。

3.美国提供台湾“防御性武器”。

4.维持并提高全体台湾人民之人权，为美国之目标。

5.美国视台湾为一个政治实体（political entity），因此，美国的涉外法律亦适用于台湾。

6.断交后，美国在台北设置“美国在台协会”，台湾在华盛顿设置“北美事务协调委员会”（1994年改名为“台北驻美经济文化代表处”）。

《台湾关系法》成为美国对于美、中、台三角关系运作的主要依据，对于此后的大局，产生极其深远的作用和影响。详细分析如下。

《上海公报》1972年2月27日

应中华人民共和国总理周恩来的邀请，美利坚合众国总统理查德·尼克松自一九七二年二月二十一日至二月二十八日访问了中华人民共和国。陪同总统的有尼克松夫人、美国国务卿威廉·罗杰斯、总统助理亨利·基辛格博士和其他美国官员。

尼克松总统于二月二十一日会见了中国共产党主席毛泽东。两位领导人就中美关系和国际事务认真、坦率地交换了意见。

访问中，尼克松总统和周恩来总理就美利坚合众国和中华人民共和国关系正常化以及双方关心的其他问题进行了广泛、认真和坦率的讨论。此外，国务卿威廉·罗杰斯和外交部长姬鹏飞也以同样精神进行了会谈。

尼克松总统及其一行访问了北京，参观了文化、工业和农业项目，还访问了杭州和上海，在那里继续同中国领导人进行讨论，并参观了类似的项目。

中华人民共和国和美利坚合众国领导人经过这么多年一直没有接触之后，现在有机会坦率地互相介绍彼此对各种问题的观点，对此，双方认为是有益的。他们回顾了经历着重大变化和巨大动荡的国际形势，阐明了各自的立场和态度。

中国方面声明：哪里有压迫，哪里就有反抗。国家要独立，民族要解放，人民要革命，已成为不可抗拒的历史潮流。国家不分大小，应该一律平等，大国不应欺负小国，强国不应欺负弱国。中国决不做超级大国，并且反对任何霸权主义和强权政治。中国方面表示：坚决支持一切被压迫人民和被压迫民族争取自由、解放的斗争；各国人民有权按照自己的意愿，选择本国的社会制度，有权维护本国独立、主权和领土完整，反对外来侵略、干涉、控制和颠覆。一切外国军队都应撤回本国去。中国方面表示：坚决支持越南、老挝、柬埔寨三国人民为实现自己的目标所作的努力，坚决支持越南南方共和临时革命政府的七点建议以及在今年二月对其中两个关键问题的说明和印度支那人民最高级会议联合声明；坚决支持朝鲜民主主义人民共和国政府一九七一年四月十二日提出的朝鲜和平统一的八点方案和取消“联合国韩国统一复兴委员会”的主张；坚决反对日本军国主义的复活和对外扩张，坚决支持日本人民要求建立一个独立、民主、和平和中立的日本的愿望；坚决主张印度和巴基斯坦按照联合国关系印巴问题的决议，立即把自己的军队全部撤回到本国境内以及查谟和克什米尔停火线的各自一方，坚决支持巴基斯坦政府和人民维护独立、主权的斗争以及查谟和克什米尔人民争取自决权的斗争。

美国方面声明：为了亚洲和世界的和平，需要对缓和当前的紧张局势和消除冲突的基本原因作出努力。美国将致力于建立公正而稳定的和平。这种和平是公正的，因为它满足各国人民和各国争取自由和进步的愿望。这种和平是稳定的，因为它消除外来侵略的危险。美国支持全世界各国人民在没有外来压力和干预的情况下取得个人自由和社会进步。美国相信，改善具有不同意识形态的国与国之间的联系，以便减少由于事故、错误估计或误会而引起的对峙的危险，有助于缓和紧张局势的努力。各国应该互相尊重并愿进行和平竞赛，让行动作出最后判断。任何国家都不应自称一贯正确，各国都要准备为了共同的利益重新检查自己的态度。美国强调：应该允许印度支那各国人民在不受外来干涉的情况下决定自己的命运；美国一贯的首要目标是谈判解决；越南共和国和美国在一九七二年一月二十七日提出的八点建议提供了实现这个目标的基础；在谈判得不到解决时，美国预计在符合印度支那每个国家自决这一目标的情况下从这个地区最终撤出所有美国军队。美国将保持其与大韩民国的密切联系和对它的支持；美国将支持大韩民国为谋求在朝鲜半岛缓和紧张局势和增加联系的努力。美国最高度地珍视同日本的友好关系，并将继续发展现存的紧密纽带。按照一九七一年十二月二十一日联合国安全理事会的决议，美国赞成印度和巴基斯坦之间的停火继续下去，并把全部军事力量撤至本国境内以及查谟和克什米尔停火线的各自一方；美国支持南亚各国人民和平地、不受军事威胁地建设自己的未来的权利，而不使这个地区成为大国竞争的目标。

中美两国的社会制度和对外政策有着本质的区别。但是，双方同意，各国不论社会制度如何，都应根据尊重各国主权和领土完整、不侵犯别国、不干涉别国内政、平等互利、和平共处的原则来处理国与国之间的关系。国际争端应在此基础上予以解决，而不诉诸武力和武力威胁。美国和中华人民共和国准备在他们的相互关系中实行这些原则。

考虑到国际关系的上述这些原则，双方声明：

——中美两国关系走向正常化是符合所有国家的利益的；

——双方都希望减少国际军事冲突的危险；

——任何一方都不应该在亚洲－太平洋地区谋求霸权，每一方都反对任何其他国家或国家集团建立这种霸权的努力；

——任何一方都不准备代表任何第三方进行谈判，也不准备同对方达成针对其他国家的协议或谅解。

双方都认为，任何大国与另一大国进行勾结反对其他国家，或者大国在世界上划分利益范围，那都是违背世界各国人民利益的。

双方回顾了中美两国之间长期存在的严重争端。中国方面重申自己的立场：台湾问题是阻碍中美两国关系正常化的关键问题；中华人民共和国政府是中国的唯一合法政府；台湾是中国的一个省，早已归还祖国；解放台湾是中国内政，别国无权干涉；全部美国武装力量和军事设施必须从台湾撤走。中国政府坚决反对任何旨在制造“一中一台”“一个中国、两个政府”“两个中国”“台湾独立”和鼓吹“台湾地位未定”的活动。

美国方面声明：美国认识到，在台湾海峡两边的所有中国人都认为只有一个中国，台湾是中国的一部分。美国政府对这一立场不提出异议。它重申它对由中国人自己和平解决台湾问题的关心。考虑到这一前景，它确认从台湾撤出全部美国武装力量和军事设施的最终目标。在此期间，它将随着这个地区紧张局势的缓和逐步减少它在台湾的武装力量和军事设施。

双方同意，扩大两国人民之间的了解是可取的。为此目的，他们就科学、技术、文化、体育和新闻等方面的具体领域进行了讨论，在这些领域中进行人民之间的联系和交流将会是互相有利的。双方各自承诺对进一步发展这种联系和交流提供便利。

双方把双边贸易看作是另一个可以带来互利的领域，并一致认为平等互利的经济关系是符合两国人民的利益的。他们同意为逐步发展两国间的贸易提供便利。

双方同意，他们将通过不同渠道保持接触，包括不定期地派遣美国高级代表前来北京，就促进两国关系正常化进行具体磋商并继续就共同关心的问题交换意见。

双方希望，这次访问的成果将为两国关系开辟新的前景。双方相信，两国关系正常化不仅符合中美两国人民的利益，而且会对缓和亚洲及世界紧张局势作出贡献。

尼克松总统、尼克松夫人及美方一行对中华人民共和国政府和人民给予他们有礼貌的款待，表示感谢。

《中美建交公报》

中华人民共和国和美利坚合众国商定自一九七九年一月一日起互相承认并建立外交关系。

美利坚合众国承认中华人民共和国政府是中国的唯一合法政府。在此范围内，美国人民将同台湾人民保持文化、商务和其他非官方关系。

中华人民共和国和美利坚合众国重申上海公报中双方一致同意的各项原则，并再次强调：

——双方都希望减少国际军事冲突的危险。

——任何一方都不应该在亚洲—太平洋地区以及世界上任何地区谋求霸权，每一方都反对任何国家或国家集团建立这种霸权的努力。

——任何一方都不准备代表任何第三方进行谈判，也不准备同对方达成针对其他国家的协议或谅解。

——美利坚合众国政府承认中国的立场，即只有一个中国，台湾是中国的一部分。

——双方认为，中美关系正常化不仅符合中国人民和美国人民的利益，而且有助于亚洲和世界的和平事业。

中华人民共和国和美利坚合众国将于一九七九年三月一日互派大使并建立大使馆。

《八一七公报》1982年8月17日

一、在中华人民共和国政府和美利坚合众国政府发表的一九七九年一月一日建立外交关系的联合公报中，美利坚合众国承认中华人民共和国政府是中国的唯一合法政府，并承认中国的立场，即只有一个中国，台湾是中国的一部分。在此范围内，双方同意，美国人民将同台湾人民继续保持文化、商务和其他非官方关系。在此基础上，中美两国关系实现了正常化。

二、美国向台湾出售武器的问题在两国谈判建交的过程中没有得到解决。双方的立场不一致，中方声明在正常化以后将再次提出这个问题。双方认识到这一问题将会严重妨碍中美关系的发展，因而在赵紫阳总理与罗纳德·里根总统以及黄华副总理兼外长与亚历山大·黑格国务卿于一九八一年十月会见时以及在此以后，双方进一步就此进行了讨论。

三、互相尊重主权和领土完整，互不干涉内政是指导中美关系的根本原则。一九七二年二月二十八的上海公报确认了这些原则。一九七九年一月一日生效的建交公报又重申了这些原则。双方强调声明，这些原则仍是指导双方关系所有方面的原则。

四、中国政府重申，台湾问题是中国的内政。一九七九年一月一日中国发表的《告台湾同胞书》宣布了争取和平统一祖国的大政方针。一九八一年九月三十日中国提出的九点方针是按照这一大政方针争取和平解决台湾问题的进一步重大努力。

五、美国政府非常重视它与中国的关系，并重申，它无意侵犯中国的主权和领土完整，无意干涉中国的内政，也无意执行“两个中国”或“一中一台”政策。美国政府理解并欣赏一九七九年一月一日中国发表的《告台湾同胞书》和一九八一年九月三十日中国提出的九点方针中所表明的中国争取和平解决台湾问题的政策。台湾问题上出现的新形势也为解决中美两国在美国售台武器问题上的分歧提供了有利的条件。

六、考虑到双方的上述声明，美国政府声明，它不寻求执行一项长期向台湾出售武器的政策，它向台湾出售的武器在性能和数量上将不超过中美建交后近几年供应的水平，它准备逐步减少它对台湾的武器出售，并经过一段时间导致最后的解决。在作这样的声明时，美国承认中国关于彻底解决这一问题的一贯立场。

> 七、为了使美国售台武器这个历史遗留的问题，经过一段时间最终得到解决，两国政府将尽一切努力，采取措施，创造条件，以利于彻底解决这个问题。
>
> 八、中美关系的发展不仅符合两国人民的利益，而且也有利于世界和平与稳定。双方决心本着平等互利的原则，加强经济、文化、教育、科技和其他方面的联系，为继续发展中美两国政府和人民之间的关系共同作出重大努力。
>
> 九、为了使中美关系健康发展和维护世界和平，反对侵略扩张，两国政府重申《上海公报》和《建交公报》中双方一致同意的各项原则。双方将就共同关心的双边问题和国际问题保持接触并进行适当的磋商。

由于《八一七公报》的重点在于美国对台军售问题，这是两岸最敏感和最坚持的首要问题。里根总统为两全其美，施展两面外交手法来处理这个问题。一方面公报里承诺将逐渐停止对台军售；另一方面又恐激起台湾方面的过度恐慌，在签署发表此项公报之前，先通过外交途径私下向台湾当局提出6大保证如下：

1.美国对台军售没有最后期限。

2.美国不会与中国协商对台军售问题。

3.美国不会在两岸扮演调解人。

4.美国不会修改《台湾关系法》。

5.美国对台主权问题立场不变。

6.美国不会压迫两岸协商。

“中美三大联合公报”先后发表，中美双方为进一步协商双方关系及处理台湾问题，在中美建交后的30年间，双方进行了三次“元首外交”。由国家元首亲自出马，友好访问对方首都，互相会商协调，且在会后发表联合声明。声明内容简洁扼要且大同小异，可见这三次“元首外交”应属礼貌性之互访，并做原则性之宣示，为清楚明了起见，特以表格形式（见表四），介绍如下：

表四 “中美三大联合声明”略表

	时间	地点	元首姓名	内容大要	
				中国表示	美国表示
第一次联合声明	1997年10月29日	华盛顿	中国国家主席：江泽民 美国总统：克林顿	台湾问题是双边关系里，最重要、最敏感的核心问题	美国坚持一个中国政策，遵守“中美三大联合公报”之内容
第二次联合声明	2009年11月17日	北京	中国国家主席：胡锦涛 美国总统：奥巴马	台湾问题涉及中国主权及领土完整，希望美方信守有关承诺	(1)同上。 (2)鼓励两岸加强在经济、政治及其他领域对话与互动
第三次联合声明	2011年1月19日	华盛顿	中国国家主席：胡锦涛 美国总统：奥巴马	台湾问题涉及中国主权及领土完整，希望美方信守有关承诺	(1)(2)同上。 (3)赞扬台海两岸签署“经济合作架构”（ECFA）

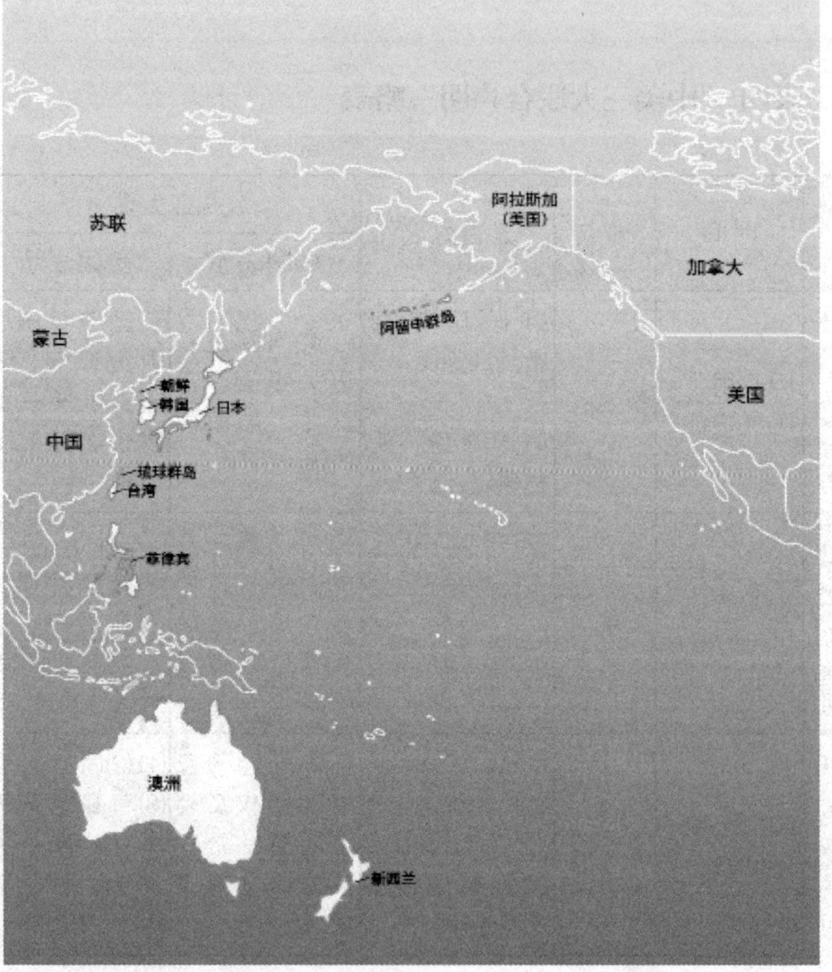

西太平洋防线

二战结束后，为防阻共产党势力进入太平洋，美国在亚洲划定“西太平洋防线”，无形中也主导了台湾的过去、现在与未来。（根据李思颖提供图改编）

美、中、台关系的三项分析：美国以法律支持战略和军售

台湾是美国西太平洋防线的重镇

在世界地理上，美国是一个得天独厚的国家，东岸濒大西洋、西岸临太平洋。在海权、空权尚未发达以前，两大洋屏障着美国的国家安全，而且，南方和北方邻国均非强国，使得美国得以安心建设，在安定中成长进步。19世纪末因美国得到太平洋上的菲律宾和关岛，并合并夏威夷群岛，从20世纪开始，太平洋海权就成为美帝国的新命脉。

1904到1905年的日俄战争中，日本海军消灭了俄国的远东舰队，俄国人不甘心，远从欧洲调遣波罗的海舰队东来决战，却在对马海峡（位于日、韩之间的海峡）被日本的联合舰队一举歼灭，由此造成俄国被日本打败的致命伤。

美国的战略家们针对俄国此一败战提出警告：这充分证明想要从远方基地跋涉风涛来增援，乃是天下第一愚事。而美国在辽阔的太平洋缺乏一个可以保卫或增援菲律宾和关岛的基地，一旦远东有事，日本想取菲律宾和关岛，美国远水难救近火。于是在1949年底做了一项重要决定：建筑珍珠港的大海军基地，从此，珍珠港成为美国在太平洋的海军总基地和海权中心。

日本在甲午战争、日俄战争及第一次世界大战中都是战胜国，乘着三战三胜之余威，大肆扩充海军，以期在太平洋上与美国海军争锋竞霸，挑战美国的太平洋海权。1941年12月7日，日本偷袭珍珠港，疯狂发动太平洋战争。

1945年日本战败投降后，国际大局为美苏分裂对立，美国吸取珍珠港事变的教训，避免重蹈覆辙，采取“围堵政策”（policy of containment），建立西太平洋防线。

这条防线北从阿留申群岛，经过日本、韩国、琉球、台湾、菲律宾，南到澳洲、新西兰为止。要把共产势力围堵在这条防线以西，不让它突破这条防线进入太平洋与美国争夺太平洋海权，以保障美国本土之安全。台湾正处在这条防线的重镇，对于美国巩固太平洋海权来说无比重要。

《台湾关系法》主宰美、中、台三角关系

基于以上所述，朝鲜战争爆发，为了巩固美国的西太平洋防线，保障美国的太平洋海权，美国对两岸的一贯政策就是保卫台湾的安全，防止台湾落入中共手中。美国保卫台湾安全的手法，经由一连串的政策、条约、法律、公报以及声明等递嬗演变，陆续付诸实施。表面上，时间冗长，错综复杂，实际上则有脉络可寻。

美国虽然是总统制的民主国家，可是总统和国会议员都是民选产生，同具民意基础，因此，总统单独对外所签署或宣布的政策，如无国会通过，是不具法律效力的。史上最有名的案例就是1920至1946年，美国没有参加“国际联盟”（The League of Nations）的大事件。

第一次世界大战后期，美国威尔逊总统（Thomas Woodrow Wilson）大声疾呼成立“国际联盟”，以维持战后的世界和平。战争终了后，在威尔逊总统的努力下，终于把国际联盟的盟约载入《巴黎和约》（亦即《对德和约》），可惜，《巴黎和约》被美

国参议院否决，没有通过，因此，美国没有参加国际联盟。国际联盟起初是由威尔逊总统所发起并促成，最后因为得不到参议院的同意和通过，反使美国不能参加成为创始会员国，是国际政治史上的一大憾事。

由此一重大案例，可见关于台湾问题，历届美国总统所宣布的“台湾海峡中立化政策”或签署的“中美三大联合公报”和“中美三大联合声明”等，只不过是总统的政策宣示而已，未经国会通过程序，不具正式法律效力。只有《台美共同防御条约》和《台湾关系法》才是国会正式通过的条约和法律。

由于《中美共同防御条约》在中美建交后被废止，由《台湾关系法》取而代之，《台湾关系法》的法律效力凌驾“中美三大联合公报”和“中美三大联合声明”之上。就内容而观，前者规定“美国军售台湾防御性武器”，后两者则否。因此，历次中（共）、美双方的外交折冲和角逐，始终在“美国对台军售问题”上面打转，双方争执不下，久久无解。

对台军售是中美外交战的焦点

可知两岸关系形成以后，美国为了巩固太平洋海权，必先守住西太平洋防线；为了守住西太平洋防线，必先“保卫台湾”；要“保卫台湾”，又必先维持对台湾军售，使台湾足可自卫，不致不堪一击，落入中共手中。所以两岸大局演变至今，“美国对台湾军售问题”，台、美双方互蒙其利，也成为美、中、台三角关系的焦点和真正关键问题。美国对台军售的演变过程如下：

中美建交谈判时，问题浮现

美国对台军售问题是从中共与美国进行建交谈判告一段落后，美方草案出炉的时候才开始发生的。因为在中美建交以前，已经有《台美共同防御条约》在保卫台湾安全，那时中共不必计较对台军售问题。但中、美建交后，台、美必须废约，为了保卫台湾安全，美国就把军售台湾列入美方所提出的“建交联合公报草案”中，时任国务院副总理的邓小平眼尖脑快，坚决表示不能接受美国军售台湾防御性武器，双方再三协商后，妥协的结果是在“建交公报”内不提此事，但在卡特致蒋经国的信函中，可以私下提及“建交公报”的内容，就此拍板定案。

美国改制定国内法，中共被摆一道

中（共）美正式建交后，《台美共同防御条约》将从1980年元旦起废约。台、美废约是中共的一贯主张，目的在于使台湾得不到美国的保护，中共万万没想到“道高一尺，魔高一丈”，美国竟然抢在《台美共同防御条约》正式失效之前，以偷天换日的手法，由国会迅速通过《台湾关系法》，规定美国军售台湾防御性武器。可以说，中国外交被美国摆了一道。

《台湾关系法》效力高于《八一七公报》

1982年，中美签署《八一七公报》，里根总统承诺将逐渐减少军售台湾，最后到完全停售为止。运作11年后，美国参议院亮出王牌，1993年7月，参议院通过“穆考斯基法案”，内容确定《台湾关系法》的效力优于《八一七公报》。这样一来，只要《台湾关系法》存在一天，美国总统的外交行为就无法推翻《台湾关系法》的规定，美国依法可以继续军售台湾。此案再度印证美国国会所通过的法律，其效力超越美国总统对外所签署的公报效力。

对台军售成为美国的片面主张，中国徒呼奈何

从1997到2011年，中、美的3次元首外交之“中美联合声明”里，中共一贯坚决反对将“遵守《台湾关系法》”的字句列入联合声明里。每次都是由美国总统于会谈后片面向媒体声明：“美国将遵守《台湾关系法》。”由此演变，遵守《台湾关系法》及“对台军售”就成为美国的片面主张。不论中国如何强烈反对，始终无法推翻美国国内法条款的规定，美国仍军售台湾防御性武器，中国徒呼奈何！

第八章　地方自治，终于落实

战后“中华民国”仅剩台湾一省，最高领导人和省长的职权几乎重叠。蒋介石深恐大权旁落，一直不实施省级的地方自治，仅仅实施县市级以下的地方自治。到李登辉时代，先是通过修宪程序，实施省长民选，后又“出尔反尔”，修宪改为“精省”，取消省长民选。这样一来，省级的地方自治，变来变去，反反复复。直到2005年12月14日“立法院”制定“地方制度法”，确定县市级以下实施地方自治，省级政府“名存实亡”，才尘埃落定。

实施民主政治有两个层级：一个是中央政府的民主政治，就是通过政党政治和选举投票的运作，实现内阁制或总统制的民主政治；二是地方自治的民主政治，包括省级和县市级的民主政治。

只剩台湾省，“中央”即地方

在大陆时期，蒋介石实施一党专政、以党治国。毛泽东曾主张“联合政府”的政党政治，蒋介石反对到底，美国从中调停，力劝蒋介石以“联合政府”换取“军队国家化”，蒋介石照样忠言逆耳，并造成大陆江山沦落。退守台湾后，依然不改本性，紧握兵权，名为实施民主宪政，实则厉行一党专政，所以终其一生，打不回大陆。

“中华民国”在台湾，以动员戡乱为名，在“宪法”之外增加“临时条款”的违章建筑，由“万年国会”选出“终身领导人”统治台湾，因此，中央层级的民主政治始终无法实现。

至于地方自治的民主政治，虽比“中央”的民主政治略胜一筹，可惜“中华民国”的统治领域仅剩台湾一省，省政府的地盘和职权几乎与“中央”政府一致，叠床架屋，因此，省级的地方自治，包括省长和省“议员”的民选，始终无法落实，由官派到民选，反反复复，最后演变成精省的局面。

仅剩下县市级的地方自治，通过选民的选举，多少不受一党专政的牵制，还勉强可以正常运作。由于外省人的选民比例，仅占15%，所以县市长的当选人都是台湾人，最后演变成“外省人统治中央，台湾人统治地方”的局面。依“中华民国宪法”第108条规定，必须由“立法院”先制定“省县自治通则”，然后由“省议会”据此制定“省县自治法”，规定由民选产生省长和“省议会”。因为“中华民国”仅剩台湾一省，所以“省县自治通则”迟迟难产，使得省级的地方自治难以实现。

第一任民选省长成为最后一任

台湾省省长历经官派、民选到最后精省，演变如下：

官派“行政长官”时期

台湾接收前夕，蒋介石特任陈仪为“台湾省行政公署长官”，不料，陈仪竟从中国大陆带了上万个贪官污吏到台湾，横行霸道，把台湾搞得天翻地覆，天怒人怨，引发二二八事件，造成台湾的空前浩劫。蒋介石了解案情后，快刀斩乱麻，罢黜陈仪，同时改“台湾省行政公署长官”为“台湾省主席”。从此，台湾与大陆各省一视同仁，在台湾设置“省政府”。

官派“省主席”时期

1947年，蒋介石任命文官魏道明担任“台湾省主席”，全力改善省政，为二二八事件处理善后。一年半以后，由于国共内战的战局恶化逆转，急转直下，蒋介石任命陈诚担任“台湾省主席”，为退守台湾预做准备，并把台湾建设为将来“反攻大陆”的基地。官派省主席持续47年，直至1994年，历任“省主席”名单如下：

任别	姓名	籍贯	到任年月	任期	到任前之职务	卸任后之职务
一	魏道明	江西	1947年5月	1年6个月	“立法院”副院长	离职赴美
二	陈 诚	浙江	1949年1月	1年	“参谋总长”	“行政院院长”
三	吴国桢	湖北	1949年12月	3年4个月	上海市市长	离职赴美
四	俞鸿钧	广东	1953年4月	1年2个月	“财政部部长”	“行政院院长”
五	严家淦	江苏	1954年6月	3年2个月	“财政部部长”	“行政院院长”

六	周至柔	浙江	1957年8月	5年4个月	参谋总长	“总统府”参军长
七	黄 杰	湖南	1962年12月	6年7个月	警备总司令	“国防部部长”
八	陈大庆	江西	1969年7月	3年	陆军总司令	“国防部部长”
九	谢东闵	台湾	1972年6月	6年	台湾省议会议长	副手（蒋经国时代开始）
十	翟韶华（代理）	河北	1978年5月	1个月	省政府秘书长	
十一	林洋港	台湾	1978年6月	3年6个月	台北市市长	“内政部部长”
十二	李登辉	台湾	1981年12月	2年	台北市市长	副手
十三	刘兆田（代理）	江西	1984年5月	1个月	省政府秘书长	
十四	邱创焕	台湾	1984年5月	6年	“行政院”副院长	“总统府”资政
十五	连 战	台湾	1990年6月	2年8个月	“行政院”副院长	“行政院院长”
十六	涂德锜（代理）		1993年2月	1个月	省政府秘书长	
十七	宋楚瑜	湖南	1993年3月		国民党秘书长	台湾省省长

上列名册具有以下两个特点：

1.官派文臣武将担任“省主席”：蒋介石始终官派文臣武将担

任“省主席”，又身兼警备总司令。“省主席”包办台湾省的军政大权，此与陈仪担任“行政长官”时期相比，大同小异。所不同的是，陈仪时期，蒋介石忙着在大陆打内战，无暇远顾台湾，放纵陈仪在台湾独断专行。可是“中央政府”迁台以后，“省主席”在台湾多了个顶头上司，随时可以发号施令，指挥省政。

2.从“外省人治台”到“以台治台”：蒋介石清一色任用外省人担任“省主席”，结果，经济发展有限，民生获益不多。1972年开始，蒋经国起用台籍文官担任“省主席”，“以台治台”，第一位是谢东闵。蒋经国发展经济，推动本土化和民主化两大政策，奠定了台湾长治久安的深厚根基。

民选省长时期

从1988年李登辉继任后，为了落实地方自治的民主政治，1992年5月的第二次修宪中，把省长及直辖市市长由官派改为直接民选，载入“宪法”增修条文中。依此，“立法院”就在1994年7月通过“省县自治法”及“直辖市自治法”并于同月开始施行。有了法律依据便快马加鞭，在同年12月举办台湾省省长及北、高两直辖市市长的直接民选。结果，台湾省省长由国民党的宋楚瑜当选，台北市市长由民进党的陈水扁当选，高雄市市长则由国民党的吴敦义当选。这是在1996年领导人直接民选以前，直接民选产生的3位合法最高“行政首长”，台湾地方自治的民主政治向前迈进一大步。

精省收尾

省长直接民选产生以后，省与“中央”业务重叠的问题并没有解决，随着1969年第9任领导人开始民选之后，民选省长和民选领导人同样由台湾地区人民选出，不但大部分业务重叠，且因两者同具民意基础，足可分庭抗礼，省长甚至是站在第一线手握重权，很可能架空领导人职权，问题严重，于是有识之士纷纷出面主张废省或冻省。

其实早在1957年，雷震创办的《自由中国》月刊就已有先见之明，提出废省。可是蒋氏政权认为废省无异于走向“台独”之路，视为异端邪说。

民选省长就任两年后，李登辉召集朝野人士举办“发展会议”，废省成为热门议题，最后达成冻省的共识。消息一出，立刻掀起保守势力的反弹和反扑，首当其冲的台湾省省长宋楚瑜更是炮打“中央”，极力反对。废省不成，冻省也难，妥协的结果，以精省收尾。

精省，就是精简省政府的组织和职权，只留其壳，剥夺实权，目的在使“省政府”“名存实亡”。李登辉在1997年第4次修宪时，把精省的决定载入“宪法”增修条文中，要点为省政府设委员9人，其中1人为主席，同时设置省咨议会，“议员”若干人，两者均由“行政院院长”提请领导人任命之。依此，宋楚瑜的省长4年任期到1998年底结束，任期结束前，省府各单位的业务移拨给“中央”各相关部会接管，民选省长从此走入历史，宋楚瑜成为首任、也是末代的台湾省省长。

“省议会”变变变，最后名存实亡

“省参议会”时期

台湾接收后，国民政府迅即于1945年12月16日公布“台湾省各级民意机关成立方案”，依此台湾省由选举产生“各县市参议会”及“台湾省参议会”，过程如下：1946年3月间，由公民直接选举，产生最基层的“村里民代表”共7000余名。紧接着“村里民代表”以间接选举，选出523名“县市参议员”组成“各县市参议会”。最后再由各“县市参议会”以间接选举，选出省“参议员”30名。1946年5月1日，“台湾省参议会”在台北市正式成立，当天选出黄朝琴、李万居为正、副议长，“台湾省参议会”成为过渡时期的“台湾省议会”。

台湾省“参议员”的竞选过程相当激烈，应选名额只有30名，但候选人竟高达1180人，当选率只有2.5%。可见战后的台湾，知识分子和地方士绅对于政治的热衷，大家都不约而同想挤进政治的窄门。

“临时省议会”时期，受二二八事件影响，参政意愿大幅降低

1951年8月，“行政院”公布“台湾省临时省议会组织”和“议员”选举罢免办法，冠以“临时”二字，是因为“行政院”受现实政治环境的限制，送请“立法院”暂缓通过“省县自治法”；可是为了装门面，表示政府在台湾推行民主政治，不得不成立“省议会”。所以在“省县自治法”未通过以前，暂时以行政命令民选成立“省

议会”，“省议会”的产生尚未有法律根据，所以姑且称为“临时省议会”。

同年11月18日，第一届“临时省议会”由全省的县、市“参议员”以间接选举的方式选出省“参议员”，应选名额增加到55名，任期3年，但登记参选的候选人急降到140人，当选率突然提高为39%，选情冷清，与4年前选举“省‘参议员’”时期相比较，冷热程度，天差地别。很明显是受1947年二二八事件的遗害，大多数为民喉舌、仗义执言、揭发时弊的省“参议员”和县市“参议员”，在二二八事件中都惨遭清算斗争，被捕、被杀或失踪，使得台湾人对政治视为畏途，对政府推行地方自治失去信心。

“省议会”时期

1959年6月，第三届“临时省议会”开会期间，“省主席”周至柔在议场上宣布，奉“行政院”命令，即日起将“台湾省临时省议会”改名为“台湾省议会”，删去“临时”两个字。本届“临时省议会”摇身一变，变成“第一届台湾省议会”。这项改名固然是众所期待，可是“省主席”依旧由官派的将军担任，省“议员”的质询力量和监督功能，极其有限。

“行政院”一道行政命令，就可把“第三届台湾临时省议会”改名为“第一届台湾省议会”。不仅如此，原第一届“临时省议会”的省“议员”选举采用间接选举，第二届则开始改用直接选举。省“议员”的任期原为2年，以后改为3年，最后又改为4年，这些都是以行政命令发布执行，都不是由“立法院”制定法律一体遵行，是人治，不是法治，台湾地方自治的民主政治，未能步上正轨。

省咨议会收尾

在政治上，“省议会”和“省政府”如影随形，共存共亡。1997年7月的“宪法”增修条文中纳入精省的决定，规定省政府设置“省主席”和委员共9人，也规定省设置省咨议会，置咨议会“议员”若干人。省咨议会取代了原来的“省议会”，民选的“省议会”时代结束，精省的结果让民选省长和民选“省议会”都走入历史。2005年，“立法院”通过“地方制度法”，规定：“省咨‘议员’任期3年，为无给职。”至此省咨议会名存实亡。

北、高市长从民选到官派，再恢复民选

战后台湾实施地方自治以来，省长不由民选产生，因此南、北两大都市——高雄市和台北市的市长选战，就成为国民党和无党籍候选人竞争最激烈、最受瞩目的焦点。其演变过程有3个阶段：

1.民选市长时期：台北市为台湾首善之区，市长选战的竞争激烈，中外关注。市长的任期3年，1951年2月，吴三连以无党籍身份当选第一届台北市市长，任期届满后，吴三连无意再选，转而发展纺织和新闻事业，并获聘为“国策顾问”。1954年，高玉树也以无党籍身份当选为第二届台北市市长，国民党脸上无光，至第三、四届台北市市长才由国民党提名的黄启瑞当选。1964年，高玉树卷土

重来，抢回第五届台北市市长宝座。

2.官派市长时期：由于早期县市长选举，党外候选人当选者寥寥无几，国民党却几度错失台北市市长宝座，为挽回面子，1967年5月，“行政院”通过台北市和高雄市升格为直辖市，市长改为官派，不再民选。但为解除民众的疑惑，“行政院”依旧官派高玉树任第六届台北市市长，1972年蒋经国组阁，改派高玉树为“交通部部长”。

3.恢复民选市长时期：李登辉时代开始后，“立法院”通过“直辖市自治法”，台北市市长和高雄市市长自1994年恢复民选，回归常轨。因为民进党于1986年创党后，势力日新月进，在选战中足可与国民党互别苗头。全国各县市的市长选战激烈，选举结果大致形成“南绿北蓝”的局面，亦即民进党雄占南部县市的市长宝座，国民党则囊括北部县市的市长宝座（当然也有少数例外情形）。因此，高雄市市长大多数由民进党籍候选人当选，台北市市长大多数由国民党籍候选人当选。

外省人统治“中央”，台湾人统治地方

1950年4月，省政府公布施行“台湾省各县市实施地方自治纲要”，以此为依据，各县、市立即展开县、市级地方自治的选举工作。由于县、市级是最基层的地方自治，业务、职掌不与“中央政府”重叠，所以地方首长直接民选产生，没有困难。因此县、市级地方选举的对象，就包括县市长、县市“议员”、乡镇区长以及乡镇区

民代表等。选举工作于同年7月起陆续展开，由选民直接投票选出。

由于没有“省县自治通则”统一规范，各县市进行选举以后，为应付名目繁多的各种选举，政府朝令夕改，年年发生。例如，县市“议员”及乡镇区民代表的任期由2年改为3年，最后又改为4年。县市长的任期也由3年改为4年，连选得连任一次。至于选举投票日期，最初由各县市自由决定，各行其是，后来才统一规定，县市选举从第三届开始，全省同时改选，同步进行。

由于战后台湾教育成功，教育普及，人民知识水平大幅提高，二二八事件的阴影也随时光的流逝日渐远离，人民参加选举的兴趣日增，选举活动一届比一届热烈。不但国民党候选人与党外候选人之间竞争激烈，就连党外候选人彼此之间也互相厮杀。贿选、买票、作票的违法行为时有发生，纠纷不断，增加法院的办案负担。这些乱象纠纷都是因为没有“省县自治通则”的法律统一规定。

20世纪60年代，有一桩苗栗县的乡长选举诉讼，告到新竹地方法院。因为当局反对省长民选，不制定“省县自治通则”，承办法官认为地方选举没有“省县自治通则”作为法律判决依据，不能成为诉讼标的，因此判决不受理。法官依法论法做出判决，理所当然。可是他所做判决明显与蒋氏政权唱反调，触及政治地雷，上层大为震惊，不久后该法官被调职，往后就没人敢再提出异议。

由于外省籍的选民比例仅占15%，为求得选战胜利，国民党提名的县市长候选人都以本省籍为优先考虑，即使提名外省籍候选人出马竞选，也大多数落选。虽然如此，早期县市长的选举，非国民党籍当选者寥若晨星，仍大多数由国民党籍的台湾人当选。

往后党外势力渐渐兴起，才慢慢扭转形势，党外人士当选县市长的人数，一届比一届增加，总之，不论党内或党外当选人，几乎清一色都是台湾人。这样一来，县市长的选战，表面上是党内和党外候选人之间的激烈竞争，实际上则是台湾人和台湾人之间的选战，县市长当选人虽有党内、党外的分别，实际上都是台湾人；因此自然形成了“外省人统治‘中央政府’，台湾人统治地方政府”的局面。这种现象也可以说明为何两蒋治台时期，省长不敢民选而采用官派的原因所在。

地方制度法，省级被架空了

顾名思义，地方自治就是由地方的人民自行选出地方首长和地方议会，再由地方首长组织地方政府治理地方的政务和事务，接受地方议会的监督和审查预算决算事项。换言之，地方的施政和监督工作均由地方上的人民来治理。台湾的地方自治史可分以下3个阶段：

1.以行政命令推行地方自治：此时，领导人非民选，缺乏民意基础，如果省长直接民选，则民意基础高过领导人，且省长当选人极可能是台湾人，蒋氏政权引以为大忌。为了省长不可民选，“省县自治通则”迟迟难产，台湾地方自治的推行，暂时以行政命令代替法律，造成不健全的地方自治。

2.以“省县自治法”推行地方自治：两蒋时代结束后，李登辉于1992年第二阶段修宪中，把省长和直辖市长由官派改为直接民选。依此，1994年7月，“立法院”通过“省县自治法”及“直辖市自治法”。从此，地方选举有了正式的法律依据，开启了台湾地方自治“法治化”的时代。紧接着，就举办台湾省省长、台北市市长和高雄市市长的直接民选。

3.以“地方制度法”推行地方自治：精省之后，省级组织走入历史。2005年12月，“立法院”根据“宪法”增修条文之规定，制定“地方制度法”，将省级排除在外，明定“直辖市、县（市）、乡（镇、区）为地方自治团体”，至此，台湾的地方自治单位，不但明确化，而且“法治化”。

战后，在台湾实施地方自治，因受现实政治环境的限制，一路坎坷难行，已如前叙。直到“立法院”制定“地方制度法”后，台湾的地方自治才正式法制化，步入正轨。“地方制度法”的要点如下：

⑴精省的规定：

省政府：为“行政院”派出机关，因此，省不是地方自治团体。省政府置委员9人，其中一人为主席，均由“行政院院长”提请领导人任命之。

省咨议会：置咨“议员”5人至29人，其中一人为咨议长，任期3年，为无给职，均由“行政院院长”提请最高领导人任命之。

⑵县市级的地方自治：

地方自治团体：包括直辖市、县（市）、乡（镇、区）等。

直辖市市长、县（市）长、乡（镇、区）长：由选民直接选举产生，任期4年，连选得连任一次。

直辖市“议员”、县（市）“议员”、乡（镇、区）民代：由选民直接选举产生，任期4年，连选得连任。

村（里）长：由选民直接选举产生，任期4年，连选得连任。

直辖市之区长：由市长派任。

县市级单位之议会，对于各该级政府单位所提预算案，不得为增加支出之提议。

县市级单位之政府及议会所属员工之俸给，应依公务人员俸给法之规定办理之。

“中央”执政得民心，地方选举必获胜

地方自治是通过选举地方首长和地方议会的运作而进行，各政党在选举中的胜败，端视其施政理念和施政成果，能否得到选民的认同和支持而定。凡是能照顾民生、得到民心的政党，必能在选战中获胜，成为地方自治的执政党。反之，则沦为地方自治的在野党。此种现象与大选和“国会”普选的成败，不谋而合。可见，政党在“中央”政治和地方自治的选战中，两者是同进退、共荣辱的。

战后台湾在威权统治的年代里，国民党仗其大权在握和雄厚资源，早期在“中央”政治和地方自治的选战中几乎全包。后来由于民智高涨，尤其民进党崛起以后，渐渐形成“南绿北蓝”的局面，久久不变。到1996年，台湾开始实施领导人直接民选以后，此一现象开始发生变化。

民心思变，2000年，李登辉任期届满后，该年的大选中，由于

国民党内部分裂，使民进党的陈水扁渔翁得利，当选第二届和第三届民选领导人，实现第一次政党轮替。

可是，陈水扁执政8年的最后两年，陆续爆发龙潭弊案、买官弊案、“国务”机要费案，以及二次金改弊案等，终于在2006年9月，引爆几十万“红衫军反贪污大游行”，形成民怨，失去民心。民进党不仅在2008年大选中失去执政权，也祸及往后的地方选举。纵使陈水扁凭其匹夫之勇，开着大卡车到处助选，也无力回天。民进党在往后的地方选举中大败，在全省20个县市中，仅得到6个县市长的席位，选情坠入谷底。陈水扁也在任满卸职后，锒铛入狱。

2008年，受惠于陈水扁的贪污弊案，马英九渔翁得利，开始担任两届，实现第二次政党轮替。马英九担任领导人后，故事重演，重蹈覆辙，2012年，马英九连任成功后，自诩没有连任的压力，就不顾一切，连续进行许多背离民意的重大政策，例如，油电双涨、开征证所税、“12年国教”等，一再造成民怨，失去民心。

2014年3月，国民党在“立法院”强度关山，企图强行通过“两岸服贸协定”，引发“太阳花学运”，50万群众聚集凯道抗议示威，民怨达到高潮。更令人讶异失望的是一向以清廉自诩的马英九，在担任领导人第7年时，陆续爆发先前在台北市市长8年任内和现任内，很多图利财团和官商勾结的重大疑案，媒体群起而攻，民心尽失，以致国民党在2014年11月底举办的“九合一地方选举”中惨败。在全省20个县市中，国民党从原有的13个县市长席位，急降到仅剩5个县市长席位，使国民党政府摇摇欲倒，史上未有，马英九辞掉党主席，仅保住职位。

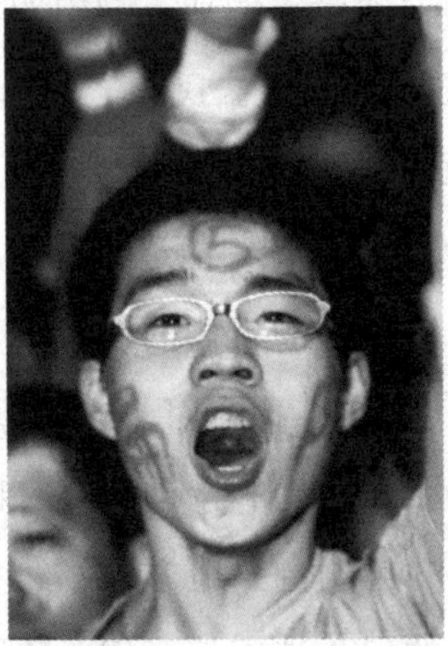

陈水扁当选第二届民选地区领导人

上为 2002 年，民进党陈水扁、吴秀莲当选第二届民选正、副领导人，实现台湾史上第一次政党轮替。下为热情的民众将“阿扁”两字及其选举号码写在脸上。

昔日，陈水扁的弊案成为马英九高票当选的功臣；往后，马英九的无能也成为民进党在地方选战获全胜的功臣。往事历历，殷鉴不远。“中央”执政与地方选举息息相关、密不可分。任何一个执政党只要失去民心，必将变成在野党东山再起的大功臣。这便是真正“以民为主”的民主政治。

选举，民进党后来居上，国民党压力倍增

战后台湾由威权统治走向民主政治的漫长过程中，大小选举的次数特别多，选情也愈演愈烈，大致是2年1小选，4年1大选的局面。不论“中央”选举或地方自治选举，国民党和民进党两大党的竞争态势，分别是有起有落，尤其是民进党的选举成绩，年年长进，气势日兴月盛，造成国民党的执政压力有增无减，大有日薄西山的现象。

大体而言，在两蒋治台的时代，台湾的选举是以“中央”民意代表的“增补选”或“增额选举”为重心，地方自治选举居于次要地位。到了李登辉时代，全面改选“中央”民意代表，也直接民选正、副领导人。李登辉主政台湾以后，“中央”政治（包括正、副领导人和“立委”）的选举和地方自治的选举，两者并驾齐驱，同时并进，蔚成台湾民主政治的壮观场面。

第九章　李登辉，第一位本省领导人

从 1988 年继任领导人开始，李登辉成为第一位台湾人领导人长达 12 年之久。他的治台贡献是“除旧布新”。既终结过去“万年国会”的陋习，又修宪成功，更新政治。修宪后的新台湾，“中央”改制，领导人直接民选，“国会”缩身又直接民选，实现民主政治。

难关重重

蒋经国于1988年1月13日病逝后，依“宪法”规定，当天由李登辉宣誓继任。这是400年来第一位台湾人担任台湾的领导人，从此开创了台湾新历史。

李登辉继任领导人之初，没有政治班底，也缺乏政治实力，而且继任的剩余任期仅有2年4个月。当时，他既要面对在朝的元老保守势力掣肘，又要解决在野进步势力的冲击。当他要迈进的时候，也要兼顾后方拉后腿的保守反对势力。此时的李登辉徘徊在十字路口，是要直走还是要转弯呢？当时，在野阵营有人嫌他改革步伐太慢，他曾告诉友人说：“你们要给我时间，车子在转弯的时候，不能开太快，否则会翻车。”于是他一步一步推动更新政治的工程，开创台湾政治的新局。

保守势力的掣肘

李登辉的当务之急，就是如何面对和争取党内元老保守势力的支持，突破困境，巩固领导人座椅。以下分4个阶段说明：

1.国民党主席争夺战：以党国元老为中心的党内保守势力，不赞成李登辉兼任党主席，想拥立宋美龄为党主席。最后，在国民党秘书长李焕和副秘书长宋楚瑜的奔走疏通下，李登辉才于该年7月7日召开“中央委员会”全体会议，有惊无险，正式通过担任党主席。

2.党政要职重新调整：李登辉继任的隔年5月，由李元簇取代沈昌焕担任“总统府秘书长”，李焕取代俞国华担任“行政院院长”，宋楚瑜取代李焕担任“中央党部秘书长”。同年12月，把久掌8年兵符的“参谋总长”郝柏村升任为“国防部部长”，让他可以继续主持军事会议。这样一来，政治归李焕，党务归宋楚瑜，郝柏村继续留在军事系统，李登辉跨出领导人权威的第一步。

3.二月政争及党内分裂：1990年2月，第一届“国民大会”（亦即1947年在南京选出的国民大会）在阳明山中山楼召开会议准备选举第8任领导人，“二月政争”爆发，国民党内的实力派人物公开拥护李焕、陈履安、蒋纬国等人为副手候选人，李登辉则出其不意推出一向“沉默寡言”的李元簇为副手候选人。经过一番激烈争论后，李登辉和李元簇险胜过关，可是往后国民党便分裂成两派：一派是支持李登辉的“主流派”，另一派是以大陆籍人士为主而反李的“非主流派”。

4.竞选之争：1990年3月下旬，第一届“国民大会”开会，选举正副领导人。在“国民大会”里，非主流派推出林洋港和蒋纬国竞

1988 年，蒋经国逝世后，当晚 8 点李登辉宣誓继任，“司法院院长”林洋港在旁监督。

1990 年二月政争时，“国安会”秘书长蒋纬国（右一）接受八老协调后在台北宾馆宣布退选。

选正副领导人，要与主流派的李登辉和李元簇一较上下，双方僵持不下。最后，李登辉施展了高超的政治手腕，请出蒋彦士、蔡鸿文等元老，出面居间协调，才劝退了林洋港和蒋纬国。3月21日，李登辉、李元簇正式当选为“中华民国”第8任正副领导人。

进步势力的冲击

1.野百合学运：又称为“三月学运”，起因是第一届“国民大会”的“国代”利用国民党“二月政争”暗度陈仓，仓促通过临时条款修正案，将“国代”任期由6年延长为9年。老贼们趁火打劫，违背宪政体制的消息传出后，立刻引发公愤，岛内各界群起攻之。尤其，6000多位大学生从1990年3月16日起连续7天，群集中正纪念堂静坐抗议。提出“解散‘国民大会’、废除临时条款、召开‘国是会议’、提出政经改革时间表”4大诉求。同时，在中正纪念堂广场树立“台湾野百合”巨型雕塑作为精神象征。李登辉接见学生代表，答允召开“国是会议”研议，学运才和平落幕。

2.召开“国是会议”：1990年6月28日，李登辉实践诺言，在台北圆山大饭店召开“国是会议”，邀请朝野代表130多人参加。会中达成政治改革的共识，提出改革时间表如下：1991年选出375位修宪“国代”，同年底，资深“中央民意代表”全部退职。1992年，举办“中央民代机构”改选。1996年之前完成“修宪工程”，并直接民选第9任正副领导人。

3.修正“刑法”第100条：虽然“临时条款”这个恶法已在1991年遭废除，可是除恶未尽，“惩治叛乱条例”及刑法第100条所规定的“预备或阴谋内乱罪”还存在，人民容易被情报单位乱扣帽子，罗织入罪。刚好在1991年5月9日，有4位学生参加史明所举办的“独立台湾会”，遭调查局以叛乱罪名逮捕，3天后，100多位大学师生立刻在中正纪念堂前静坐示威。文化界也立刻发起520请愿游行，要求废除“惩治叛乱条例”和修正刑法第100条。

于是，“立法院”抢在520游行之前的5月16日，通过修正刑法第100条文里有关“预备或阴谋内乱罪”的规定，隔天，又迅速通过废止“惩治叛乱条例”。恶法全部清除干净，台湾人权的发展向前迈进一大步。

4.实现省籍平等：1992年6月底，李登辉正式宣布国民身份证上的“籍贯栏”，改为“出生地栏”。这是两蒋治台后，台湾政治及社会史上的一大变革。首先，省籍对立问题是国民政府所造成的，早期移民到台湾的居民，虽曾有地域械斗情形，但日久之后渐渐化除地域观念，共存共荣；国民政府接收台湾后，陈仪实施歧视台湾人的殖民统治，造成省籍隔阂。二二八事件发生后，台湾人棍打外省人，大陆国军扫射台湾人，以及陈仪政府的清乡逮捕，更造成省籍对立。

蒋介石退守台湾以后，以占人口比例16%的外省军民统治占84%的台湾人，当局高官和机关学校首长清一色是外省人，省籍对立更加严重。由于国民大会代表是依据省份大小来分配名额，没有省籍就没有“万年国代”；没有“万年国代”就没有终身领导人。为了保住终身领导人的宝座，蒋家对于“省籍”的坚持，牢不可破。

李登辉担任领导人后，为破除省籍对立，必须先实现省籍平等，不论本省、外省，不管先到或后到，大家都是台湾人，平等相处。因此他于1991年先后废止临时条款和结束“万年国会”，即是清除省籍歧视的祸源。隔年，又公布“国民身份证”和人事资料上的“籍贯栏”，一律改为“出生地栏”，此时距1949年已43年，外省第一代的特权阶级绝大多数已经退休或作古，没有反对“取消省籍”的必要。而外省第二代，甚至第三代、第四代子弟，几乎都在台湾出生，与台湾人的子弟同在台湾落地生根，讲台湾话，在台湾过日子，生活打成一片，不分彼此。

从此以后，没有省籍分别，大家立于平等地位，公平竞争，以个人能力取高下，不再依赖省籍定尊卑，对台湾子弟和外省子弟是双赢局面。先前外省人歧视台湾人的旧时代结束了，省籍平等的新时代来临了；也结束了以省籍作为分配“中央民代”名额依据的旧时代，开启以台湾为本而重新出发、向前发展的新时代。

在省籍平等的新时代里，2008年和2012年的两次领导人直接民选，台湾籍选民比例占85%，外省籍选民仅占15%，可是这两次领导人大选中，马英九都以高票当选。马英九的当选票数有8成是台湾籍选民投给他的，充分证明台湾人没有歧视马英九这位湖南人。

除旧又布新

“中华民国宪法”于1947年诞生时，解放战争打得正炽热，国民党不顾中共的反对和抵制，一手主导制定。那时候，中共始终主张联合政府，蒋介石则坚决反对，最后，蒋介石不顾一切，仓促召集“国民大会”，强度关山，制定“宪法”。中共和民主党派拒不参加制宪会议，不承认这部“宪法”，所以在“宪法”制定后3天，周恩来答复新华社记者问题时，愤愤地说：“蒋政府的伪宪也只有把它当作袁世凯天坛‘宪法’和曹锟贿选‘宪法’一样看待，人民也绝不会承认它的。”

“宪法”通过后，国民党赶忙在隔年3月底在南京召开“第一届行宪国民大会”，选出蒋介石、李宗仁为正、副领导人，5月20日举行正副领导人就职典礼。中共为使蒋介石难堪，共产党领导的军队协同民兵，立刻向国民党军展开解放战争的三大战役，亦即辽沈战役、淮海战役，以及平津战役，占领长江以北的全部国土。

蒋介石在大陆担任领导人仅仅8个月，即在1949年1月宣布下野，紧接着共产党领导的军队渡过长江，兵分四路，一年之内，占领了整个中国大陆，把国民政府赶到台湾省。

张冠李戴的“宪法”

蒋介石退守台湾后张冠李戴，把整部“宪法”移植到台湾实施。中国大陆广土众民，台湾岛狭土寡民，强行移植当然格格不入，这部“宪法”共14章、175条，冠冕堂皇，华而不实，要点如下：

1.保障人权：包括人民的言论、出版、集会、结社、宗教等自由。

2.“国民大会”：直接民选产生“国大代表”，任期6年，共有3045人。主要任务在选举罢免正、副领导人、修改“宪法”及行使变更领土等议决权。

3.领导人：任期6年，连选得连任一次。权力很大，包括三军统帅权、公布法律权、外交权、戒严权、重要院长人事任命权、发布紧急命令权，以及调解五院间之争议权等。

4.“行政院”：“行政院”正、副院长由领导人提名经“立法院”同意任命之。“行政院”施政须向“立法院”负责，但无解散“立法院”之权。

5.“立法院”：“立法委员”由直接民选产生，任期3年，连选得连任，共有773人，院长、副院长由“立法委员”互选之。主要职权为议决法律案、预算案、戒严案、宣战案、条约案等。

6.“司法院”：正、副院长、大法官由领导人提名经“监察院”同意任命之。主要职权为解释“宪法”及统一解释法令，并作为各级法院之最高司法机关。

7.考试院：正、副院长、考试委员由领导人提名经“监察院”同意任命之。主要职权为掌理考试、铨叙、考绩、级俸、升迁、抚恤、退休等事项。

8.“监察院”：由间接民选产生，任期6年，连选得连任，共有223人，院长、副院长由监察委员互选产生，行使同意、弹劾、纠举及审计权。

9.地方自治：根据“立法院”制定之“省县自治通则”，实施省、直辖市及县市之地方自治。

这部“宪法”问题很多，特色不少，简列如下：

1.“一国三公”：由于“国民大会”“立法院”及“监察院”三者都出自直接或间接民选，且各自拥有“国会”的部分职权，因此行宪后，三者各自主张自己代表“国会”，被讥讽为“一国三公”。

2.五院制：近代国家的民主政治大多采取行政、立法、司法“三权分立，互相制衡”的政治。这部“宪法”则采纳孙中山“五权宪法”的主张，在三权之外，另加考试和监察两权，形成“五院制”，世上稀有。

3.权能区分：孙中山主张“权能区分”，“人民有权，政府有能”，所以，“宪法”设置“国民大会”代表“权”，以制衡代表“能”的领导人。可是，依照“宪法”规定，“行政院院长”必须向“立法院”负政治责任，而不是领导人向“国民大会”负政治责任，这样一来，又乱了章法。

4.部分属于总统制：领导人位高权重，可调处五院间的争议，手握提名三个院长的大权，然“立法院”又无权制衡领导人，由“行政院院长”做代罪羔羊，似属总统制。

5.部分属于内阁制：“行政院院长”向“立法院”负政治责任，“行政院院长”如不接受“立法院”之决议案，就必须鞠躬下台；但又没有规定“行政院院长”（内阁）有解散“立法院”（“国会”）之权，所以又不完全像内阁制。

行宪后研究“宪法”的学者，对于在这部“宪法”架构下，中央政体的形态归属，莫衷一是。有的说是总统制，有的说是内阁制，还有的说是举世无双的五院制，更有权威法学家说是四不像。

解决四十年沉疴

经过国民党的党内政争和“国民大会”内部的激烈竞争，李登辉惊险当选党主席和领导人。李登辉和李元簇就任“中华民国”第8任正副领导人以后，一方面继续推动蒋经国未完成的本土化和民主化政策；另一方面把40多年来的很多重大问题从根解决，除旧布新。略述如下：

1.结束“万年国会”：1989年1月，“立法院”通过“第一届资深中央民意代表自动退职条例”，申领退职金每人高达546万元，可是部分老贼仍然赖着不走，迫使“司法院”大法官会议使出撒手锏。1990年6月，大法官会议做出第261号“宪法”解释案，要点是：“第一届中央民意代表应于1991年12月31日以前终止行使职权，并依法办理全国性之次届中央民意代表选举，以确保宪政体制之运作。”

由于大法官会议解释“宪法”之效力，等同于“宪法”本身之效力，556名“万年国会代表”终于在当年12月底全部退职。

2.废除动员戡乱时期临时条款：根据前述大法官会议解释案的精神，1991年4月，第一届“国民大会”做出决议，废止“动员戡乱时期临时条款”。李登辉随即于5月1日依法宣布终止动员戡乱时期，并废止临时条款。动员戡乱时期的终止，就是宣布解放战争的结束，有利两岸的和平发展；临时条款的废止，就是宣布此后的领导人不得终身连选连任，必须遵守“宪法”连任一次的规定。

3.全面改选“中央民意代表”：“万年国会”的问题一解决，随即在自由地区（指台湾）举办第二届“中央民意代表”的全面改选。1991年12月21日，第二届“国民大会代表”直接民选，国民党得到254席，民进党仅得到66席，国民党大胜，有利于未来的“修宪”工作。1992年12月19日，举办第二届“立法委员”的直接民选，国民党得102席，民进党则大有斩获，得51席，对于“立法院”的民主政治大有帮助。从此以后，遵照“宪法”规定，“国大代表”每6年改选一届，“立法委员”每3年改选一届，依法进行。“中华民国”的“国会”运作回归正常，步入正轨。

4.举办台湾省省长及两个直辖市长的直接民选：1994年12月，台湾实施首届省长直接民选，同时也恢复台北、高雄两个直辖市的市长民选。结果，国民党籍宋楚瑜当选台湾省省长，民进党籍陈水扁当选台北市市长，国民党籍吴敦义当选高雄市市长。落实台湾的地方自治，使得地方自治正常运作，健全发展。

“修宪”大工程

“终身领导人”和“万年国会”是国民政府在台湾推行民主宪政的两大障碍。“终身领导人”已因两蒋先后作古自然解决。可是“万年国会”的问题还在，何况“修宪”权又掌握在“万年国会”自身手中，世上最难事莫过于要求既得利益者自废武功。

李登辉从台北市长一路跑进“总统府”

李登辉是蒋经国钦点的接班人，他单枪匹马继承领导人大位后，面对朝野反对势力的双面夹击，终结“万年国会”和“终身领导人”，完成“中央民意代表”全面改选和正副领导人的直接民选。左为 1981 年，时任台北市长的李登辉带领市民进行晨跑。

1996 年，台湾第一次全民直选唱票现场。

当初“万年国会”既然是由大法官会议解释“宪法”而形成，解铃人还须系铃人，于是根据第261号大法官会议的“宪法”解释案，终结“万年国会”的烂摊子。可是“国会”如何再造，以及领导人如何重新民选，便成为未来“修宪”工作的两大历史任务。

“中华民国宪法”是依据孙中山创立“中华民国”之遗教而制定，然而，孙中山遗教距今已逾百年，“宪法”制定也超过60年代。随着时代变化，“宪法”不能一成不变。因此蒋介石主政30年期间，共有4次增订“宪法”临时条款；李登辉主政12年期间，则有6次“修宪”。

“国大”虚级化

李登辉的6个阶段“修宪”，历经10年，过程冗长艰难：

第1阶段“修宪”

1991年4月22日，召开第1届“国大会议”，达成两大决议案：

1.废止“动员戡乱时期临时条款”，目的在废除“终身领导人”的陋习。

2.将“宪法”原规定的“中央民意代表”由“全国各地区”选出，修改为由“自由地区”（指台湾地区）选出，目的在除掉“万年国会”的毒瘤，促成“国会”全面改选。

第2阶段“修宪”

1992年5月27日，召开第2届“国大会议”（亦即1991年12月在台湾由直接民选产生之国代所组成），达成三项决议案：

1.确立正副领导人、省长及直辖市市长改为直接民选的原则。

2.“国大”改为每年集会，并赋予对领导人所提之“司法院”正、副院长、大法官、“监察院”正、副院长、监察委员等人选之任命同意权。

3.“国代”任期由6年改为4年。

第3阶段“修宪”

1994年7月28日，召开第2届“国大会议”，达成两项决议案：

1.正副领导人直接民选，任期由6年改为4年，连选得连任一次，自第9任正副领导人选举开始实施。

2.“国民大会”设置“议长、副议长”，成为常设机构。

第4阶段“修宪”

1997年7月18日，召开第3届“国大会议”（亦即1997年在台湾由直接民选产生之“国代”所组成），达成4项决议案：

1.将省长及省“议员”由民选改为官派，达成“精省”之目标。

2.领导人任命“行政院院长”，不须经“立法院”同意。

3.“立法院”得对“行政院”提出不信任案，“行政院院长”得呈请领导人解散“立法院”。

4.取消“宪法”原订的教育、科学、文化等经费的预算下限。

第5阶段“修宪”

1999年9月4日，召开第3届“国大会议”，达成两项决议案：

1.“国代”及“立委”的延任自肥案：第3届“国代”及第4届“立委”的任期，同步延长到2002年6月30日止，“立委”任期由3年改为4年。

2.改变“国代”的产生方式案：自第4届“国代”起，废止民选，改由政党比例代表制产生，依照“立委”得票比例分配各政党之“国代”席位人数。

第6阶段“修宪”

2000年4月24日，召开第3届“国大会议”，达成4项决议案：

1.“国大”自废武功：原本“国大”的职权，例如补选副领导人、重要人事任命之同意权、修宪提案权，以及罢免正副领导人之提案权等，全部移交给“立法院”。

“国大”虚级化：“国大”职权缩小为复决“立法院”所提“宪法”修正案、领土变更案，以及议决正副领导人弹劾案。

3.任务型“国大”：“国大”名额改为300人，依比例代表制产生，不再民选。“国民大会”集会以一个月为限，任务达成便散会，因此，“国代”由有任期制的“常设机构”，转变为无任期制的“任务型‘国大’”，亦即有事便临时召集开会，无事则在家休息。

4.排除大法官优遇：“司法院”大法官除由法官转任者外，不得有法官终身职之优遇。

依照“宪法”原文之规定，修宪权属“国民大会”，释宪权归大法官会议。大法官会议于1954年解释“宪法”，造成“万年国会”之局面。36年后，大法官会议再做出释宪案，结束“万年国会”，赢得朝野掌声。可以说，大法官会议在不同的时空环境中，扮演着“败也萧何，成也萧何”的角色。

6阶段“修宪”工程艰难而浩大，意义非凡，不过因为“修宪”缺乏一贯原则，没有完整体系，头痛医头，脚痛医脚，仍有美中不足之处，出现以下两大缺失：一、省长直接民选“出尔反尔”。二、“国民大会”逐次扩权自肥后，突又反转自废武功，虚级化，也是“出尔反尔”。

第一项缺失引发前省长宋楚瑜出走，国民党分裂，造成第十届大选国民党失去执政权；第二项缺失则激起民愤，舆论各界群起攻之，幸经大法官会议于2000年3月做出第499号释宪案，宣布国民大会第五阶段“修宪”所通过之“国代”及“立委”延任自肥案无效，平息众怒，维护“宪法”尊严。

为求补救，“国大”在一个月后召开第6阶段“修宪”会议，迅速达成“国大”自废武功及虚级化的目标。同时，通过排除大法官优遇之条款，“国大”也因此被讥为“断我延任，删你优遇”。然而，“国代”自知“延任自肥”不应该，大法官也领略“非分之利”不应得，双方都能知难而退，“修宪”和“释宪”相辅相成，发挥“宪法”的适应性和成长性，是为“行宪”健全发展的必要条件。

陈水扁“修宪”：废掉“国民大会”

第三届“国民大会”的第6阶段“修宪”案，国民大会变成任务型国大，2005年陈水扁召集任务型“国大开会”，进行第7阶段“修宪”工作，落实“国会”改造的历史任务，8天后迅速完成任务。

第7阶段“修宪”

2005年5月30日，“修宪”重点如下：

1.废掉“国民大会”：第6阶段“修宪”，任务型“国大”仅剩“修宪”、领土变更案的复决权，以及对正副领导人弹劾案的议决权。第7阶段“修宪”中，“修宪”、领土变更案的复决权回归到人民手上，由人民公投复决，公投首次载入“宪法”之中。对正副领导人弹劾案的议决权，改为“由‘立法院’提出，声请‘司法院’大法官审理”。等于“国大”自我了断，把所有的职权废得一干二净，“国民大会”从此走入历史。

2.改革“立法院”：包括“立委”人数减半：从第7届“立法院”起，“立委”从225人减为113人。以及“立委”任期由3年延长为4年，配合领导人的4年任期，两者合并办理选举。“立委”的选制也改采“单一选区两票制”，单一选区就是区域“立委”有73人，全岛就划分成73个选区，每一个选区只选出一位“立委”。两票制就是侨选和不分区“立委”，依各政党所提出的名单而投票选举，一票选人，一票选党。但政党得票率必须超过5%才能分配席次。侨选和不分区的当选名额，妇女不得低于1/2。

台湾新“宪法”“有实无名”

“中华民国宪法”原先是国民党为整个中国实施而设计的，规模既庞大又复杂，后来又添加“临时条款”这个违章建筑，使得这部“宪法”变成大怪兽。国民政府将这部“宪法”和盘搬到台湾来套用，使台湾有如小动物被踩在大怪兽脚下，喘息不得，并在长期戒严体制下，产生“万年国会”“终身领导人”、威权统治、白色恐怖、党禁、书禁等宪政乱象，民主宪政流为空谈。

直到李登辉进行6阶段“修宪”，加上后来陈水扁的第7阶段“修宪”，这个巨大而艰困的任务才大功告成。7个阶段的“修宪”工作，综合成为“宪法”增修条文，共12条，把“宪法”乱象和违章建筑一扫而光，建立了一套适合台湾政治现实环境的完整“中央”及地方宪政体制，实质形成一部台湾新“宪法”。“修宪”后的内容要点如下：

1.“国民大会”职权移交“立法院”：“国民大会”原有的职权全部移交“立法院”或还给选民复决，“国民大会”从此走入历史。

2.“立法院”成为真正的“国会”：“立法院”除了原有的“国会”职权，“修宪”后又增加三项大权：一是接收“国民大会”的部分职权；二是大法官、考试委员由领导人提名经“立法院”同意后任命之；三是监察委员由领导人提名经“立法院”同意后任命之。“立法院”已经囊括了一般“国会”的所有大权。

3.浓缩“国会”规模：依照“宪法”原文规定，“国民大会”“立法院”和“监察院”的法定名额，合计高达4041人，人数之庞大，举世罕见。经过7阶段“修宪”后，“立委”人数浓缩到113人。换言之，“国会议员”总共裁减3900余人，手笔之大，也是举世未有。不但解决了大量尸位素餐的沉疴，也节省公帑沉重的财政负担，有利于推动有益国计民生的各项建设。

4.领导人民选又扩权：领导人改为直接民选后，有了民意基础，权力扩大了。任期虽由6年缩短为4年，连选得连任一次。但领导人对“行政院院长”及其他各院之重要人事任命，以及解散“立法院”之命令，不须“行政院院长”之副署。且领导人直接任命“行政院院长”，不须经“立法院”之同意。“立法院”对“行政院院长”通过不信任案时，得宣告解散“立法院”。

5.畸形的双首长制：领导人由直接民选产生，所以权力至高无上，成为实际上的最高行政首长。“行政院院长”虽是名义上的最高行政首长，可是领导人任免“行政院院长”不须经过“立法院”同意，使“行政院院长”沦为领导人的行政执行长。领导人交给“行政院院长”执行的决策，如不获“立法院”同意，则“立法院”通过不信任案后，必须鞠躬下台的是“行政院院长”，而不是领导人。领导人“有权无责”，“行政院院长”成为代罪羔羊。当“行政院院长”不听指使时，领导人得随时更换“行政院院长”。领导人任期4年，稳如泰山，“行政院院长”则无任期制而且风雨飘摇。

6.“司法院”之变革：“宪法”原规定“司法院”设大法官若干人，“修宪”后，改为固定设大法官15人，一人为院长，一人为副院长。又“宪法”原规定大法官和院长、副院长由领导人提名经“监察院”同意后任命之，“修宪”后改为由领导人提名经“立法院”同意后任命之。大法官原无规定任期，“修宪”后，改为任期8年，并不得连任，但身兼“司法院”正、副院长的大法官则不受任期之保障。“修宪”后，大法官除由法官转任者外，不得享有终身职待遇。

7.考试院之变革：“宪法”原规定考试院设院长、副院长各一人，考试委员若干人，由领导人提名经“监察院”同意任命之。“修宪”后，改为由领导人提名经“立法院”同意任命之。

8.“监察院”丧失“国会”资格：“监察委员”原由各省市议会间接选举产生。“修宪”后改为“监察院”设“监察委员”29人，一人为院长、一人为副院长，均由领导人提名经“立法院”同意任命之，任期6年。因此，“修宪”后的“监察院”就变成文官机构，不再具有民意基础，丧失“国会”资格。

9.解除戒严后，恢复宪政常轨：包括保障人权，解除党禁，实现政党轮替，落实民主政治，以及精省之后，制定“地方制度法”，使得地方自治健全运作。

领导人和“立委”可以罢免，但很难做到

健全的民主“宪法”有选举条款，也必有罢免及弹劾的条款。选民选贤与能，推动行政，理所当然；一旦执政不良或发生贪腐弊案，选民也可善尽主人角色，对执政者加以罢免或弹劾，换人执政。

“中华民国宪法”的制定和“制宪国代”的产生，都是由国民党一手主导，1947年，国民党总裁是权望在手的蒋介石，制宪的“国代”在“宪法”里仅规定“国民大会”的职权包括选举和罢免正副

领导人，并没有细节条款；同时，“宪法”又规定领导人因故不能视事时，由副手“代行”（非继承）职务，目的在为解放战争的变量预留伏笔。换句话讲，国民政府如果打败仗，可由副手暂时出面领政，使国政得有转圜余地。

40多年后，李登辉主导“修宪”时，在新“宪法”里虽然增列罢免和弹劾正副领导人的条款，可是岛内反对李登辉的保守势力尚在，使李登辉戒慎恐惧，于是将罢免和弹劾正副领导人的条款，设下高门槛；同时，又保留“宪法”第52条原规定的领导人（不包括副手）的刑事豁免权的条文不予更动。

依照原来的“宪法”，“立法院”为最高立法机关，代表人民行使立法权。“立法院”仅是五院中的一环而已，不具全面代表“国会”的性质，所以“宪法”原条文并没有罢免“立法委员”之规定。可是“修宪”后，“立法院”既扩权又取代“国民大会”的一切职权，而变成真正的“国会”，所以，根据2006年5月修正公布的《公职人员选举罢免法》，重新修订“立法委员”的罢免规定。“修宪”后各有关条款的新规定如下：

1.保留领导人的刑事豁免：“宪法”第52条：“领导人除犯内乱或外患罪外，非经罢免或解职，不受刑事上之诉究。”

2.新增正副领导人的罢免规定：正副领导人的罢免案须经全体“立法委员”1/4提议，2/3同意后，提出罢免案。罢免案须经选民总额1/2以上之投票，有效票1/2以上之同意，罢免案即为通过。

3.新增正副领导人的弹劾规定：正副领导人的弹劾案须经全体“立法委员”1/4提议，2/3同意后提出弹劾案。弹劾案提请“司法院”大法官审理，经“宪法”法庭判决成立时，被弹劾人应即解职。

4.新修订“立法委员”的罢免规定：须原选区选民2%以上之提议，13%以上之联署，但提议人不得参加联署。须原选区选民总数1/2以上之投票，有效票1/2以上之同意票，罢免案即成立。修宪后，领导人和“立委”两者既民选又扩权，成为实际掌握大权的两大台柱。这两大台柱不可轻易更动，造成政局不安，所以，对于罢免和弹劾都设下高门槛，以稳定政局。

“修宪”后，新“宪法”实施结果发现，当领导人背离民意或贪腐弊案很严重的时候，如要罢免或弹劾领导人，立即受到“宪法”第52条所规定领导人享有“刑事豁免权”的庇护所限制。选民必须耐心忍受，苦苦等到领导人任满解职后，才能对领导人补做刑事追诉。不料，陈水扁和马英九这两位学法律的民选领导人，在两任8年任期的最后两年，陆续爆发许多背离民意的政策和贪腐弊案。尽管舆论群起而攻，民意沸腾，依然无可奈何，任其延展到两届8年任满解职为止。

“立委”的罢免同样困难。实例上，2015年2月，台北市港湖选区的选民对“立委”蔡正元发动罢免。经过提议人和联署人依法定程序成立罢免案后，在行使罢免投票时，因为罢免“立委”的投票门槛须有1/2选民参加，可是最后投票率连1/4都达不到，令罢免案胎死腹中。在台湾政治史上，选民依法行使罢免权，这是破天荒第一次，结果以失败收场。

民主政治，终于实现

蒋经国晚年，病体缠身，当他思索接班人的时候，有位德高望重的“国策顾问”晋见，他对这位“国策顾问”诉说：“我和父亲来台主政已经40年了，为什么台湾民间还有很多人对我们父子不谅解呢？我们应该怎么做才能得到台湾人的肯定呢？”这位“国策顾问”坦率直言说：“应该厉行民主宪政。”蒋经国也坦言回答：“台湾的政治迟早是台湾人的，他们何必这么急呢？”

蒋经国这番肺腑之言我们可以理解。他目睹台湾的民气高涨，民主成熟，到晚年确实领略到：就整个台湾的历史长河而观，两蒋治台仅是扮演“过路客”的角色。为善尽这个角色，他在晚年时尽其在我，并精挑细选、费心培养那时是台湾青年才俊的李登辉做接班人。

李登辉接棒后，面对在朝和在野两派相反势力的两面夹击，步步为营，稳扎稳打，先妥善处理安内工作，坐稳大位后，再展开民主宪政的改造工程。

在宪政改造的过程中，能够得心应手，顺利推动，应归功于他不把民进党视作政敌，而将民进党视为推展宪政的共同伙伴，化敌为友。同时，对于“野百合学运”的学生诉求，又能因势利导，借力使力，召开“国是会议”，汇集在朝在野的共同力量，达成废除“万年国会”的共识。

李登辉在两蒋治台终了的时候，大刀阔斧改革。终结“万年国会”和“终身领导人”，重新建立新的政治体制。包括“中央民意代表”的全面改选，正副领导人的直接民选等。

李登辉促成朝野携手合作，“修宪”成功。把一部原先为中国大陆而设计的庞然大物——“中华民国宪法”，分阶段逐步修改，演变成一部适合台湾的新“宪法”。他以“修宪”之名达成“制宪”之实，顺利完成一次成功的“宁静革命”。

修宪后的新“宪法”，仍有美中不足之处，一则让领导人“有权无责”，二则对罢免或弹劾领导人设下高门槛，使领导人在任期内，“大权在握”又“稳如泰山”。此种“宪法”设计实施不久后，缺点立刻浮现。因领导人职位“易放难收”，罢免难、弹劾也难，当领导人犯法，唯有耐心等待领导人任满卸职以后，才能做刑事追诉。此一宪政漏洞和流弊，为修宪当初始料所未及。

第十章　政党轮替，一次再一次

1996 年台湾进行第一任直接民选领导人，李登辉当选，延续国民党统治台湾的传统。2000 年宋楚瑜脱党参选，造成国民党分裂，更造成民进党的陈水扁当选第二任直接民选领导人，李登辉辞去国民党主席，台湾首次实现政党轮替。2008 年的大选，拜陈水扁爆发弊案之赐，造就国民党的马英九高票当选第 4 任直接民选领导人，台湾再一次政党轮替。

百年老店——国民党

国民党是个百多年的老店，不管在台湾或中国大陆时期，都是历史最悠久、规模最庞大的政党。最早是1894年，由孙中山在檀香山所创立，当时是一秘密的革命党，创党宗旨是“驱逐鞑虏，恢复中华，创立合众政府”。到1905年，兴中会与黄兴所领导的华兴会合并，在东京成立同盟会，此时宗旨改为“驱逐鞑虏，恢复中华，创建民国，平均地权”。

至1912年（民国元年）3月，因为清朝已倒，民国已成立，此时在南京成立的同盟会改为公开性的普通政党，目的在参加开国后的政党政治，运用国会力量去建立民主共和的国家。同年8月25日，同盟会合并许多小党，扩大改组，在北京成立国民党，仍属于公开性的普通政党，目的在扩大组织，以便在国会里压倒北洋势力，发挥民主政治的功能。

后来由于讨伐袁世凯帝制的二次革命失败，孙中山流亡日本，1914年将国民党改组，在东京成立中华革命党，并恢复成为秘密性的革命党，目的在第二次起义，打倒袁世凯的帝制。

1918年孙中山被桂系军阀排斥，离开广州到上海，吸收知识青年，1919年将中华革命党扩大改组，在上海成立中国国民党，简称国民党。此时依然是秘密性的革命党，目的在铲除军阀，完成中国统一。

由上述演变过程，可以了解孙中山领导国民党，历尽艰辛，忽而秘密革命，忽而公开建国。他以书生革命，领导海内外的知识青年，虽有理想，力量究竟有限。

到1921年，中国共产党在上海正式诞生，领导的是农工群众，有具体理想，更有无限力量。中共诞生后，孙中山接受“共产国际”的建议，采取“联俄容共”政策，形成中国现代史上第一次国共合作。

但孙中山骤逝后，接班人蒋介石“反共清共”，国共展开长期内战，最后，毛泽东领导的中国共产党以小胜大，蒋介石所领导的中国国民党被赶到台湾苟延残喘。但蒋介石在台湾领导国民党，如同在大陆时期一样，始终坚持不变，厉行一党专政。

冲破党禁红线——民进党

真正的民主政治是政党政治，蒋介石统治台湾所实施的一党专政不是民主政治。因此，民进党通过选举和选票的力量，在台湾政坛崛起，是台湾地方自治史上的产物。

1954年，第二届临时“省议员”改为直接民选，因此，3年后的第三届临时“省议员”选举格外激烈，非国民党籍的郭国基（台中市）、吴三连（台南市）、李源栈（高雄市）、郭雨新（宜兰县）、李万居（云林县）和许世贤（嘉义市，女性）在选战中表现出色，竞选期间抨击时政，建言良多，他们全部高票当选为“省议员”，被誉为“五虎将”或“五龙一凤”。当时台湾处于戒严时期，限制言论自由，地方选举被比喻为“民主假期”。

经过1969、1972及1975年的3次选举，早先标榜“无党无派”的候选人，渐渐互相支援，形成力量。台湾的报刊媒体也开始用“党外”一词来称呼他们，“党外”因此成为《自由中国》和《大学杂志》之后，第三波在野势力的称呼。

到了1977年11月，台湾举办五合一地方公职选举（省“议员”、县市“议员”、县市长）。党外人士展开全岛性的大连串，在任“立法委员”黄信介、康宁祥、黄顺兴等人南北奔波，为各地方的党外候选人助选。选举结果党外大有斩获，当选县市长4席、省“议员”21席、台北市“议员”6席。国民党大惊失色，负责党务辅选的李焕因此鞠躬下台。

1978年12月的“中央民意代表”选举，党外候选人更是团结，组成“台湾党外人士助选团”到全省各地，巡回助选，演说造势。不料投票前夕的12月16日，美国突如其来宣布将于隔年元旦与中共建交，并与“中华民国”断交。美国此举显然要断送国民党的选举成绩，蒋经国当机立断，根据紧急处分权，宣布立刻停止一切选举活动，选举延期举行。

至1979年1月，高雄县县长余登发以“知匪不报”的罪名被捕，党外人士集体在余的故乡桥头游行示威。结果，余登发被判刑8年，桃园县县长许信良也因为参加游行示威而被停职两年，由此又引发了一连串的街头抗议活动，同年6月，“党外候选人联谊会”成立。

美丽岛事件，民进党成立

1979年12月，发生美丽岛事件，翌年举办的“中央民意代表”选举，美丽岛受刑人家属周清玉、许荣淑等“代夫出征”，参选结果都高票当选。此外，在美丽岛事件大审时，又涌现出一大批优秀的中青年辩护律师，如陈水扁、谢长廷、尤清、江鹏坚、苏贞昌、吕传胜等人。这批人马后来纷纷投身政治，参选往后的各项选举，个个高票当选上垒，为党外势力注入新血。这样一来，党外势力在大劫难之后，反而后浪推前浪，这是国民党始料所未及的。

1983年9月，谢长廷等人发起成立“党外中央后援会”，希望整合党外的力量，在每次选举之前，协调党外候选人的提名作业，发挥团队选战的功能。这个有实无名的组织，当时报界把它称为“党外党”。在禁止成立新政党的戒严时期，“党外党”实际上已经成为一个“影子政党”。

1986年9月28日，为了准备该年底的“中央民意代表”选举，132位“党外党”的重要人物群集台北圆山大饭店，召开候选人推荐会。会议进行中，谢长廷出其不意提议成立新的政党，立刻获得全体起立鼓掌通过，宣布“民主进步党”（以下简称“民进党”）正式成立，突破了戒严令下38年的党禁。

泛蓝对泛绿

民进党人士突袭成功、正式宣布建党的时候，蒋经国已是77岁高龄，他认清时局说：“时代在变，环境在变，潮流也在变。”终于“相忍为国”，默认事实。10个月后，他毅然决然正式宣布解除戒严，党禁自然而然开放了，从此，台湾正式走入政党政治的民主时代。再过半年，蒋经国与世长辞，台湾在他引导下由威权统治走入民主政治。

党禁正式开放后，人民得以自由组织各种党政，一时之间，向“内政部”登记的政党，五花八门，形形色色，数目近百。可惜大多属于花瓶之类的小党，不起作用，除国民党和民进党两大政党外，在政治上勉可形成气候、发挥作用的只有以下3个政党：

1.新党：李登辉继任后，由于对执政理念的分歧，国民党内分裂成支持李登辉的“主流派”；以及以大陆籍大老为主、反对李登

美丽岛事件

1979年8月，黄信介、许信良、张俊宏、施明德、林义雄等人创办《美丽岛》月刊，风行全岛，畅销10万多本，并1979年12月10日的“世界人权日”，因申请在高雄市公园举办人权纪念大会未获核准而照常举行，游行民众和军警爆发大规模的流血冲突，称为“美丽岛事件”。上为1979年12月10日，党外人士在高雄举行示威游行，指挥车上高举火炬的为姚嘉文，其右为施明德。

美丽岛事件的警方逮捕行动中，《美丽岛》杂志发行人、“立法委员”黄信介被带上车的情景。

美丽岛事件后，受难家属及辩护律师团形成一股新兴力量，相关人马后来纷纷投身政治，参与往后的各项选举，为党外势力注入新血，并间接催生了民进党的成立，这是国民党始料所未及的。上为 1986 年 9 月 28 日，132 位“党外党”的重要人物群集台北圆山大饭店，召开候选人推荐会。会议进行中，谢长廷突然提议宣布成立新的政党，立刻获得全体起立鼓掌通过，于是民进党就此正式成立，突破戒严令下 38 年的党禁。

美丽岛受刑人姚嘉文的妻子周清玉在同年参选增额“国大代表”，沿街挥手拉票的情形。

辉的“非主流派”。1993年8月，国民党内非主流派的少壮党员，以赵少康为主，因为不满李登辉主流派的做法，宣布退出国民党，自立门户，另组“新党”。起先颇有声势，可惜在往后的各项选举中，新党候选人当选者寥寥无几，日趋没落。

2.亲民党：1997年，李登辉第四阶段“修宪”决定“精省”后，时任台湾省省长的宋楚瑜，与李登辉原有的亲密战友关系，从此恩断情绝，公开破裂。宋楚瑜从国民党出走，另组“亲民党”。2000年第二届直接民选领导人时，宋楚瑜亲自披战袍参选，虽然落选，但得票数高过国民党候选人连战。在往后的各项选举中，亲民党表现的成绩相当亮眼，远胜过新党，2014年的直辖市县“议员”及县市“议员”选举中，亲民党拿下10席，总得票率第四。

3.台联：2000年的大选，由于亲民党从国民党分裂出去，挖走许多票源，使国民党失去执政权。李登辉在国民党内饱受指责，被迫辞去党主席身份。那时，拥护李登辉的死忠派人士也自立门户，组织“台湾团结联盟”，简称“台联”，拥护李登辉为精神领袖。台联、亲民党和新党的发展很相近，最初声势都不错，在“国会”里也各拥席次，可惜往后一路下滑，日渐没落。

由于新党和亲民党都是从国民党出走的政党，往后发展不顺利时，难免怀念故主。所以这两个小党就和国民党分分合合，执政理念同属“国家统一”，媒体常称他们为“泛蓝”或“统派”。

台联和李登辉的执政理念较接近民进党的“台湾独立”，所以媒体常称他们为“泛绿”或“独派”。如此推演，台湾的政党政治，表面上多党林立，实际上则为“泛蓝”和“泛绿”两大阵营的对垒和竞争，大体上属于两党竞争的政治局面。

尤其，自从2005年的第7阶段“修宪”以后，“立委”选举采取“单一选区两票制”，在一个选区之内，一票选人，一票选党。因一个选区只能选出一位“立委”，使小党候选人的当选机会微乎其微，更别提想要分配到席次，立足“立法院”，更助长了国民党和民进党两党互相竞争的局面。

政党政治，才是民主政治

近代欧、美民主国家的政治制度，主要有内阁制和总统制，内阁制以英国为代表，总统制则以美国为代表。

内阁制的起源是13世纪初，英国国王约翰为准备对法国战争，横征暴敛，迫害人民的生命财产，迫使贵族与平民团结一致，反抗国王的暴政。1225年6月，贵族和平民联合议定宪章，限制国王权力，保障宗教自由，保证人民的生命财产不受侵犯等，共同强迫国王签字，史称“大宪章”（*Magna Carta*）。500多年后，英国发生工业革命，新兴的资产阶级和新贵族拿“大宪章”作为法律依据，限制王权。“大宪章”成为英国资产阶级革命后，建立君主立宪政治的基础，演变到后来，英国成为一个典型的内阁制民主国家。

依照内阁制民主国家的政治制度，中央政府的组织，元首（君主或国王）只是虚位，国家实权掌握在内阁手中。每次国会议员大选后，由国家元首任命新国会里多数党的领袖担任首相（或称为内阁总理）、组织内阁。内阁虽以国家元首名义发布命令，但须经过首相及有关部长的副署才能生效。

内阁施政对国会负责，尤其是对众议院负责，预算案和重要法律案须提到国会审议通过。国会可以通过对内阁不信任案，迫使内阁总辞，内阁如不下台，可以请求元首下令解散国会，重新举行国会议员的大选，诉诸选民投票决定执政党是否可以继续执政。

至于总统制则是1607年开始，到1733年，英国人在美洲新大陆上，先后建立了13个殖民地，俗称13州。由于英国政府对13州的殖民统治手段渐渐严格，引起殖民地人民的反对和反抗，13州各派代表组成“大陆会议”，于1776年7月4日通过史上有名的《独立宣言》（*Declaration of Independence*）正式宣布脱离英国独立，展开美国的独立战争。

《独立宣言》指出：“人生而平等，为了保护人民的生命、自由的权利，才设立政府。所以，政府的正当权力来自被统治者的同意。”并强调：“一旦政府破坏人民这些权利时，人民自然有权去推翻它，另行成立新的政府。”1778年，美国独立革命成功后，就建立了一个典型总统制的民主国家。

依照总统制民主国家的政治制度，宪法是国家的最高法律，权威至高无上。中央政府的组织采取行政、立法、司法“三权分立，互相制衡”，以免国家走向专制独裁的道路。总统和国会都由民选产生，民选总统有任期制，是国家的最高行政首长。总统自由任免各部部长，部长直接听命于总统，对总统负责，不对国会负责。国会则掌握立法权和预算审议权，制衡总统。

总统可以提出法案要求国会通过，以利推动政务，但通不通过，权力在国会。即使通过，最高法院有权解释该项法案有否违宪。如果认为违宪，最高法院有权废止该法案，最高法院的法官为终身职，遇缺须补位时，则由总统提名任命之。执政党能否继续执政，端视其执政成绩的好坏，在下届总统大选时，由选民投票决定去留。

十六年间，两次政党轮替

英国所建立的君主立宪内阁制国家，和美国所建立的总统制国家，都是通过政党运作和选举投票的激烈竞争来产生新的政府。政党经过选举取得政权以后，如果执政成绩良好，深得民心，在下次大选中就可以顺利过关，获得连任。

反之，如果执政成绩不良，不得民心，在下次大选中，必遭淘汰出局，沦为在野党，监督执政党的施政。这种以执政成绩的优劣，通过选举制度以决定政党能否继续执政，就是所谓的“政党政治”。它的基本原则就是美国《独立宣言》所揭示的民主政治的理论和原则，美国的《独立宣言》是近代民主政治和政党政治的经典之作。

总之，政党政治是近代国家民主政治的真谛和重心。有了成功的政党政治，才能落实由人民“当家做主”的民主政治，政党政治则是实现“民主政治”的手段和途径，两者息息相关，密不可分。

“中华民国宪法”第14条规定：“人民有集会及结社自由。”结社自由就是指人民可以自由集结社会团体或组织政党。但是“宪法”第39条又规定领导人可以依法宣布戒严。再依1949年所颁布的“戒严法”第11条：“戒严地域内，得停止集会、结社。”这里所谓停止结社，显然是指组织政党。

台湾曾进入戒严状态长达38年，在戒严时期，完全禁止成立新政党，使国民党可以一党专政。1960年《自由中国》月刊创办人雷震，曾企图打破党禁，成立“中国民主党”，以推动台湾的政党政治。可惜，理想尚未实现，雷震就被捕，坐牢10年，台湾第一次组织政党的尝试因此胎死腹中。

往后，台湾各项地方选举日益频繁。因为选举名目繁多，几乎每隔两年或三年就有一次选举。在每一次选举中，国民党为囊括席次，保持执政优势，千方百计争取选举胜利。非国民党籍的候选人莫不铆足全力，求取当选机会。

由于国民党拥有庞大组织，加以财力、物力都占尽优势，初期的选战成绩亮眼，成果丰硕。日子一久，非国民党籍的候选人互相照应，慢慢形成“党外助选团”，与国民党的组织战分庭抗礼。

美丽岛事件发生后，党外人士更加团结一致。从选举的提名作业到选战的互相支援，形成“党外党”，巧妙回避戒严令下的党禁，每次选举成绩都蒸蒸日上，中央和地方的当选名额越来越多。1986年民主进步党成立，恰好吻合蒋经国晚年所推动的台湾“民主化”和“本土化”两大政策。蒋经国的开明政治和民进党的民主崛起，开创了台湾民主政治的前途，渐渐实现台湾政党轮替的民主政治远景。

天大地大，人民最大

台湾能够实现政党轮替的真正民主政治，有两大功臣：一是蒋经国，他在戒严时期默认民进党的成立，并随即在晚年解除戒严、党禁，开放各政党可以自由平等竞争。民进党从此化暗为明，光明正大从事政党活动，在各项选举中与国民党平起平坐，展开公平选战，由民意决定国民党、民进党或其他政党能否成为执政党，终结国民党在台湾"一党专政"的时代。

二是李登辉，他经过6阶段"修宪"的艰巨任务，结束"万年国会"和"终身领导人"，完成台湾新"宪法"，使台湾具备基本条件。从此，领导人直接民选，"国会"也直接民选，人民通过选举决定哪一个政党可以成为执政党，实现政党轮替的真正民主政治。

1996年，首次领导人直接民选，国民党的李登辉当选为台湾的首任民选领导人。2000年则由民进党的陈水扁当选第二任直接民选领导人，台湾首次实现政党轮替。陈水扁执政8年后期爆发贪污弊案，使得2008年的大选再被国民党的马英九夺回领导人宝座，这是

蒋经国和李登辉是台湾民主政治史上的两大功臣。图为1973年冬，时任"行政院院长"的蒋经国前往马祖巡视，特意请当时担任政务委员李登辉同行见习，栽培之意甚为明显。左起为李登辉、周书楷、蒋经国、宋长志和张祖诒。

台湾第二次政党轮替。

2012年的大选，民进党主席蔡英文蹿出跃起，声势大振。马英九陷入苦战，最后以79万多票的差距险胜当选，连任第5任直接民选领导人。

台湾自从直接民选领导人以来，短短16年期间，就有两次政党轮替，选民水平提高，善于辨别是非。在国民党和民进党两大党之间，以选票选择执政党，实现政党轮替，人民真正“当家做主”。这种高水平的民主政治，比起民主先进的英国内阁制和美国总统制的现代民主国家，毫不逊色。“天大地大，人民最大”，此为民主政治和政党轮替的真谛。

一个国家历任元首，足可大略窥知这个国家的政治变化和历史进程。1948年，中华民国正式行宪后，由在南京选出的第一届国民大会，在南京选出第一任正副领导人，但次年国民政府退守台湾，“光复大陆”遥遥无期，无法在大陆改选国大代表，所以从第二任到第8任的正副领导人，依然全部由第一届“国民大会代表”在台北选出。

1988年李登辉继任为“总统”后，经过“修宪”程序，正副领导人改为在台湾直接民选，李登辉于1996年当选为直接民选的首任领导人，也就是“中华民国”行宪后的第9任领导人。从此以后，“中华民国”在台湾直接民选正副领导人，4年1任，连选得连任1次，任期以两任8年为限，台湾不但步上宪政的正规，而且实现政党轮替的民主政治。

以下为“中华民国”行宪后，包括在台湾直接民选后的历任正副领导人一览表：

第一届国民大会选出之正副领导人				
任别	正	副	任期	备注
1	蒋介石	李宗仁	1948年5月20日至1954年5月19日	1.在南京选出，任期6年。 2.1949年1月21日,蒋介石宣布引退，由李宗仁代理。1950年3月1日蒋介石在台北复职
2	同上	陈诚	1954年5月20日至1960年5月19日	在台北选出，任期6年
3	同上	同上	1960年5月20日至1966年5月19日	1960年3月11日，国民大会增订“临时条款”，规定在“动员戡乱时期”正副领导人得连选连任，使蒋介石得以当选第3任
4	同上	严家淦	1966年5月20日至1972年5月19日	在台北选出，任期6年
5	同上	同上	1972年5月20日至1978年5月19日	1.1972年6月1日，蒋经国升任“行政院院长”，开始蒋经国时代。 2. 1975年4月5日，蒋介石病逝。严家淦继承领导人
6	蒋经国	谢东闵	1978年5月20日至1984年5月19日	在台北选出，任期6年

7	同上	李登辉	1984年5月20日 至 1990年5月19日	1988年1月13日，蒋经国病逝，李登辉继承领导人
8	李登辉	李元簇	1990年5月20日 至 1996年5月19日	1.在台北选出，任期6年。 2.1991年5月1日，废止“临时条款”。恢复领导人以连任一次为限
台湾直接民选产生之正副领导人				
9	李登辉	连战	1996年5月20日 至 2000年5月19日	1994年7月28日，第3阶段修宪，正副领导人改由直接民选，任期4年，连选得连任一次，自第9任正副领导人选举实施
10	陈水扁	吕秀莲	2000年5月20日 至 2004年5月19日	由民进党候选人当选，实现第一次政党轮替
11	同上	同上	2004年5月20日 至 2008年5月19日	
12	马英九	萧万长	2008年5月20日 至 2012年5月19日	由国民党候选人当选，实现第二次政党轮替
13	同上	吴敦义	2012年5月20日 至 2016年5月19日	

第十一章　夹缝中的现状

台湾问题迄今未能根本解决，如今，中国以《反分裂国家法》阻止“台独”实现，美国则以《台湾关系法》阻止两岸统一，双方僵持对阵。不过，现状的维持，靠的是中美两国的国力平衡。换句话讲，台湾的未来，唯有静待时间去自然解决。

谁造成“两个中国”

二战结束时，中国是当时世界五强之一，未料，3年多国共内战造成两岸分裂分治。两岸各自主张代表中国，台湾是中国的一省，同时，双方口径一致，反对“两个中国”，反对“台湾独立”。

美国方面，则在《上海公报》里声明：“美国认识到在台湾海岸两边的所有中国人都认为只有一个中国，台湾是中国的一部分。美国政府对这一立场，不提出异议。”公报并没有解决两岸的实际问题，仅是反映和说明两岸的主张和承认现状而已，无助于解决问题。

当初造成“两个中国”的原因有三个。一是毛泽东在解放战争胜利在望，而尚未完全消灭蒋介石的时候，于1949年10月1日在北京宣布“中华人民共和国”建国，由此造成了“两个中国”。亦即一个是新建立的“中华人民共和国”，另一个是尚未被消灭的“中华民国”。

第二个原因是蒋介石退守台湾以后，依然标榜是“中华民国”的法统，代表“中华民国”，骂中共是“共匪”。蒋介石一心一意准备“反攻大陆”，虽然终生不能如愿，可是他能守住台湾，使“中共武力犯台”的意图失败，中共的统治权达不到台湾。久而久之，台湾自成一体，与对岸的中华人民共和国分庭抗礼。

第三个原因是美国的介入。1950年，毛泽东要“解放台湾”，达成统一中国。蒋介石也要“反攻大陆”，收复大陆河山。但朝鲜战争让美国惊觉台湾是美国西太平洋防线的关键一环，不容共产势力侵入或突破防线。因此，杜鲁门总统挟其世界第一强国的声势，公然宣布“台湾海峡中立化”的政策，下令美国第七舰队巡弋台湾海峡。在杜鲁门的出面干涉下，“两个中国”统一的希望宣告破灭。

“两个中国”的问题已存在70年，无法解决。虽说“解铃人还须系铃人”，可是这三位系铃人都已先后作古，后人的解铃工作益增困难。所幸，在此期间，两岸关系已由当初金马炮战的军事冲突时期，渐渐演变成为当前民间交流的和平对峙时期，有利于化解双方的敌对，清除战争的危机。尤其，经过长期交流互动后，两岸各自发展，创造出历史上的繁荣景象，且双方都希望和平守成，不求战争破坏。

“台独”运动，命运多舛

台湾这70年可归纳为4个时期：蒋介石的“反攻大陆”时期、蒋经国的开明政治时期、李登辉的更新政治时期、政党轮替的民主政治时期。

蒋介石的“反攻大陆”时期，以“反攻大陆”为“国策”。朝鲜战争爆发、美国宣布协防台湾之初，蒋介石高喊“一年准备，二年反攻，三年扫荡，五年成功”的口号。五年过去了，“反攻大陆”仍停留在口号阶段，而且依照《中美共同防御条约》的规定，“中华民国”须经美国同意后才可“反攻大陆”。1962和1963年，中国大陆严重饥荒，中共内部斗争加剧，中、苏关系极端恶化，蒋介石趁机准备“反攻大陆”，美国肯尼迪总统根据《中美共同防御条约》出面阻止，从此，“反攻大陆”的美梦破灭。

蒋经国的开明政治时期，使台湾经济繁荣、为政治民主化和本土化打下基础。蒋经国于1972年就任“行政院院长”以后，开始了“蒋经国时代”。他从1974年开始，推动经济十大建设，创造就业机会，使人民丰衣足食，社会安和乐利，创造出举世瞩目的台湾经济奇迹。尤其到了晚年，贯彻本土化和民主化的政策，亲民爱民，重用台湾人。解除戒严后，紧接着解除党禁、书禁、报禁，令人目不暇接。开放大陆探亲的德政，更使因战乱而流离失所的亲人得以重温天伦之乐。

李登辉的更新政治时期，台湾从威权统治走向民主政治。李登辉在蒋经国的刻意安排之下接任，没有政治班底，也缺乏政治实力，却突破国民党内保守势力的重重困境，一一解决40多年来引人诟病、久悬未决的严重问题，包括结束“万年国会”、终止动员戡乱时期、废除临时条款、增修“宪法”条文、领导人直接民选，以及“中央民意代表”全面改选等。

不过，李登辉在增修“宪法”条文方面，思考有欠周密，引来不少反对声浪。例如，省长民选出尔反尔、领导人个人有权无责，以及教育经费取消保障三大问题，引发各界非议攻讦，也带来往后许多不良后遗症（见第九章）。

政党轮替的民主政治时期，则是落实政党轮替、“人民当家做主”，有权决定执政党。领导人直接民选后，不到20年间，即经过两次政党轮替。先是国民党的李登辉当选为台湾的首任直接民选领导人；4年后，民进党的陈水扁当选为第2任及连任第3任民选领导人，实现第1次政党轮替；第4任民选领导人，又被国民党的马英九夺下宝座，出现第2次政党轮替，马英九并当选连任第5任领导人。从此，台湾成为世界一流的地区。

“台独”运动，有理想但缺乏勇气

“台湾独立”运动可分为海外独立运动和岛内独立自救运动两条路线。前者是因为二二八事件而引起；后者则是因为蒋政权的独裁专政和外交挫败而引发。

海外独立运动是在1947年二二八事件的腥风血雨之后，许多劫后余生的知识分子亡命海外，开始鼓吹“台湾独立”。其中，留美工学博士廖文毅在1956年2月28日，在东京成立“台湾共和国临时政府”，往后，经常游走欧洲、美洲及亚洲各地区，宣传“台湾独立”，但成效有限。1965年5月，他意外地接受国民党的招抚，回到阔别18年的台湾，领回在西螺故乡被查封的庞大家产，并与双目失明的老母抱哭重聚。

不过，那时广布在欧、美、日、加等各地的“台独”组织不但不受影响，反而更加团结。1970年元旦，在纽约共同成立“世界台湾独立建国联盟”（WUH），简称“台独联盟”，首任主席为蔡同荣，两年后，改由张灿鍙担任主席，1987年改名为“台湾独立建国联盟”。

联盟的成员清一色是海外荣获硕士或博士的台湾留学生，与当年孙中山结合海外中国学生进行革命的模式如出一辙。这批“台独”联盟的成员全部被蒋政权列入“黑名单”，禁止返乡，直到1992年，才由李登辉解禁，从此可以返乡参加台湾的各项民主选举，然而他们的当选率日益式微，在台湾的政治影响力，有减无增。

1960年，蒋介石违背“宪法”的规定，担任第三任领导人，知识分子开始警觉到，只有主张“台湾独立”，才能摆脱蒋介石的专制独裁政治。1967年9月，台大教授彭明敏和学生谢聪敏、魏廷朝等即发表“台湾人民自救宣言”，提出“一中一台”的主张，公开要求“以台湾1200万人民自由选举产生的政府，取代蒋介石所领导欠缺民意基础的政权”。

1971年10月下旬，蒋介石的代表团被赶出联合国，台湾前途茫茫之际，台湾基督教长老教会于12月中旬发表“国是声明”，反对中共并吞台湾，主张台湾前途应由台湾人民自决。到1979年中美建交，台湾在国际上孤立无援。长老教会又发表“人权宣言”，进一步主张“建立台湾为新而独立的国家”，该教会虽拥有16万多名教徒，但不当权，在蒋政权和中共的双重压力下，其主张无疾而终，仅仅表达心声，喊喊口号而已。（以上相关细节，可参考第四章“戒严时期十大政治案件”）随着蒋政权走入历史，民进党于1991年10月13日通过“台独”党纲中申明：民进党的基本主张是“建立主权独立自由的台湾共和国”。可是这项主张仍然是冠冕堂皇、虚有其表，民进党的陈水扁执政8年，在美国和中共的双重压力下，依然向现实政治环境低头，始终无法实现党纲的“台独”主张。

李登辉担任领导人共12年，他是一位倾向“台独”的领导人。在任期仅剩9个多月的时候（1999年7月9日），接受《德国之声》记者专访时曾说：“台湾在1991年‘修宪’以后，两岸关系成为特殊的国与国关系。”这就是俗称的“两国论”。此论点一出，北京当局强烈指责这种分裂祖国的言行是在玩火自焚，甚至扬言如果台湾将“两国论”入宪，人民解放军即刻兴师攻台。李登辉身为当权的领导人，抛出“两国论”的风向球，试探“台独”之路，果然引发中共空前激烈的反应和反对。

“台独”运动可说是一部分台湾知识分子的政治运动史。这些知识分子没有为独立运动而“抛头颅、洒热血”的决心，只顾在海外空喊口号，“台独”运动有名无实，流为空谈。

“台独”运动人士对时局也认识不清、了解不够，不只蒋政权和中共一致反对，就连美国也不支持。美国关心的只是西太平洋防线不可被共产势力所突破，如果“台独”运动如火如荼地进行下去，只会引发战端、破坏东亚和平，危及美国的西太平洋防线，并不符合其国家利益，所以美国不会支持“台独”运动。台湾人民更是戒慎戒惧，深恐“台湾独立”的推动，势必引发战端，祸国殃民。

当年李登辉解除“黑名单”，让海外“台独”分子光明正大返乡参加台湾的各项民主选举后，“台独”路线选票却越来越少，与民意渐行渐远。台湾民意很清楚，就是“和平为先，民生第一”。

至于岛内的独立自救运动，亦与海外“台独”运动同一下场。彭明敏和基督教长老教会的“台独”主张，先后无疾而终；民进党的“台独”党纲虚有其表，就连李登辉和陈水扁这两位倾向“台独”的领导人主政共达20年，两人终其一生，对于“台独”主张始终只是空言。理由很简单，“台独”运动不符合大多数台湾民意。

中国对“台独”，以国家法律伺候

“台独”主张在岛内外蔓延滋长，内外震荡，但始终无法实现，因为“台独”是蒋氏政权和中共的共同敌人。蒋氏政权为了保卫权位，不得不反对“台独”，严刑峻法对付“台独”分子。中共为达成祖国统一，也必须反对“台独”，文攻武吓震慑“台独”分子。蒋氏政权走入历史后，中共便成为反对“台独”的唯一对象。李登辉自1991年起进行6阶段“修宪”，小心翼翼，“修宪”内容仅限于改革“宪法”陋规，使它适宜于台湾的现实政治环境，没有碰触“台独”主张。中共“观其言，察其行”，默不作声。

等到2005年，民进党的陈水扁准备第7阶段“修宪”的时候。中共生怕陈水扁鲁莽行事，冒险将民进党党纲的“台独”主张入宪，于是在同年3月，中共由第十届全国人大会第三次会议通过《反分裂国家法》，正式以国家法律伺候，宣示反对“台独”的坚定立场，表达如遇“台独”实现，将立刻兴师攻台，正式警告台湾当局不可冒险行事。《反分裂国家法》共10条，内容要点如下：

1.世界上只有一个中国，大陆和台湾同属一个中国。中国的主权和领土完整，不容分割。

2.台湾问题是中国内战的遗留问题，解决台湾问题是中国的内部事务，不受任何外国势力的干涉。

3.国家和平统一后，台湾可以实行不同于大陆的制度，高度自治。

4.国家主张通过两岸平等的协商和谈判，实现和平统一。

5.国家采取非和平方式犯台的三个前提是：“台独”以任何名义、方式造成分裂事实；台湾从中国分裂出去的重大事变；和平统一的可能性完全丧失。

在《反分裂国家法》之下，“中共国策”与“台独”势不两立，只要“台独”实现，中共即刻攻台。中共从建国到现在，历届领导人一脉相承，反对“两个中国”，反对“台湾独立”，坚持到底，从未改变。尤其，《反分裂国家法》公布后，更正式以国家法律贯彻这个主张，再配以上千颗地对地飞弹瞄向台湾，宣示其意志。目的无非在压制“台独”，迫使“台独”分子知所收敛，不要轻举妄动。

在不实现“台独”的前提下，中共依然期待两岸能够平等谈判，实现和平统一。换句话说，只要台湾能够维持现状，不实现“台独”，不推翻现状，包青天的“虎头铡”就可以备而不用。

历史造成的问题，须由时间解决

中共有4次尝试武力收台，第一次是1950年朝鲜战争爆发前夕准备攻台；第二次是1954年的九三金门炮战；第三次是1958年的八二三金马炮战；第四次是1996年的台海中共飞弹演习。这四次的台海危机都在台湾和美国合作对抗下，未能如愿。

中共以国内法的手段制定《反分裂国家法》，坚持中国的主权不容分割。

就政治事实来看，台湾拥有四大要素：主权、领土、人民以及“政府”，而且过去70年来，对外始终挂着有百多年历史的老招牌，全世界众目睽睽。尤其，经过7阶段“修宪”后，台湾已经完成一部“有实无名”的新“宪法”，实现拥有“主权在民”的地区。

在此情形下，主权归属问题成为两岸和平统一的真正绊脚石，也就是：台湾的主权究应推翻现状改属中共呢？抑或维持现状仍归台湾人民所有呢？这是当前两岸僵局的症结所在。

台湾岛内向来有统独的争议，统派主张两岸终极要统一，与中共的主张不谋而合；独派则主张“台湾应独立”，与中共的主张背道而驰。因此，关于台湾人民是否赞成让出主权给中共，以往民进党主张举办“公投”决定，立刻引发中共和美国的强力反对和压制，最后无疾而终。

台湾问题之所以难以解决，是因为它牵涉到中、美两国的基本国家利益。美国要守住西太平洋防线；中国则要突破美国的西太平洋防线。台湾问题是中、美竞争太平洋海权的关键，进而影响到将来中、美两国争霸世界的大问题。

台湾问题成为国际问题

两岸分治70年来，并没妨碍两岸的各自发展。若是以战争解决两岸问题，残害两岸民生，均不符人民的期望，也非中、美两国所乐见。从中国历史分分合合的全程来看，两岸问题可不急于一时。当下两岸人民应各自发展，和睦交流，避战共荣，总而言之，“和平为先，民生第一”，才是同宗同文的两岸人民共同的伟大历史使命。

台湾问题是第二次世界大战和解放战争所遗留下来的历史问题。由于台湾的历史背景，更由于台湾的重要战略地位受国际重视，不但中、美两国高度关注台湾的未来，就连近代史上侵略中国最凶恶的日本和俄罗斯，也始终虎视着台湾局势的发展。在日、俄看来，中国一旦得到台湾，势必如虎添翼，雄霸亚太地区。

可以说，今日的台湾问题，已成为重要的国际问题。世局变化无常，历史走向更难预测。毛泽东在朝鲜战争爆发、美国出兵探护台湾、中共渡海攻台无望后，接受外国记者的采访时坦率直言：“台湾问题可能立刻可以解决，也可能50年后，或100年后，才能解决。”这话一方面表示，在他有生之年没有把握解决台湾问题；另一方面，也显示可以暂时搁置台湾问题，而以建设新中国成为世界强国作为优先考虑。

28年后，当1978年10月底，中美建交谈判正紧锣密鼓时，邓小平告诉一群访问北京的日本人说："中共不急于解决台湾问题，可以等待10年，如有必要，可以等待100年。"①

邓小平时期，中国已经茁壮强大，可是中、苏交恶，在边界兵戎相见。在"联美制苏"的大战略下，邓小平照样搁置台湾问题，而以建设新中国成为世界强国作为优先考虑。可见新中国的最初两代领导人都以国家发展为先，不急于解决台湾问题。

再看往后的中共历代领导人，从江泽民、胡锦涛到习近平等人，都能认清大局，进一步扩大两岸的经贸、教育以及文化等和平交流，因为大家都知道，两岸的和平发展符合两岸人民的共同期待。蒋、毛争夺江山的军事冲突时期已经走入历史，只要两岸能够和睦交流，维持现状，和平发展，则两岸人民同蒙其利，共享其成。

关于台湾问题，"维持现状"是中、美两国的共同政策。中、美、苏三国曾经分别以缔结军事同盟条约作为手段，实现维持现状之目的，到1980年初，《台美共同防御条约》与《中苏友好同盟互助条约》几乎同时结束。

如今，中、美双方则改立"国内法"去达成此一共同政策。先是美国在1979年提前执行《台湾关系法》，取代快要到期的《台美共同防御条约》。中国则于2005年公布《反分裂国家法》，正式阻止台湾民进党政府的"台独"企图。靠着中、美两国的两个国内法互相制衡，两岸能够维持现状，台湾处在夹缝之间，不由自主。

回顾战后台湾史，朝鲜战争的爆发是两岸关系转变的关键节

① 引自沈剑虹著，《使美8年纪要》，第202页，1982年，联经出版社。

点。美国在朝鲜战争爆发后强力保卫台湾，两岸关系从此演成美、中、台权力角力的三角关系。到八二三金马炮战，又是两岸关系发展的另一个关键所在。那时，艾森豪威尔总统从世界各地紧急调集规模庞大的舰队群，全力保卫台湾。苏联虎视眈眈，趁机发出警告："依据'中苏军事同盟'之规定，任何对中国的攻击视同对苏联的攻击。"中、美两国则心照不宣，为排除苏联染指台湾，避免扩大战争，互相打"有限战争"。至今台湾问题依然是美、中、台权力角力的三角关系。

依中共《反分裂国家法》，只要不实现"台独"，不丧失和平统一的可能性，中共就不"武力犯台"。在这个大前提下，两岸皆能安分守己，不破坏现状，和平发展自然可长可久。如今，台湾岛内外的"台独"运动，自知与民意渐行渐远，也颇能克制自制，有利于两岸的维持现状。

两岸问题，就台湾来讲，"人在江湖，身不由己"；就大陆来讲，"龙争虎斗，急也不得"。当前的台海和平，靠的是中国与列强之间均势局面的维持，尤其是中、美两国之间的实力和角力。

如果有朝一日均势局面被打破，中国军力强过美国，届时美国基于自身国家利益的考量，对于台湾问题势必知难而退，中国也势必顺势而为，解决台湾问题而无后顾之忧。至于何时才能达成目的，唯有静待时间去自然解决这个最棘手的历史问题。

第十二章　台湾前途在哪里

1895年起，日本统治台湾，把日本文化带进台湾；1945年起，国民政府接收台湾，又把大陆文化带进台湾，使台湾变成中国大陆、日本、台湾岛的文化大混合。因此，进入21世纪之后，在岛内的民主选举竞争下，为了争取选票，"皇民说""祖国论""统独史观"，以及"两岸史观"的争议陆续出现。在国际方面，列强争霸亚洲日趋激烈，中俄关系对抗美日联盟的局面成形。处此大变局，台湾何去何从，最后唯有由中国人民决定台湾前途。

最近120年的台湾史（1895至2015年）是台湾社会演进史上最多元化、也是特别问题层出不穷的时期，而以1895和1945年为两个关键年，在不同时期产生举世罕见的不同问题。例如，“皇民说”“祖国论”“统独史观”“两岸史观”等问题，无奇不有，先后一一浮现。

源自1895年，“皇民说”“祖国论”

这些复杂问题，先前都深藏不露，等到台湾的民主选举大进步的时候，为了争取选票，各方势力才陆续搬出这些问题，互相争论，彼此攻防，蔚成台湾社会演进史上波涛汹涌的壮观场面。

先谈因日本统治而产生的“皇民说”和“祖国论”。日本在古代是个闭关自守、封建落后的国家。17世纪初，德川家康起兵打败其他诸侯，一统天下，建立封建军事专制政权，坐镇江户（今东京）统治日本，天皇则留守京都，成为虚位元首。到1853年，江户被美国军舰扣关闯入，强行打开日本门户，日本人引为奇耻大辱，就发动宫廷政变，推翻专制治国的幕府将军，终结了长达260多年的封建时代，拥护年少有为的明治天皇重掌国政。

明治天皇在1868年即位，他发愤图强，将首都由京都迁到江户，并改名为东京；废掉幕府改藩为县；并颁布帝国宪法，成立国会，实行君主立宪制度；起用大批留欧学生，全面推动日本近代化的工作，以达富国强兵，史称“明治维新”。

明治维新后，通过教育，发挥日本人的尚武精神，进而在尚武之外，更讲法治、重是非、重纪律。这种“日本精神”创造了此后日本在甲午战争、日俄战争以及第一次世界大战三战三胜的奇迹。

1895年，中国把台湾割让给了日本。属于汉民族的台湾人，不服日本的异族统治，大兴义师，抗日运动长达7年。至1902年日军消灭台湾南部的游击英雄凤山林少猫部众后，台湾总督府宣布平定全岛，日本才完全统治了台湾。在台湾史上，真正以国家政策大力开发，则始自日本治台时期。但日本在台湾到处进行经济开发，是想帮助日本富国强兵。

在教育方面，日本仅在台湾发展中、小学教育，不发展大专教育，只推动殖民地式教育。又把具有日本特色的“日本精神”，完全移植台湾，使台湾人具有日本人的民族特质，这就是在日本治台时期，台湾人具有“日本精神”的由来。

日治时期，日本为了配合侵华战争的动员需要，在七七事变爆

日本的皇民化运动

日本治台期间，日本推行皇民化运动，要求台湾人崇拜日本天皇为最高精神领袖，改用日本姓名，并改拜日本神社等，将日本精神深植于台湾人的思想中，期使台湾人无形中成为日本人。

发的前一年，也就是1936年开始，推动统治台湾的三大运动“皇民化、工业化、南进基地化”。

皇民化运动就是在精神上武装台湾人，要求台湾人崇拜日本天皇为最高精神领袖，改用日本姓名，并禁止台湾民间寺庙改拜日本神社等，期使台湾人成为地道的日本人，效忠于日本的侵略战争。日本治台期间，日本精神和皇民化思想深植于台湾人的思想中，久而久之，台湾人被潜移默化，无形中变成日本人。

这样的时代背景是国民政府接收台湾之初，引发二二八事件的重要原因之一，也是战后60多年后，在民主选举过程中又陆续引发“皇民说”和“祖国论”等浪潮的原因。

Why？ 2014年台北市市长选举引发“皇民说”

战后台湾深受“二二八事件”的遗害，开始产生“台独”运动。往后，海内外的台湾知识分子对蒋介石的威权统治和外交上的挫败大失所望，更加紧推展“台独”运动。同时，在台湾的外省人大多数也团结起来推动统一中国的运动，形成统派力量，因而形成统独的对立。

在戒严时期，独派人士唯恐在白色恐怖中惹祸上身，避而不谈牵涉意识形态的敏感政治问题。解严后，以前列为禁忌的话题，一一应运而生，尤其，每遇选举热季，候选人认为可以增加选票的话题或议题，纷纷出笼。

2014年11月底举办的九合一地方选举中，由于马英九政见跳票，失去民心，使国民党在全岛各地方的选情坠入谷底，尤其台北市市长选战成为全岛注目的焦点，由国民党提名的连胜文出战无党籍的候选人柯文哲。

当连胜文选情告急时，前国民党主席连战于选前12天为儿子连胜文辅选时火力全开，猛批柯文哲以“在野大联盟”参选，根本就是“台独”掩护体。他直指柯文哲来自替日本世代做官的“官二代、官三代”，为日本人推行皇民化思想，所以无法忍受柯文哲竞选市长。连战此话一出，就是所谓的“皇民说”，立刻触动了统独之间关于意识形态的敏感神经。

柯文哲方面则反呛说这些话让他惊吓过度，以至于无法回答，因为他的父亲是小学老师，不是“官二代”，也不是“官三代”，祖父出生于日据时代，所以一出生就是日本人，这不是他的错。柯文哲有所感慨地说：“此时才了解到前领导人李登辉当年所说‘身为一个台湾人的悲哀’。……我们有不同的过去，但是我们有共同的现在，那么我们到底要不要走向共同的未来呢？”此话语重心长，又能感动人心，发人深省。

统派大老郝柏村则适时补上一拳，他在中视节目录像完毕后受访表示：柯文哲是台湾皇民的后裔，柯的祖父和前领导人李登辉一样都是皇民，做官不做官不重要。当时的皇民都是日治时代在台湾的特权阶级，当然会怀念日治时代的地位，这是情理之常。但今天不能用少数人绑架台湾2300万人的幸福。[①]

台湾自二二八事件产生省籍对立的情结，近年来已逐渐敉平。不料，为了求取选战胜利，统派首脑连战和郝柏村出其不意抛出“皇民说”的论调，隐然有使省籍对立死灰复燃的迹象。但选战结果，柯文哲大胜连胜文当选台北市市长，统派人士自知选战失策失焦，“皇民说”从此销声匿迹。

Why？ 2016年选举引发“祖国论”

2016年1月16日是台湾直接民选第6任领导人的日子，国民党原本参选人为洪秀柱（后改为朱立伦），亲民党参选人为宋楚瑜，民进党则由蔡英文亲自出马参选。民调显示：蔡英文遥遥领先宋楚瑜和洪秀柱。

选前半年，前领导人李登辉私人访问日本，接受日本《voice》月刊专访，主题是“台日经济交流和未来发展”。访谈中，记者提问到纪念对日抗战问题是否会伤害到台、日关系时，李登辉表示：

> 2015年7月4日，在新竹县湖口乡举办抗日战争70周年纪念活动，以与中国的纪念抗日活动遥相呼应。日本驻台代表拒不出席，理所当然，因为没有台湾抗日的事实，

① 以上资料取自2014年11月19日《中国时报》。

> 我当时是“为祖国而战的日本人”。70 年前，“日、台同属一国”，我哥哥李登钦（日本姓名为岩里武则）志愿当海军，我自己（日本姓名为岩里正男）则志愿当陆军，兄弟俩都是“日本人”为祖国而战。

谈到台湾正在进行的选战，李登辉又表示：洪秀柱是马英九支持的参选人，提出“一中同表”和“中华民国不存在”的主张，竟又出马竞选，真是笑话。

李登辉力挺蔡英文，因为蔡英文提出“维持现状”的主张，反映现实环境，说明台湾和中国大陆目前就是“个别的存在”。他说：蔡英文是个理性、不会虚浮的才女，我会全力辅选。

李登辉的“祖国论”一出现，马英九立刻严词批判说：“李登辉的言论是‘出卖台湾、羞辱人民、作践自己’的媚日言论，令人感到痛心和遗憾，希望李登辉收回这句话并向民众郑重道歉。”洪秀柱也被冲到要害，立刻痛批反击说，李登辉是不忠、不仁、不义的“老番颠”。呼吁全岛人民一起站出来口诛笔伐，批判李登辉。[①]

李登辉不甘示弱回呛，希望马英九多读点书，多用脑思考；同时也反击洪秀柱说：“有人说我是老糊涂，其实我虽老，但不糊涂，我脑筋清楚得很。”

平心而论，李登辉的祖国论有其时代背景。李登辉在台湾出生长大，接受日本教育，当过日本兵。李登辉生于1923年，日本在台

---

① 以上资料取自 2015 年 8 月 21 日《中国时报》。

湾推动皇民化运动那一年，他13岁，成长过程中深受“日本精神”的熏陶，此种时代背景和成长过程不容抹灭。

统派人士向来都强调台湾是日本殖民地，却从未反躬自问：“中华民国”统治台湾的法律基础是1952年的《旧金山和约》和《台日和约》（因为战后和约是领土与主权移转的正式法律依据），引出“台湾地位未定论”，严重影响台湾的未来，这才是国人应该深思熟虑的大问题。

李登辉年届93岁，老谋深算，在选前远赴日本，抛出“祖国论”的震撼弹，一则反映他的出生时代背景，二则企图营造有利于蔡英文的选举环境。因为他知道“祖国论”势必引发外省人的强烈反弹。当前情势下，本省选民人数远比外省选民人数多很多，统独之争愈演愈烈，有利于蔡英文的选情。马英九和洪秀柱不察，果然对号入座，严词抨击李登辉，正中李登辉下怀。

近120年的台湾，是个中国大陆、日本、台湾岛的族群大熔炉，也是中国大陆、日本、台湾岛的社会文化大混合。70年前蒋介石退守台湾，把中国文化带进台湾。正如120年前日本统治台湾，把日本文化引入台湾。中国文化的精髓是中国精神，日本文化的精髓是日本精神，小小台湾，文化却五味杂陈，有台湾本土精神，也有中国精神和日本精神。

老一辈台湾人的日本精神，已如前述，至于老一辈外省人的中国精神，则表现在仇日反日上。由于日本侵略中国，残杀中国百姓无数，“此仇不报非君子”的中国精神到处表露。记得1960年我20来岁时，有次参加亲友的婚宴，宴席上本来播日本歌曲，突然冒出几位外省朋友向主人表明中国人不喜欢听到日本歌曲，请改播其他歌曲，主人立刻把留声机上的日本唱片换掉，改播台湾歌曲的唱片。

退役后的郝柏村上将回到大陆参加黄埔校友联谊会上，引吭高歌中共国歌：夏瀛洲上将也在联谊会上慷慨发言说国军和共产党领导的军队都是中国军。许历农上将晋见习近平，更是赞扬中共已经开创历史上的汉唐盛世。

这3位退役上将昔日都是蒋介石的得力部将，解放战争时期功业彪炳，如今都能认清大局，主张中国要和平统一，不要再有战争。由于他们都是在中国出生长大，接受中国教育，从军报国，所以，中国是他们的祖国。

源自1945年，统独史观、两岸史观

第二次世界大战结束后，美军将从日本夺回的台湾，在战争结束后交给蒋介石领导的国民政府接收和统治，从此开启了战后台湾史。

国民政府接收台湾后，国共内战未熄，国家四分五裂，根据时任美国总统的《杜鲁门回忆录》所描述：“第二次世界大战结束之时，中国的情势是西南一带为蒋委员长所辖治，华南及华中为日本人所占据，华北为中国共产党所盘踞，东北却为苏联的势力。中国的共产党问题，与全球其他各地的政党问题迥然不同。当时中国政府所面临的并不是一个政治上的少数党，而是一个盘踞着一片领土，统治着1/4全国人口的政权。”①

① 引自《杜鲁门回忆录》第136页。民族晚报社出版，1956年12月印行。

回溯1937年国、共两党共同抗日，历史真相如下：

七七事变爆发后两天，毛泽东立刻致电蒋介石委员长说："红军愿即改名为国民革命军，并请授命为抗日前驱，与日寇决一死战。"为了抗日，形成第二次国共合作。7月17日，蒋委员长终于在江西庐山宣布全面抗日；8月间，蒋委员长宣布陕北红军改编为国军第八路军；9月间，又将华中、华南八省的零星红军合编为新四军。

毛泽东随即发表"共赴国难宣言"。共产党领导的军队虽被改编成国军第八路军和新四军，可是毛泽东强调：红军依然是中国共产党的军队，是穿国民党军服的红军。因此，红军改编为国军，实际上是换汤不换药，双方同床异梦。

在抗战初期，国军兵力300万，共产党领导的军队仅5万人，强弱悬殊。对抗日军的正面正规战由国军承担，至于敌后的游击战则由共产党领导的军队进行。1937年11月，毛泽东在延安发表"目前的时局和方针"演讲里说："我们完全赞成蒋中正先生在10月9日的演说，坚决打到底，一直打到最后一个人一杆枪还要再打。这就是共产党'保卫祖国流最后一滴血'的意思，是目前时局的根本方针。"

在长期抗战过程中，中、美对日本并肩作战，合作无间。蒋介石领导的国军，对日军浴血作战，先后展开淞沪保卫战、台儿庄大捷、徐州会战、武汉会战、3次长沙会战等大型战役，以空间换取时间，最后退守中国的西南半壁江山，把180万的日军牵制在中国战场，使在太平洋战争中陷入苦战的美军松一口气。

1943年11月间，蒋介石代表中国飞抵埃及首都开罗，与美国总统罗斯福、英国首相丘吉尔，举行三巨头会议，发表《开罗宣言》，决定三国共同对日本作战的计划及战后处理事项，正式宣布台湾在战后归还中国。

抗战的共产党领导的军队则坚守华北，对日军展开平型关战役和百团大战。共产党领导的军队对日军主要是打游击战，在国军撤退的地方，中共的势力就乘虚而入，在农村组织农民从事游击战，使日军无法有效统治占领区。尤其，中共固守华北地区，进行地道游击战术，到处重创日军，日军恼羞成怒，就对中国华北人民展开杀光、烧光、抢光的“三光政策”，华北人民遭受惨重损失，但仍不屈服。

到1940年，共产党领导的军队兵力已达到50万，蒋介石担心日后尾大不掉，及时派胡宗南领兵封锁陕北共区。毛泽东将计就计，深居中国西北，养精蓄锐，培养实力。1945年抗战结束时，共产党领导的军队已发展到120万兵力，都是训练有素的精兵。

此时的国军总兵力虽然高达430万，可是经8年苦战，师老兵疲，国、共的实力已难分高下。因此，1945年10月10日，蒋、毛会谈结束，毛泽东飞返延安7日后，在干部会议上报告“关于重庆谈判”。

他说道：“我们解放区有一万万人民、一百万军队、两百万民兵，这个力量，任何人也不敢小视。我们党在国内政治生活中所处的地位，已经不是一九二七年时候的情况了，也不是一九三七年时候的情况了。国民党从来不肯承认共产党的平等地位，现在也只好承认了。我们解放区的工作，已经影响到全中国、全世界了。”

……

“成立了《双十协定》以后，我们的任务就是坚持这个协定，要国民党兑现，继续争取和平。如果他们要打，就把他们彻底消灭。事情就是这样，他来进攻，我们把他消灭了，他就舒服了。消灭一点，舒服一点；消灭得多，舒服得多；彻底消灭，彻底舒服。中国的问题是复杂的，我们的脑子也要复杂一点。人家打来了，我们就打，打是为了争取和平。不给敢于进攻解放区的反动派很大的打击，和平是不会来的。”

……

“前途是光明的，道路是曲折的。我们面前困难还多，不可忽视。我们和全体人民团结起来，共同努力，一定能够排除万难，达到胜利的目的。”

可见毛泽东信心满满，准备决战。也足以说明，为何蒋介石领导的国军主导对日抗战，最后国、共决战3年多的结果，反而是毛泽东得到中国江山。

Why？统独史观争议，在课纲上斤斤计较

战后台湾有统独史观的争议，是1987年7月解除戒严以后才发生的。解严之前，当局通过党化教育和管制媒体的手段，达成控制思想和蒙蔽民智之目的，都很成功。以下是我亲身体验的两则小故事：

1.驻联合国大使蒋廷黻博士于1964年4月间最后一次返台述职，对于媒体的报道缺乏真相，感触良多，他对记者公开呼吁当局要公开真相，媒体要忠实报道，不可粉饰太平。否则，一旦大难临头，

必将无法承受。那时《联合报》立刻响应，以“政府勿粉饰太平”为题，发表社论。当时蒋大使指的是联合国内的中国代表权问题，形势险峻，民众却不知，果然7年后，台湾退出联合国。

2.我求学和出社会后的经历，只知蒋介石是民族救星，中共占据大陆河山，我们要反共抗俄，要“反攻大陆”光复河山，解救大陆同胞。至于国民党的“联俄容共”、国共内战，以及西安事变等真正重要史事，都被蒙在鼓里，一无所知。

台湾解严以后，人民得到言论自由和出版自由，得以畅所欲言，于是，百家争鸣的时代来临，甚至演成统独史观的争议。主要反映在“12年国教”的历史课纲上面。因为政党轮替，执政者莫不利用执政的优势，修改成有利于执政党理念的历史课纲。

2000年，民进党陈水扁当选，在即将卸任前两年，借由“教育部部长”杜正胜于2006年开始将台湾史独立成册，以利单独开课讲授台湾史，并着手修改史纲重点，称为“九五暂行课纲”。要点举例如下：

1.国父改为“孙中山”。

2.国画改为“中国水墨画”。

3.国字改为“中国文字”。

4.甲午战争改为“清日战争”。

5.光复改为“战后”。

6.台湾地区改为“我国（或台湾）”。

7.国剧改为“京剧”。

8.抗日战争时期改为“二战时期”。

9.我们的老祖宗改为“中国的老祖宗”。

10.大陆、中国大陆、中共一律改为“中国”。

2008年，政党轮替，国民党马英九当选。到2014年，马英九即将卸任前两年，借由“教育部部长”蒋伟宁设立“课纲检核小组”，以勘误错字及补正内容为名，修改成“104微调课纲”。要点举例如下：

1.原住民改为“原住民族”。

2.国际竞逐时期改为“汉人来台与国际竞逐时期”。

3.郑氏统治改为“明郑统治”。

4.日本统治改为“日本殖民统治”。

5.接收台湾改为“光复台湾”。

6.大航海时代改为“汉人来台及大航海时代”。

7.荷西治台改为“荷西入台”。

8.多元文化发展改为“中华文化与多元文化发展”。

9.清代治台政策改为“清廷治台政策”。

10.慰安妇改为“妇女被强迫做慰安妇”。

“104微调课纲”修订后，“教育部部长”蒋伟宁辞职，改由吴思华接任。这个课纲由马英九主导、蒋部长开端、吴部长收尾。收尾的人不是坐享其成，而是承担后果。

由于微调课纲的内容迟迟不公布，反而先送至书商处印入历史课本，以利赶上新学期使用。因为匆促上路，又不公开，玩黑箱作业，到2015年7月底，高中学生获知实情后，认为当局对学生洗脑，群情激愤，甚至夜闯“教育部部长”办公室，包围“教育部”大楼长达10天，在岛内掀起轩然大波。[①]

基本上，课纲问题就是统独史观的问题。统派的史纲以“中国史观”为本，主张台湾终极要与中国统一，所以因应未来统一的需求，学生必须以中国为本去了解台湾史，立论基础未免流于虚幻空泛。

独派的史纲是以“台湾史观”为本，主张台湾终极要独立，所以因应未来独立的需要，学生必须以台湾为主体去了解台湾史。立论基础，虽较踏实切实，但“台湾独立”也是遥遥无期。

台湾解除戒严后，言论自由，思想开放，加上民主政治发达，政党轮替成功，任何政党执政成功以后，莫不适时修改课纲内容。如此修来修去，吵吵闹闹，何时了结?虽然课纲的改变，只着眼在“接收台湾”或“光复台湾”等字眼，却牵动法律常识及社会敏感神经，难怪各方斤斤计较。但换个角度来思考，这也正是台湾摆脱威权统治的社会进步的一面。

Why？两岸史观争议：对日抗战真相

历史真相只有一个，但历史的看法或史观则可以各说各话，由立场不同的人各自表达有利于己的史观。因此，战后台湾史，对内有统独史观的争议，对外又有两岸史观的争议。各方史观往往因时而异，与时推移，真相何时水落石出，唯有静待时间和时局的发展

---

① 此则资料取自2015年8月5日《联合报》。

去寻求答案了。

蒋毛时期的两岸史观，表面上一致。蒋、毛在两岸军事冲突的时期，一致反对“两个中国”，反对“台湾独立”，主张台湾是中国的一省，此岸说我代表全中国，彼岸也说我代表全中国。

如前所述，蒋介石领导的“中华民国”主导抗日战争，但随时光流逝，中共建国历经半个世纪以后，国力睥睨世界，为求配合其大国地位，在国际上扬眉吐气，便渐渐转移重心，说中共是抗日战争的“中流砥柱”。同时，坚持抗战三部曲：一为抗日民族统一战线，二为国共合作，三为全民族抗战。故意不提“中华民国”，有意把抗战的主导角色，渐渐转移偏向国共合作，主角是中共，因而引起两岸史观的争议。

2005年，抗战胜利届满60周年，前国民党主席连战自告奋勇到北京进行破冰之旅，希望破解两岸之间的争议情结，推动两岸的和平发展。连战与当时的中国国家主席胡锦涛相谈甚洽，有了初步结果。胡锦涛在当年9月3日抗战胜利60周年纪念大会上说：“中国国民党和中国共产党领导的抗日军队，分别担负正面战场和敌后战场的作战任务，形成共同抗击日本侵略者的战略态势。以国民党军队为主体的正面战场，组织了一系列大仗，特别是全国抗战初期的淞沪、忻口、徐州、武汉等战役，给日军以沉重打击。”

中国领导人此项宣示，一则把抗日的整个战略区分成正面战场和敌后战场，分别由国、共双方担任；二则承认正面战场的规模最大，是由国民党军队为主体去打日军；三则技巧性回避不提“中华民国”或蒋委员长的字眼。以当时的国内形势，尚不失为中庸，因为中共建国后一向否认“中华民国”的存在，当然也漠视蒋委员长的主导角色。

连战为图两岸和平发展的进一步推动，往后共有5次“连胡会”和2次“连习会”，建立个人情谊，更建立两岸沟通管道使其维系不坠，可说是用心良苦。到2015年9月3日，中国扩大庆祝抗战胜利70周年的系列活动，主要是大阅兵，邀请连战和台湾的一批代表性人物前往参加。台湾朝野反对连战去参加，“总统府”也出面公开声明连战不宜参加，唯独连战力排众议去参加。

在北京大阅兵之前两天，先来个第三次“连习会”，场面公开，堪称公开外交的典范。连、习两人交谈中，都是小心翼翼，谨慎发言，针对国、共抗日，习近平说：“国、共两党合作建立抗日民族统一战线；正面战场和敌后战场相互配合，协同作战，都为抗战胜利做出重要贡献。”连战则说：“国民党军队在蒋介石领导下，在正面战场重挫日军；共产党在毛泽东领导下，在敌后战场有力牵制，歼击日军和伪军。”

习近平的抗战史观，大致沿袭胡锦涛的抗战史观。所不同的是，他把国、共双方“分别担任”正面战场和敌后战场，改为国、共两党在两个战场“互相配合，协同作战”。连战的讲话，一则公开提出蒋介石和毛泽东分别领导国、共双方抗日；二则讲出“国民党军队”，未讲“共产党军队”，只讲“共产党”。因为全面抗战爆发后，共产党领导的军队已经收编入国军，由此可以印证抗日战争是由国军所主导。

连战用心良苦，宅心仁厚。一方面反映史实，说出蒋介石领导国军主导抗战；另一方面又迁就现实环境，留给中共面子，堪称是成功的“两岸外交能臣”。

习近平谈话的重点则在“九二共识”和“反对台独”上面。习近平强调：“2008年以来，国、共两党，两岸双方同两岸同胞一道，在‘九二共识’，反对‘台独’的基础上，开辟了两岸关系和平发展的道路。只要两岸同胞沿着这条道路坚定走下去，就一定可以抚平历史造成的心理创伤，为民族复兴凝聚起强大力量开创美好未来。”

“九二共识”是指1992年11月，台湾代表辜振甫和中国代表汪道涵两人在新加坡会谈，最后达成“一中各表”的共识。换句话讲，就是在“一个中国”（也就是在“台湾不得独立”）的大前提下，两岸都可以各自表达自己的主张和看法。“九二共识”一词并未见诸法律文件，是当时台湾辜振甫的秘书苏起所创造。在台湾岛内，统派赞成，独派反对，中国则乐观其成，因为“九二共识”实际上就是反对“台独”。

总而言之，历来两岸史观的争议，主要有二：一为抗战的真相，二为国、共双方由谁主导抗战。这两项争议，前文已有清楚交代，从1937年7月17日蒋委员长宣布全面抗日开始，历经共产党领导的军队收编入国军、毛泽东呼吁赞成蒋介石坚决打到底、国军承担中日重大战役的作战，到蒋介石亲自参加“开罗会议”、发表《开罗宣言》、收复台湾为止。这些抗战过程全由蒋介石所领导的“中华民国”主导，史实俱在，无可否认，中共扮演的是配角，历史真相必须保存，不容忽略。只是蒋介石嫉妒心太重，派兵包围共区，不让共产党领导的军队过度坐大，是最大失策，以至于毛泽东因祸得福，在陕北蓄积了坚厚的实力。

为何美国主宰战后的台湾命运

台湾的前途问题，固然深受统独两派主张的影响，也受到中、美两强的势力消长所左右。如前所述，第二次世界大战结束时，美国将台湾直接交给蒋介石领导的“中华民国”接收和统治。1950年初中共集结重兵准备渡海攻台，朝鲜战争突然爆发，美国立刻以强大的海空军“保卫台湾”，使得台湾转危为安。

1958年，中共又发动八二三金马炮战，企图打下金门和马祖以后，渡海攻台，美国出动强大海军舰队镇守台湾海峡，共产党领导的军队从此放弃武力“解放台湾”。20世纪70年代，在国际上，中国日益强大，中、苏关系日益恶化，美国乘机改采“联中制苏”的大战略，牺牲台湾这个盟友，1971年底，美国主导中共进入联合国。1979年元旦起，中美建交，台美断交。1979年4月，美国制定《台湾关系法》，以“保卫台湾安全”，使台湾不落入中共手中，固守住美国西太平洋防线的台湾重镇。

从上述演变可知，战后台湾的安全始终受到美国外交政策的左右和保护。美国外交政策的一变再变，始终在保护美国的现实国家利益，以及西太平洋防线不可被中共冲破。换句话讲，台湾的安危存亡，端视是否符合美国的国家利益。如果符合美国的国家利益，台湾不求，美国自给；反之，如果违背美国的国家利益，即使台湾要求，美国也不给。总而言之，美国主宰战后的台湾命运。

中俄vs.美日：Why？“中俄”与“美日”关系形成

2013年开始，国际情势发生大变化。这一年，中、日争夺东海的钓鱼岛纷争，美、日联手抵制中国。中国要从东海出太平洋，受到美、日的联手抵制，中国就改从南海下手。中国在南海“填海造岛”，建立许多军事基地，又引发美国联合南海周边国家的严重抗议。就连日本也深受威胁，因为南海是日本从中东输入石油的经济命脉。中国与美国之间的关系更加险峻，双方剑拔弩张。

中国为展现实力，震慑美、日，就联合俄罗斯在日本海举行联合军演，以对抗美、日两国在同一地域举行的联合军演，互相叫阵。同时在欧洲，“脱乌入俄”事件也引起美俄关系的恶化，为抵制美国，俄罗斯在地中海举行军演，中国也派舰参加，助长声势。“中俄”对抗“美日”的局面，隐然出现。

2015年5月9日，俄罗斯在莫斯科盛大举行阅兵大典，以庆祝德军向苏军投降70周年纪念。习近平受邀参加，中俄两国元首并座阅兵，场面浩大，气氛融洽。同年9月3日，中国在北京盛大举办阅兵大典，庆祝日军向中国国军投降的70周年纪念。俄罗斯总统普京受邀参加，中、俄两国元首再度并座阅兵，场面之浩大，气势之雄伟，更胜莫斯科的阅兵大典，中俄关系俨然形成。

中俄新关系的出现，立刻惊动美日两国，因为美国在战后所精心布置的西太平洋防线，已面临中俄联手冲破的危机。日本与中国打过甲午战争，也与俄罗斯打过日俄战争，皆先后战胜。如今中俄关系成形，日本的国防安全面临中、俄两大强邻压境的紧急危机，所以美日两国在休戚与共的大局中，立刻形成美日联盟，以对抗中俄关系。

战后美国在亚洲打朝鲜战争和越南战争，深感远水难救近火，远方补给的负担太吃力。为求补救，美国力促日本相挺，在双方利害与共的局势中，形成一致的政策。

日本在第二次世界大战战败投降后，盟军驻日最高统帅麦克阿瑟为防止日本的军国主义死灰复燃，替日本制定一部“和平宪法”，也是一部“非战宪法”。“宪法”第9条规定：“日本放弃战争。”日本不得拥有军队去对外侵略，仅可保有自卫队对内保卫国家。而且，只有当日本本土遭到攻击的时候，自卫队才可以还击，行使“个别自卫权”，但禁止自卫队出兵境外去联合盟军行使“集体自卫权”。

但日本安倍首相在北京大阅兵之后两周，力排国内浩大的反战势力，于9月18日经由国会强度关山，快速通过“新安保法”。允许当日本面临国家危急存亡的时候，可以行使“集体自卫权”，出兵境外，提供盟军后方支援。

“新安保法”通过是战后日本政治的一大突破，也是战后国际政治的一件大事。安倍首相迫于时局之紧急，不经修宪程序去修改“和平宪法”，竟然迫不及待改由国会快速通过“新安保法”，推翻“和平宪法”之原规定，安倍此举是否违宪，已经在日本国内引起轩然大波。

台湾何去何从

国际政治是权力政治，唯力是视，又分合无常。列强之间，或为侵略，或为自保，往往自动或被动寻求与国，结成联盟。联盟对抗的最后结果是战争，而且战争的规模势必越滚越大。在欧洲，德国和法国从19世纪中期到20世纪中期，经过几次联盟对抗，打了几次战争，成为世仇冤冤相报，双方都已尝尽战争的残酷可怕。二战结束后70年来，面临核子战争毁灭的威胁，双方都能尽弃前嫌，和平相处。在亚洲，中、日是世仇，日、俄也是世仇，都是起源于日本明治维新富国强兵以后，对外侵略扩张所造成。

20世纪中期以来，经过两次世界大战，使美国跃居世界首强，苏联紧追其后。如今中国异军突起，以“中俄关系”对抗美国的霸权势力；美国面临此项挑战，促使“美日联盟”。中俄关系对抗美日联盟的局面已然浮现。强国之间的争霸，一旦有事，擦枪走火就容易酿成大祸，甚至第三次世界大战。面临如此险恶的世局，小小的台湾如何因应自处呢?

台湾的战略地位，对中、俄很重要，对美、日也很重要，势必成为竞争的两个联盟竞相拉拢的对象。处在这个大变局中，亲中、俄比较有利，还是亲美、日比较有利？此一大问题，关系台湾前途及人民祸福。

依当前情势而观，台湾岛内的统派主张应该是倾向中俄关系，以求达成中国统一的终极目标；独派的主张则应该是借美日联盟的助力，以求达成“台湾独立”的终极目标。

台湾应该亲近中、俄；或应该亲近美、日；或者是两边都亲；或两边都不亲，听其自然发展？面临不确定的未来，台湾徘徊在这4条路线之间，究竟要选择哪一条路线，正严肃考验着全体台湾人民、现在执政党，以及未来执政党的智慧。台湾何去何从？

附录：1936年-2015年台湾大事年表

1936年　9月，日本恢复武官总督治台，小林跻造总督到任后，在台推动“皇民化、工业化、南进基地化”

1937年　7月7日，日本发动七七事变，展开全面侵华战争

1941年　12月7日，日本袭击珍珠港，中、美对日宣战

1943年　11月，中、美、英三国元首发表《开罗宣言》，宣布战后台湾、澎湖归还中国

1945年　7月26日，中、美、英三国领袖发表《波茨坦公告》，补充《开罗宣言》

8月6日，美国在日本广岛投下第一颗原子弹

8月8日，美国在日本投下第二颗原子弹。苏联对日宣战，出兵占领中国东北

8月15日，日本宣布无条件投降

10月17日，30多艘美国军舰运来国军第70军接收台湾，共约1万2千多人抵达基隆港

10月25日，台湾地区受降典礼于台北中山堂举行，由台湾省行政长官陈仪代表盟军受降；国民政府接收台湾

1946年　1月，日本在台军民50万人全数被遣送返日

5月1日，台湾省参议会在台北成立

10月21日，蒋介石首次飞抵台湾视察

1947年 2月28日，二二八事件爆发

3月8日，增援国军第21师分别由基隆和高雄登陆，武力镇压台湾民众

3月14日，台湾全省平定，展开清乡工作

3月17日，国防部部长白崇禧抵台宣慰二二八事件，4月2日，飞返南京复命

5月16日，魏道明就任首任台湾省主席

1948年 5月20日，蒋介石在南京就任中华民国首任总统，李宗仁为副总统

1949年 1月初，陈诚就任台湾省主席

1月21日，蒋介石宣布下野，由副手李宗仁代行职务

4月，陈诚宣布台湾实施三七五减租

5月20日，陈诚宣布“台湾戒严令”

6月15日，陈诚宣布改革币制，发行新台币

10月1日，毛泽东宣布建立中华人民共和国

10月25日，金门大捷，从此稳定金门危局

11月8日，周恩来致电联合国大会主席抗议台湾代表无权代表中国,展开联大“中国代表权”争议序幕

12月7日，蒋介石宣布国民政府退守台湾

1950年 1月5日，美国总统杜鲁门宣布美国不介入台湾岛上军事,实行“抛蒋政策”

2月14日，中共与苏联签订《中苏友好同盟互助条约》

3月1日，蒋介石在台湾“复行视事”职权

	4月22日，“行政院”公布《台湾省各县市实施地方自治纲要》，县市级地方自治的选举工作展开
	6月25日，朝鲜战争爆发，美国声明台湾地位未定，国、共同声反对
	6月27日，杜鲁门下令美国第七舰队协防台湾，宣布“台湾海峡中立化”政策
	7月31日，联军统帅麦克阿瑟访台，与蒋介石共商远东局势
1951年	5月1日，美军驻台顾问团成立，至1979年4月30日解散，为时28年
	7月10日，省教育厅通令学校严禁使用方言
	9月4日，旧金山对日和约签字，使日本放弃统治台湾的权利
1952年	4月28日，中（台）日和约签字，但台湾地位未定
	10月，国民党在台北召开“七大”，改造国民党，进行威权统治
1953年	7月27日，朝鲜停战协定签字
1954年	1月23日，1万4千多名“反共义士”从韩国分批抵台，当天定为一二三自由日
	1月29日，大法官会议通过第31号释宪案，从此形成“万年国会”
	9月3日，九三金门炮战
	12月2日，《中（台）美共同防御条约》签字

1955年 1月28日，美国国会通过“台湾决议案”，授权美国总统必要时得协防台湾

1956年 2月28日，廖文毅在东京成立“台湾共和国临时政府”

1957年 6月1日，蒋经国领导荣民兴建东西横贯公路，14年后完工

1958年 8月23曰，八二三金马炮战

12月23日，美国国务卿杜勒斯访台，与蒋介石发表联合公报，主张和平解决台湾问题

1960年 3月11日，国民大会增列“宪法”临时条款：“动员戡乱时期，正副领导人得连选连任”，因而造成“终身领导人”

6月18日，美总统艾森豪威尔访台，在总统府前广场向群众演说，并与蒋介石发表联合公报

9月4日，《自由中国》月刊被勒令停刊，雷震被捕，坐牢10年

1962年 10月10日，台视开播，无线电视时代来临

1964年 1月27日，中法建交,2月10日，台法断交

9月，彭明敏事件发生，隔年11月获特赦，1970年逃亡美国

1965年 5月14日，廖文毅放弃“台独”运动，返台自新

6月，美援停止

1968年 9月9日，台湾开始实施“9年国教”

1970年 1月1日，“世界台湾建国联盟”在美国成立

10月，加拿大与中共建交，台加断交

11月，意大利与中共建交，台意断交

1971年 10月4日，美国在联合国大会上公开支持中共进入联合国

10月25日，联合国决议让中共进入联合国，赶出台湾代表团

1972年 2月27日，美国尼克松总统与周恩来共同发表《上海公报》

6月1日，蒋经国担任“行政院院长”，“蒋经国时代”开始

9月29日，中日建交，翌日，台日断交

1973年 4月12日，邓小平以“副总理”职衔复出

10月17日，第一次世界石油危机，延续至1974年，1979年与1990年又发生第二次及第三次石油危机

12月16日，蒋经国宣布推动十大建设，历时7年

1975年 4月5日，蒋介石病逝，副手严家淦继任

4月28日，蒋经国当选国民党主席

1976年 1月8日，周恩来病逝

4月7日，邓小平被免除党内外一切职务

9月9日，毛泽东病逝

1977年 7月22日，中共“十届三中全会”恢复邓小平各项职务

1978年 5月20日，蒋经国就任“中华民国”第6届领导人

8月12日，《中日和平友好条约》签订

12月16日，中共与美国同时宣布《中美建交联合公报》

1979年 1月1日，中美建交，台美断交，中国宣布终止金马炮战

1月22日，桥头事件发生，公开挑战“戒严法”

4月，美国会通过《台湾关系法》，6月26日开始执行

8月16日，《美丽岛》月刊创刊

12月10日，高雄市发生美丽岛事件

12月31日，《台美共同防御条约》终止

1980年 2月13日，《中苏友好同盟互助条约》期满终止

12月，新竹科学园区成立

1982年 8月17日，中共总理赵紫阳与美国里根总统发表《八一七公报》

1984年 1月，中共宣布将以“一国两制”的香港模式实施于台湾

2月，蒋经国安排接班人，宣布李登辉为副手候选人

1985年 6月，“行政院”宣布对中国的转口输出采“不接触、不鼓励、不干涉”原则

1986年 9月28日，民进党突破党禁，宣布建党

1987年 7月14日，蒋经国宣布台、澎地区自7月15日解严，党禁随之失效

8—12月，解除书禁、开放大陆探亲、解除报禁

1988年 1月13日，蒋经国病逝，副手李登辉继任为领导人

1990年 2月20日，国民党爆发二月政争，分裂为“主流派”与“非主流派”

3月，野百合学运发生，促使李登辉召开“国是会议”

5月20日，李登辉、李元簇就任“中华民国”第8任正副领导人

6月21日，大法官第261号释宪案，结束“万年国会”

6月28日，李登辉召开“国是会议”，决议“中央民代”全面改选及修宪时程

1991年 1月，“行政院”设立陆委会；中共设立国台办

2月，“行政院”设立海基会；中共设立海协会

4月，李登辉进行第一阶段“修宪”

5月1日，废止“《宪法临时条款》”，恢复正副领导人以连任一次为限

5月17日，废止《惩治叛乱条例》

12月21日，第二届“国大代表”在台湾直接民选

1992年 5月16日，修正“刑法”第一条有关“预备或阴谋内乱”之规定

6月29日，台民身份证“籍贯”栏，改为“出生地”，实现省籍平等

11月16日，辜汪会谈（台湾代表辜振甫、大陆代表汪道涵），达成“一中各表”的“九二共识”

12月19日，第二届“立委”在台湾直接民选

1993年 7月，美参议院通过《穆考斯基法案》，确定《台湾关系法》法律效力优于《八一七公报》，美国得以继续军售台湾

1994年 7月，《省县自治法》与《直辖市自治法》通过，依此陆续举办台湾省省长、台北市市长、高雄市市长选举

12月3日，宋楚瑜当选第一任台湾民选省长

1995年　5月26日，大法官会议第380号释宪案：“大专院校共同必修科目违宪”

10月29日，江泽民与克林顿发表《中美联合声明》

1996年　3月，台湾举办第一届直接民选领导人期间，中共进行对台飞弹演习

4月，高考不再考《国父遗教》，普考不再考《三民主义》

5月20日，李登辉就任首任台湾直接民选领导人

5月26日，取消大专共同必修科目：《国父思想》《三民主义》和军训课

1997年　“行政院”完成教改报告书，主张广设高中和大学，造成日后高学历高失业率

1998年　12月31日，宋楚瑜首任民选省长任期结束，省长不再民选

2000年　4月24日，李登辉进行第6阶段“修宪”

5月20日，民进党陈水扁就任第二任直接民选领导人，实现第一次政党轮替

2002年　逐步废除联招制度，改采多元入学方案

2003年　1月，台商春节包机首航成功

2004年　3月20日，陈水扁连任第三任直接民选领导人，投票前夕发生三一九枪击事件

2005年　3月14日，中共通过《反分裂国家法》，正式以国内法阻止“台独”

5月30日，陈水扁召集“任务型国大”，进行第7阶

段“修宪”

8月，国民党主席连战到北京进行“破冰之旅”，与中国国家主席胡锦涛初步达成国共共同抗日的史观问题

12月14日，“立法院”制定《地方制度法》，排除“省”为地方自治单位

2006年 9月，陈水扁主导高中历史课程《九五暂行课纲》

9月9日起，“红衫军运动”于总统府前凯达格兰大道开始静坐，近百万人参加游行，反对陈水扁贪污弊案

2008年 5月20日，国民党马英九就任第四任直接民选领导人，实现第二次政党轮

2009年 11月17日，胡锦涛与奥巴马在北京发表《中美联合声明》

2010年 台湾“人口老龄化”与“少子化”问题同时涌现

11月27日，五都市长选举

2011年 1月19日，胡锦涛与奥巴马发表《中美联合声明》

6月，正式开放大陆人大陆学生来台自由行，“三通四流”大功告成

2012年 1月19日，大选和“立委”普选第一次合并举办，马英九连任成功

5月20日，马英九就任第五任直接民选领导人

2013年 7月，25万白衫军发起“万人凯道送仲丘”活动，促成“修法”取消军中审判

2014年 3月，大学生发起“太阳花学运”，50万群众汇集凯道声援，迫使两岸服贸协定久延不决

11月16日，台北市市长选举期间，连战批评无党籍候选人柯文哲是日本皇民后代，引发“皇民说”，最后，柯文哲当选

11月29日，“九合一”地方选举，国民党惨败，马英九辞去国民党主席

2015年 2月14日，台北市港湖选区进行罢免“立委”蔡正元投票，罢免失败，却是台湾政治史上选民行使罢免权的首例

8月20日，李登辉在日本接受访问时称自己是“为祖国而战的日本人”，引发“祖国论”

9月3日，北京盛大举办庆祝抗战胜利70周年的九三大阅兵，俄罗斯总统普京参加，中俄新关系出现

10月18日，日本举办海上“观舰式军演”以对抗北京举办的“九三阅兵”大典；日本首相安倍登上美国“里根号”核动力航空母舰参观，美日联盟形成